KB051036

가락국,
청동기에서
철기로

Garakguk
from bronze to iron

가락국, 청동기에서 철기로

엮은이 인제대학교 가야문화연구소

펴낸이 최병식

펴낸날 2023년 11월 28일

펴낸곳 주류성출판사

서울특별시 서초구 강남대로 435 (주류성문화재단)

TEL | 02-3481-1024 (대표전화) • FAX | 02-3482-0656

www.juluesung.co.kr | juluesung@daum.net

값 22,000원

잘못된 책은 교환해 드립니다.

ISBN 978-89-6246-514-3 93910

※ 본 인쇄물(또는 출판물)은 교육부 대학혁신지원사업비로 제작하였습니다.

가락국,
청동기에서
철기로

Garakguk
from bronze to iron

인제대학교 가야문화연구소
김해시

인제대학교 산학협력단
Inje Industry Academic Cooperation Foundation

인제대학교 대학혁신지원사업단

주류성

개 회 사

　매년 수로왕의 탄생과 가락국의 건국을 기념하는 가야문화축제가 열리는 날에 첫 번째 행사로 가야의 역사와 문화를 새롭게 조명하는 가야사학술회의가 개최되는 것이 전통이었습니다. 그런데, 지난해에는 코로나 사태 때문에 가야문화축제가 열리지 못하고 제28회 가야사학술회의는 오늘 개최하게 되었습니다.

　오늘 참석해 주신 발표자와 토론자 여러분, 김해시민 여러분과 김해시장님, 그리고 이제부터 가야사 밝히기와 가야문화발전을 책임질 전국의 역사학과 고고학의 전문가와 학생 여러분께 감사의 말씀을 올립니다.

　지난 4반세기 동안 가야사에 대한 자부심과 애정으로 가야사학술회의를 계속 개최하고 있는 우리 김해시의 노력은 특별하다고 생각합니다. 이 학술회의를 주관하는 인제대학교 가야문화연구소는 이러한 의지와 전통을 충분히 자각하여 보다 나은 학술회의의 개최와 결과를 적극적으로 전파하는데 최선을 다하겠습니다.

　이번 학술회의 주제는 「가락국, 청동기에서 철기로」입니다. 가락국은 철기문화를 가진 김수로왕에 의해 건국되었지만, 김수로왕을 추대한 구간(九干)은 청동기문화를 가진 토착의 지석묘 축조 세력입니다. 구간 세력과 김수로왕 세력은 각기 지석묘와 목관묘 문화로 대표됩니다. 김해지역에는 지석묘 및 목관묘와 관련하여 많은 조사·연구 성과가 있습니다. 금번 학술대회는 이러한 고고학적 성과에 근거하여 가락국 성립기를 살펴보고자 합니다.

끝으로 발표와 토론 참가를 수락해 주신 국내외 학자 여러분들과 학술대회를 준비하는데 많은 도움을 주셨던 김해시학술위원회의 이주헌·이정근·송원영·김우락 선생님, 김해시청과 인제대학교 산학협력단 여러분께 심심한 감사의 말씀을 올립니다. 아무쪼록 오늘과 내일의 가야사국제학술회의가 계획대로 잘 진행되고 풍성한 결실을 맺을 수 있도록 여러분께서 끝까지 자리해 주시고 성원해 주시기를 바랍니다.

오늘과 내일 참가하시는 모든 분들의 건승과 가정의 평안을 기원하겠습니다.

2023. 4. 28.
인제대학교 가야문화연구소
소장 이 동 희

환 영 사

여러분, 반갑습니다.

가야 왕도 김해에서 제28회 가야사학술회의를 개최하게 된 것을 매우 뜻깊게 생각하며, 우리 시를 찾아주신 발표자 및 학자 제현 여러분을 56만 김해시민과 함께 진심으로 환영합니다.

이번 학술회의를 준비해 주신 이주헌·이동희·이정근·송원영·김우락 학술위원님들을 비롯해, 발표와 토론을 맡아주신 국내외 학자 여러분께 진심으로 감사드리며, 학술회의를 주관하고 있는 인제대학교 가야문화연구소 관계자 여러분의 노고에도 심심한 감사와 격려의 마음을 전합니다.

우리 시가 가야사학술회의를 어려운 여건 속에서도 계속 개최하고 있는 목적은 가야사의 복원입니다. 28회 동안 가야사에 대해 많은 논의가 있어 왔습니다만, 아직 연구해야 될 주제들이 많이 남아 있습니다.

다행스럽게도 2020년 6월 「역사문화권 정비 등에 관한 특별법」이 제정되어 가야문화권에 대한 조사·연구·복원에 더욱 박차를 가할 수 있게 되었습니다. 가야사학술회의가 가야사 복원의 선두에 서서 올바른 길잡이가 되어 줄 것이라 확신합니다.

이번 학술회의의 주제는 '가락국, 청동기에서 철기로'입니다. 가락국 시조인 김수로왕의 등장 전후 시기를 고고학적 관점에서 다루고자 합니다. 문헌이 부족한 상황에서 가락국 성립 문제에 대한 논의는 향후 더욱 진전되어야 할 것입니다. 아무쪼록 이번 학술회의가 향후 가야사 연구 방향에 새로운 전기가 되기를 기대합니다.

끝으로, 발표·토론을 맡아주신 분들과 참석해주신 시민 여러분께 다시 한번 감사드리며, 함께해 주신 모든 분들의 건강과 행복을 기원합니다.

감사합니다.

2023. 4. 28.

김해시장 홍 태 용

환 영 사

여러분 반갑습니다.

김해시에서는 가락국 건국과 관련하여 매년 성대하게 가야문화축제가 열리지만, 지난해에는 코로나 사태로 여의치 못하여 가야문화축제와 가야 사학술회의가 개최되지 못하였고 금년에 열리게 되었습니다.

이번 학술회의 주제는 「가락국, 청동기에서 철기로」입니다. 그동안 가야 사는 문헌이 부족하여 고구려, 백제, 신라 등 삼국시대 역사에서 소외되어 그 중요성이 제대로 인정받지 못하였습니다. 이번 학술대회는 최근 고고학 적 성과를 바탕으로 가락국 건국 무렵을 재조명하는 자리입니다. 향후 가 야사 연구는 문헌사와 고고학적 자료가 접합되어 융합적인 연구가 이루어 져야 할 것입니다. 이번 학술대회를 통해 가야의 형성과정에 대해 활발한 논의가 진전되기를 기대합니다.

저는 역사학자는 아니지만, 김해의 역사와 문화를 누구보다 사랑하는 김 해시민입니다. 역사 분야는 인간의 과거사 연구를 통해 교훈을 얻고 미래 를 지향하는 학문입니다.

가야사 복원은 현재진행형입니다. 가야문화의 출발지이기도 한 김해시 에서 사반세기를 넘게 지속적으로 가야사학술대회를 진행하고 있습니다. 이에 대해 김해시와 홍태용 시장님께 경의를 표합니다. 가야사 복원과 관 련하여 김해의 대표 대학인 인제대학교에서 관심을 가져야 하고 김해시와 협조하에 시너지 효과를 기대하고 있습니다.

마지막으로, 이번 학술대회와 관련하여 발표자와 토론자 선생님들, 김해시학술위원회 위원님들, 김해시장님, 김해시 의원님 및 관계자 여러분, 그리고 관심을 가지고 전국 각지에서 오신 연구자 분들께 고마움을 표합니다.

참석하신 모든 분들의 건강과 행복을 기원합니다.

감사합니다.

2023. 4. 28.

인제대학교 대외부총장 조 형 호

환 영 사

　가야사학술회의 개최를 진심으로 축하합니다. 1991년 처음 개최한 이래 어느덧 28회를 맞이한 가야사학술회의는 가야의 역사와 문화에 대한 연구 성과를 발표하고 토론하는 자리로 가야에 특화된 대표적인 학술행사로 자리매김하고 있습니다. 특히, 수로왕의 탄생과 가락국의 건국을 기념하여 열리는 가야문화축제 기간 맞추어 개최하여 더 큰 의미가 있다고 생각합니다. 지금까지 개최된 가야사학술회의는 국민들에게는 가야 연구의 성과를 정리하여 알리고, 연구자들에게는 구심점이 되어 연구의 새로운 방향성도 제시하였습니다. 그리고, 이러한 결과는 가야 역사문화 복원에 단단한 학문적 기초로도 활용되고 있습니다. 이런 의미 있는 학술회의가 국립김해박물관에서 열리게 된 것을 매우 뜻깊게 생각합니다.

　이번 가야사학술회의 주제는 '가락국, 청동기에서 철기로'입니다. 지금까지 구체적인 유물이나 유적을 집중적으로 살펴보는 것에서부터 활발했던 교류와 동아시아 세계에서의 가야 위상에 이르기까지 가야사학술회의에서 다루었던 다양한 주제는 모두 가야를 이해하는데 있어 의미 있는 주제였습니다. 그럼에도 저는 오늘의 주제는 더 특별한 의미가 있다고 생각합니다. 잘 알려진 것처럼 김해에는 100여기에 달하는 청동기시대 지석묘가 남아있고, 가락국은 이러한 지석묘를 축조하던 사회에서 성장 발전하였을 것으로 이해되고 있지만, 지금까지 여러 연구자들이 한자리에서 이 주제만을 중심으로 발표하고 토론했던 사례는 없었던 듯합니다. 가야의 시작을 상징

하는 구지봉 아래에 위한 국립김해박물관에서 이전 청동기 사회에서 가락
국으로 어떻게 변화 발전였는지를 집중적으로 다루게 될 이번 학술회의에
많은 관심을 가지고 지켜봐 주시기 바랍니다. 이번 학술회의가 풍성한 성
과를 거두고, 참여하신 모든 분들에게도 의미있고 유익한 시간이 되길 기
원합니다.

끝으로 가야사학술회의가 전통 있는 학술행사로 뿌리내리고 발전하는데
각별한 관심과 지원을 아끼지 않으시는 홍태용 김해시장님, 학술행사를 준
비하는데 수고해주신 인제대학교 가야문화연구소 이동희 소장님과 관계자
여러분, 그리고 귀한 시간을 내어 발표와 토론을 맡아주신 여러 선생님께
도 감사드립니다.

가야사학술회의의 지속적인 발전을 기원합니다. 감사합니다.

2023. 4.
국립김해박물관장 이 정 근

목 차

김해 구산동유적 無文時代[1] 集落과 基壇墓
- 최신 발굴조사성과를 중심으로 -

소 배 경*

Ⅰ. 머리말

김해 구산동유적은 삼강문화재연구원이 지난 2006년부터 2008년까지 경남개발공사의 의뢰를 받아 김해 구산지구 도시개발사업 부지에 포함되

---

1) 최근에는 무문토기시대 후기를 초기철기시대로 분리하고, 무문토기시대 중·후기를 청동기시대 전·후기로 보는 견해가 우세하지만, 필자는 와질토기의 출현을 더욱 중요한 획기로 생각하기 때문에 본고에서는 무문토기시대·원삼국시대로 하는 시대구분 틀 안에서 설명한다. 본고에서는 무문토기시대를 '無文時代'로 표기하였음을 밝혀둔다.

는 유적들에 대해 시·발굴조사를 진행한 유적이다. 구산동유적은 경운산의 동쪽 붕적사면에 해당하며, 구릉 말단부와 다수의 小丘陵으로 이루어져 있는데, 조사의 편의상 A구역·B구역·C구역으로 명명하였다. A구역에서는 無文時代의 주거지 90동·수혈 51기·무덤 5기, 기단묘 1기(A2-1호), 삼국시대 토기가마 1기 그리고 고려 및 조선묘 2,344기 등이 확인되었고, B구역에서는 無文時代 무덤 4기, 조선시대 건물지 2동, 고려 및 조선시대 무덤 85기가 조사되었다. 그리고 C구역에서는 無文時代 무덤 2기·탄요 1기·수혈 1기, 조선시대 분묘 10기가 확인되었다.[2]

그 당시 基壇墓(A2-1호)는 상석의 규모와 하중을 감안하면 조사가 어렵고, 인접 유구의 훼손이나 주택 사업 추진의 문제 등으로 현 자리에 그대로 보존 조치 명령이 떨어져 지하 5m 아래 복토된 상태로 현재에 이르고 있었다.

최근 김해시는 김해 구산동 지석묘 정비방안을 마련하고자 하였다. 그 과정에서 현재의 지표면에서부터 5m 아래에 있는 상석과 기단석을 재 노출하고자 하였다. 이에 경상남도 문화재위원회에서는 상석과 기단석 노출 이외에 매장주체 시설 존재 여부를 확인하기 위한 조사를 진행할 것을 요청하였다. 이에 김해시에서는 2007년 조사기관인 삼강문화재연구원(당시 경남고고학연구소)에 시·발굴조사를 의뢰해옴에 따라 이번 조사가 이루어지게 되었다.

우리 연구원은 2021년 3월 15일부터 2021년 3월 23일까지 시굴조사를 진행하여, 상석 아래 매장주체시설을 확인하였다. 이에 시굴조사를 바탕으로 매장주체시설의 내부조사를 진행하게 되었다. 발굴조사는 2021년 5월 31일부터 2021년 7월 26일까지 실제 작업일수 30일간 진행하였다.[3] 시굴

---

2) 三江文化財研究院, 2009, 『金海 龜山洞遺蹟 Ⅰ~Ⅹ』.
3) 삼강문화재연구원, 2021.08, 「김해 구산동 지석묘(도 기념물 제280호) 정비사업부지 내

조사는 매장주체부의 존재 여부를 판단하는 현황조사로 한정되어 있었다. 다행스럽게도 시굴조사 결과, 상석 아래 매장주체시설로 추정되는 墓壙이 확인되었다. 이에 김해시는 매장주체시설의 구조와 성격을 파악하기 위한 발굴조사를 문화재청에 요청하였고, 허가를 득하여 발굴조사가 이루어지게 되었다.

따라서 본고에서는 발굴조사 현황과 성과를 중심으로 정리하고자 하였다. 그중에서도 集落과 基壇墓의 관계를 파악하여 그 의미를 살펴보고자 한다.

II. 김해 구산동유적 현황

1. 유적의 위치와 환경

1) 지리적 위치와 환경

김해시는 북서쪽의 慶雲山, 동쪽의 盆城山, 남서쪽의 林虎山으로 둘러싸인 분지성 지형 구조를 띠고 있는데, 남쪽으로는 낙동강 西岸의 충적지와 이어지며 북쪽으로는 폭이 좁은 평지를 통해 외부로 연결되어 있다. 평지와 김해 중심부로는 海畔川이 남—북 방향으로 흘러 낙동강의 지류인 조만강에 합류하고 있다. 海畔川의 兩岸에 넓은 충적지가 형성되어 있는데, 특히 海畔川의 동쪽 충적지에는 해발 50m 내외의 독립 구릉들이 산발적

매장문화재 시·발굴조사 약식보고서」

으로 분포해 있다.

조사지역은 남북으로 길게 뻗은 慶雲山의 동쪽 구릉 말단부로, 인근에는 盆城山과 慶雲山 사이에 남—북 방향으로 길게 형성된 谷底平地가 있다. 이 평지는 국도 14호선과 나란하게 龜山洞에서 三溪洞까지 이어지다가 三溪洞 부근에서 3갈래로 나누어져 각각 부산·마산·밀양 방면으로 연결되고 있다.

지리적인 관점에서 볼 때, 이곳은 慶雲山과 林虎山, 盆城山으로 둘러싸인 김해 중심부와 북쪽 공간을 이어주는 통로였을 것으로 판단되며, 谷의 입구에 위치하는 본 유적은 김해 중심부에서 북쪽으로 나아가는 關門에 입지한다고 볼 수 있다(도면 1).

2) 고고학적 환경

김해 구산동유적은 무문시대 주거지·수혈·무덤·지석묘, 삼국시대 토기가마, 통일신라시대 석실묘, 고려·조선시대 무덤 등이 조사되었다. 확인된 유구들을 통해 볼 때, 무문시대에는 생활과 무덤공간으로, 삼국시대에는 생산공간으로, 통일신라시대 이후로는 무덤공간으로 사용되었으며, 무문시대와 고려·조선시대에 가장 활발하게 이용된 것으로 파악된다.

김해 중심부와 북쪽 곡간지의 유적들은 慶雲山의 남사면 끝자락에 위치하는 내동지석묘를 제외하고는 대부분 海畔川의 동쪽에 다수 분포하고 있다. 동쪽에 분포하는 유적들은 盆城山 정상부와 서사면 일대, 그리고 독립성 低丘陵의 완사면과 기저부 일대에 조성되어 있다.

김해 중심지 일대에서 확인된 무문시대유적은 內洞支石墓[4], 會峴里支

---

4) 金廷鶴, 1983, 「金海 內洞支石墓 調査概報」, 『釜山堂甘洞古墳群』, 釜山大學校博物館 遺蹟調査報告 第7輯.

石墓와 甕棺墓, 龜旨峰支石墓·首露王陵內 支石墓, 池內洞甕棺墓[5], 府
院洞石蓋土壙墓[6] 등의 무문시대 분묘유적, 무문시대 전기의 주거지들로
이루어진 김해 어방동 무문시대 高地性 集落遺蹟[7]과 무문시대 後期의 주
거지로 이루어진 興洞遺蹟[8] 등의 주거유적 그리고 대성동 燒成遺蹟[9]이
있다. 이 중 무문시대 墳墓遺蹟들은 석곽묘, 옹관묘, 석개토광묘 등 종류
가 다양하며 김해 중심부와 인접한 慶雲山과 盆城山의 사면부에 입지하고
있다. 김해 구산동유적에서도 이와 동일하게 사면부를 따라 석곽묘, 석관
묘, 석개토광묘 등이 간헐적으로 확인되었다. 특히 구릉 말단부에서는 기
단시설을 갖춘 대형급의 基壇墓가 조사되었는데, 이와 유사한 형태는 김
해 栗下遺蹟[10], 창원 德川里遺蹟[11] 등 남부 지방을 중심으로 확인된다.

삼한·삼국시대 유적은 환호·주거지·패총 등이 수반된 봉황대유적과 토
기 제작과 관련된 다수의 수혈 및 제방이 확인된 봉황동유적[12] 등의 生活
및 생산유적, 봉황토성[13], 수로왕릉과 대성동 구릉·구지봉을 중심으로 하
는 대성동고분군[14], 구지로고분군, 구산동고분군이 있다. 이들 삼국시대
유적들은 鳳凰洞 구릉을 중심으로 주변의 독립구릉에 밀집되게 입지하고
있고 특히 봉황동 구릉 일대를 둘러싼 형태의 토성이 확인된 점으로 볼 때,

   林孝澤·河仁秀, 1991,「金海 內洞第2號 큰돌무덤」『釜山直轄市立博物館 年報』제13집.
5) 沈奉謹, 1982,「金海 池內洞甕棺墓」『韓國考古學報』12.
6) 東亞大學校博物館, 1981,『金海 府院洞遺蹟』古蹟調査報告 第五冊.
7) 慶南考古學硏究所(현 삼강문화재연구원), 2006,『金海 漁防洞 無文時代 高地性集落遺蹟』
8) 東義大學校博物館, 2003,『金海 興洞遺蹟』
9) 李尙律·李昶爀·金一圭, 1981,『金海 大成洞 燒成遺蹟』釜慶大學校博物館 發掘調査
   報告 第3輯.
10) 경남발전연구원 역사문화센터, 2009,『김해 율하리 유적 Ⅱ』
11) 慶南大學校博物館, 2013,『德川里』
12) 慶南考古學硏究所(현 삼강문화재연구원), 2007,『金海 鳳凰洞遺蹟』
13) 慶南考古學硏究所(현 삼강문화재연구원), 2005,『鳳凰土城-金海 會峴洞事務所~盆
   城路間 消防道路開設區間發掘調査報告書-』
14) 慶星大學校博物館, 2000,『金海大成洞古墳群Ⅰ·Ⅱ』

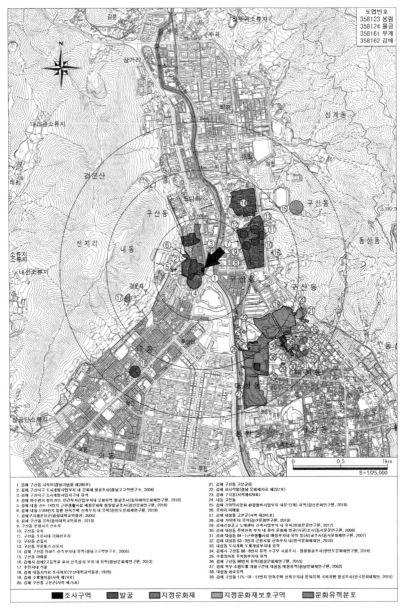

도엽번호
358123 봉림
358124 물금
358161 무계
358162 김해

1. 김해 구산동 사적묘(경남기념물 제280호)
2. 김해 구산서구 도시개발사업부지 내 문화재발굴조사(경남고고학연구소, 2006)
3. 김해 구산서구 도시개발사업지 구내 유적
4. 김해 하수관거 정비 BTL 민간투자산업부지내 문화유적 발굴조사(동아세아문화재연구원, 2010)
5. 김해 내동 선4~14번지 근린생활시설 예정장화재 정밀발굴조사(김산문화연구원, 2016)
6. 김해 내동 1184번지 일원 단독주택 신축부지 내 유적(한반도문화재연구원, 2019)
7. 김해구산동보규(동아대학교박물관, 2000)
8. 김해 구산동 유적(동아대학교박물관, 2013)
9. 구산동 분묘사거 산포지
10. 구산동 묘지
11. 구산동 조선시대 기와산포지
12. 구산동 건물지
13. 구산동 무문토기 산포지
14. 김해 구산동 아파트 신축부지내 유적(경남고고학연구소, 2005)
15. 구산동 미해철공
16. 김해 김해2고등학교 교사 신축공사 부지 내 유적(경남문화재연구원, 2013)
17. 김해 내동지석묘 조사개보기(부산대학교박물관, 1976)
18. 김해 내동지석묘 유적(사적 제74호)
19. 김해 수로왕비릉(사적 제74호)
20. 김해 구산동 고분군(사적 제75호)

21. 김해 구산동 고분군①
22. 김해 파사석탑(경남 문화재자료 제227호)
23. 김해 구산동(사적제429호)
24. 내동 고면묘
25. 김해 가야역사문화 환경정비사업부지 내(Ⅳ 단계) 유적(김산문화연구원, 2018)
26. 유하리 패총묘
27. 김해 대성동 고분군(사적 제341호)
28. 김해 가야의 터 유적(김산문화연구원, 2019)
29. 김해신설공고 도체센터 신축사업부지 내 유적(한반도문화연구원, 2017)
30. 김해 대성동 주택신축 부지 내 유적 문화재 발굴(Ⅵ 공)조사(동서문화재연구원, 2008)
31. 김해 대성동 64~1근린생활시설 예정장화재 유적 빗(Ⅶ)공조사(동서문화재단, 2007)
32. 김해 대성동 63~3번지 근린시설 신축부지 내 유적(한국문화재단, 2016)
33. 내성동 도시개발 도로개설부지내 유적
34. 김해시 구산동 86~8번지 유적 수급구 시굴조사·정밀발굴조사(한반도문화재연구원, 2016)
35. 수로왕비릉 주차장부지내 유적
36. 김해 구산동 98번지 유적(경상문화재연구원, 2015)
37. 김해 북부 소방도로 개설 구간내 대성동 예정장화재 발굴조사(경남문화재연구원, 2003)
38. 대성동 봉화묘
39. 김해 구산동 175~18·11번지 단독주택 신축부지내 문화유적 국비지원 발굴조사(한국문화재단, 2015)

■ 조사구역　■ 발굴　■ 지정문화재　■ 지정문화재보호구역　■ 문화유적분포

〈도면 1〉 조사구역 위치 및 주변유적 분포도
(출처 : https://www.ngii.go.kr, 국토지리정보원)

이곳이 금관가야의 중심지였던 곳으로 파악된다. 그리고 盆城山의 서쪽 사면 끝자락을 따라 구산동유적·삼계동유적·대성동 窯址 등의 삼국시대 및 통일신라시대의 窯址가 확인된다. 이들은 삼국시대부터 토기를 생산하여 이 일대에 공급했던 것으로 생각되는데, 구산동유적에서도 삼국시대 토기가마 1기가 확인되었다.

조선시대 유적으로는 김해읍성·건물지·분묘유적이 있다. 고려 및 조선시대 무덤은 무문시대 및 삼국시대 유적들을 조사하는 과정에서 소수 확인되었는데, 구산동유적에서 다수의 고려 및 조선시대의 무덤들이 확인됨에 따라 김해 중심부의 북쪽 외곽에 대단위의 분묘군이 조성되었음을 알 수 있었다.

2. 구산동유적의 현황

1) A2-1호 基壇墓

김해 구산동 지석묘는 상석의 규모가 길이 10m, 너비 4.5m에 무게는 350~400톤으로 추산된다. 남북방향으로 현존길이 85m, 너비 19m나 되는 세장방형의 기단석렬과 그 사이 敷石을 깐 모습은 마치 로마의 아피아 街道를 연상케 한다(도면 2, 사진 1). 그러나 발굴과정에서 상석의 규모와 하중을 감당하기 어려웠고, 인접 유구의 훼손이나 주택사업 추진의 문제 등의 이유로 5m 정도 흙을 덮어 지하에 보존 조치되었다. 그 후 2012년 7월 19일에 경상남도기념물 제280호로 지정·등록되어 관리를 받고 있다.

이 상석은 동쪽 상부가 단면 'L'자형으로 처참하게 깨져있다. 배수관 부설공사 때 파괴된 것으로 보인다. 훼손부분은 어림잡아 상석의 1/10 정도 크기로 보이기 때문에 원래보다 거대했던 상석의 존재로 추정해야 한다.

발굴 당시에 기단묘의 규모로 정의했던 敷石의 분포는 서쪽 끝과 동쪽 끝의 양쪽 基壇石列 라인이 확인되었지만, 남쪽 끝과 북쪽 끝은 확인할 수 없었다. 북쪽도 마찬가지지만 남쪽의 부석은 금관대로 아래까지 뻗어나갔을 것으로 추정하고 있다. 그런데 상석은 기단묘의 중앙이 아닌 서쪽으로 약간 치우쳐 있고, 상석의 장축이 기단석렬과 敷石의 진행방향과 직교되어 있다. 또한 서쪽 기단석렬 옆에서만 확인된 너비 2m, 깊이 50㎝ 정도의 도랑은 도로의 측구처럼 보이기도 한다.

조사당시 상석 가까운 주위에 敷石이 보다 치밀하게 깔렸던 반면 상석 중앙부의 바로 옆에 박석이 깔려져 있지 않은 점에 주목하여 여기에 매장시설이 있을 가능성이 크다고 보았다. 매장시설이 확인되면 장방형의 기단묘일 것이고, 확인되지 않는다면 祭壇과 같은 기념물로 이해될 것으로 추정하였다. 최근 연구성과로 볼 때, 영남지역의 제단식 지석묘가 기단묘와 같이 출현했을 것으로 생각되지만, 제단식 지석묘는 송국리문화의 이른 시기에 등장해 기단묘가 가장 활발하게 축조되는 송국리문화의 확산과 발전단계에는 거의 확인되지 않는다. 이에 비해 구산동지석묘 상석 동쪽 인접지에서 확인되었던 송국리문화층(기원전 8~4세기)의 A2-3호 주거지 위에서 A2-1호 지석묘의 동쪽 기단석열이 확인되었다. 따라서 구산동지석묘는 늦어도 기원전 4세기의 송국리문화 말기 이후 또는 송국리문화가 소멸된 뒤에 축조되었을 것으로 추정된다. 이러한 구산동지석묘의 시기를 고려하면 제단식이 아닌 매장시설을 갖춘 기단묘일 가능성이 크다. 그래서 이러한 구산동지석묘의 시기와 성격을 확인하기 위해서 매장시설에 대한 발굴조사가 이루어지게 되었다.

〈도면 2〉 A2-1호 기단묘 현황도
(□ : 2021년도 발굴조사구역, 면적 : 1,532㎡)

〈사진 1〉 2007년도 A2-1호 기단묘 전경

2) 구산동 無文時代 集落

구산동유적의 주거지는 평면형태 타원형·장방형·방형의 3종류로 나눌 수가 있다. 이 중 송국리문화에 속하는 것은 타원형이고 5동(A1-가-751호, A1-나-2512호·1791호·2128, A2-2호)으로 소수이다. 나머지는 원형점토대단계 槐亭洞文化의 것이며 다수이다.

① 장방형주거지(도면 3의 적색)

장방형주거지는 A1-가 구역에 집중되는 경향이 있으며 A1-나구역에서는 소수만이 검출되었다. A1-가구역과 A1-나구역으로 나눈 大區分에 다시 A1-나구역의 脊梁에 있는 자연구(1231호 구)를 경계로 남쪽과 북쪽으로 小區分할 수 있다. 이를 기준으로 A1-가구역에서는 전체 53동의 장방형 중에서 38동이 위치함을 알 수 있다. 한편 A1-나구역 남쪽에서는 7동이, A1-나구역 북쪽에서 8동이 위치해 있었다. 이로써 장방형 주거지는 A1-가구역에 분포의 중심이 있고 북쪽으로 갈수록 1/5수준으로 격감하였다.

② 방형주거지(도면 3의 파랑색)

방형주거지는 전체 26동 중 A1-가구역에서는 겨우 2동, A1-나구역 남쪽에서는 8동이, A1-나구역 북쪽에서는 16동이 검출되어 A1-나구역에서의 방형주거지의 압도적인 우세를 알 수 있다. 이들 수치를 도면화한 것이 도면3이다. 이 그림에서 양자는 각각 구역적인 강세를 가지고 있음을 알 수 있다. 이 같은 현상의 원인에 대해서는 여러 가지가 있을 수 있겠으나 일단 보고자는 시간차를 반영하는 것으로 보고하였다. 장방형주거지와 방형주거지의 중복관계에서도 방형주거지가 장방형주거지를 파괴한 예가 많아서 장방형이 방형보다 선행임을 알 수 있다.

한편 구산동유적 공동연구자인 武末純一에 의하면, 구산동유적 출토 弥生土器와 擬弥生土器의 성격분석을 통해 A1-가구역에서는 弥生時代 中期 初頭인 城ノ越式土器가, A1-나구역에서는 弥生時代 中期 前半인 須玖1式土器가 집중하는 경향이 있다고 한다. 이 점은 중복관계를 통해 본 주거지 형태의 선후관계와 일치한다.

③ 방형+장방형 혼합형주거지(도면 3의 노랑색)

3동(650호·652호·1793호)이 확인되었다. 이 주거지는 장방형주거지이면서도 穴灶는 방형주거지의 특징을 가지고 있어 양자의 특징을 공유한 과도기적인 형태를 가진 것으로 볼 수 있다. 650호와 652호는 장방형주거지의 우세지역인 A1-가구역의 중위에 위치하며, 1793호 주거지는 방형주거지가 우세한 A1-나구역의 저위 가까이에 위치하였다.

④ 송국리형주거지(도면 3의 하늘색)

송국리형주거지는 5동(A1-가-751호, A1-나-2512호·1791호·2128, A2-2호)이 확인되었다. 751호 1동만이 A1-가구역의 高位에 가까운 中位에 있으며 대부분은 A1-나구역의 中位에 자리 잡고 있다. 유일하게 A2-2호만이 A1-나구역 말단부에 형성되어 있는 低地帶에 위치해 있다. 구산동유적에서 송국리문화의 주거지들은 밀집도가 떨어져 분산적이고 低地帶를 선호한 것으로 추정된다. 이는 A2-1호 기단묘 아래 넓은 범위에 걸쳐 송국리문화층의 존재가 파악된 것에 起因한다. 기단묘가 조성되기 전 해반천변을 중심으로 송국리문화 집락이 형성되었을 가능성이 크다.

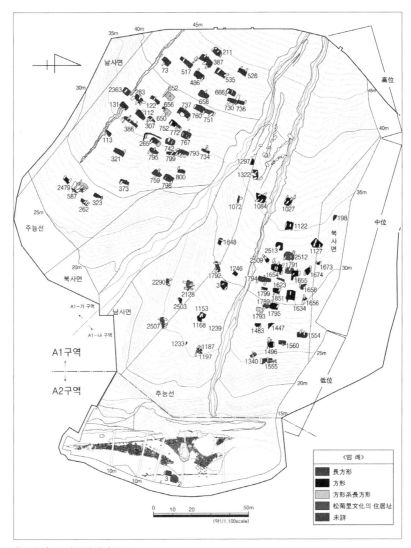

〈도면 3〉 구산동집락의 구조

(崔鍾圭, 2010, 「龜山洞集落의 構造」, 『金海 龜山洞遺蹟 X−考察編』, 圖 1 참고)

Ⅲ. 최신 발굴조사 성과

1. A2-1호 基壇墓

1) 基壇墓의 구성요소

본 보고문에서는 상석 아래 기단시설을 갖춘 구조의 무덤을 基壇墓로 통칭하였다. 창원 德川里(1993년 발굴) 기단묘 조사 이후 제기된 구획묘의 개념과 이에 대한 수정으로 제출된 묘역식 지석묘 그리고 이에 대한 반론이 제기되었다.[15] 각각의 용어가 나름대로 당위성을 가지고 있으나 본고에서는 구획묘나 묘역식지석묘 보다 무덤의 기능에 초점을 맞춘 崔鍾圭의

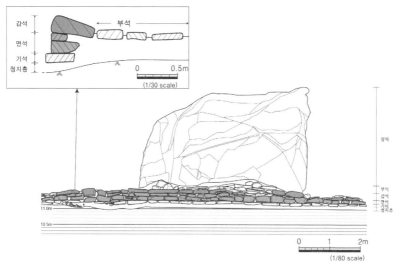

〈도면 4〉 김해 구산동 A2-1호 基壇墓 모식도

---

15) 이상길, 2011, 「소위 墓域式 支石墓 검토–용어, 개념과 관련하여」, 『慶北大學校 考古人類學科 30周年 紀念 考古學論叢』同 刊行委員會.

기단묘 용어를 사용하고자 한다(도면 4 참조).[16]

- **基石** : 종래 구획석으로 불리던 것으로 경계를 나타내는 점에서는 界石으로도 불릴 수 있다. 일부 무덤(德川里 1호나 龜山洞A2-1호)의 경우, 地臺石이나 台石으로 별도의 용어가 설정될 필요도 있다. 그렇지만 지나친 細分을 피하여 이 보고문에서는 基石 하나만으로 통일하고자 한다.

- **面石** : 基石 위에 들여쌓기를 한 다음 그 위를 수직으로 쌓아 벽을 이룬 경우를 面石으로 부르고자 하며, 전형적인 예는 昌原 德川里 지석묘와 金海 龜山洞 지석묘를 들 수 있다. 창원 덕천리 1호 지석묘와 김해 구산동 A2-1호는 面石을 2~3단 정도 쌓은 예이다. 晋州 三谷里 4호에서는 2단 정도가 확인되었고 金海 栗下 B지구 4호·5호·6호에서는 1단 정도가 확인되었다. 이 같은 예는 方壇에서 확인되며 圓壇인 경우에는 晋州 耳谷里 17호·27호처럼 基石에서 뒤물림쌓기를 반복하여 차츰 좁혀 나가 매장시설로 연결된 예가 대부분이다. 특수하게도 面石을 葺石처럼 비스듬히 붙여 쌓은 것으로 昌原 鎭東里 A호 지석묘의 예가 있다. 그밖에 面石을 가진 基壇墓로는 密陽 新安, 泗川 梨琴洞, 咸陽 花山里(2단의 面石)의 예가 있다. 面石 중 창원 덕천리1호처럼 수직으로 쌓아 올린 것 외에 葺石처럼 눕혀 쌓여진 것은 敷石과 구별하기 어렵다. 단, 基石에서 매장시설까지 경사를 이루면서 쌓아 올라간 것은 面石의 변형으로 간주하고자 하며 基石이나 甲石과 수평을 이루면서 깔린 것은 敷石으로 보고자 한다.

- **甲石** : 창원 진동리 A호 지석묘의 경우, 面石이 끝나는 부분에는 이의 경사각과 직각에 가깝게 꺾인 위치에 판판한 돌을 한 줄 돌려 마감하고 있는데 이런 성격의 돌을 신발의 발등에 위치하는 甲皮 내지 龜의 등딱지인

---

16) 崔鍾圭, 2012, 「龍岑里의 破壞된 무덤을 理解하기 위한 抽象」 『昌原 龍岑里 松菊里文化遺蹟』, 三江文化財研究院.

龜甲에 근거하여 甲石이라 造語하였다.

• **前鋪** : 창원 덕천리 1호묘의 基石의 前面에 깔린 돌에 기준하여 造語하였다. 창원 동읍 용잠리 基壇墓에도 존재가 확인되었다. 창원 일대에서는 2예나 되는데 비하여 김해 구산동이나 율하 B지구는 대형의 基壇墓이면서도 前鋪가 검출되지 않았다.

2) A2-1호 基壇墓의 조사내용

(1) 基壇部과 整地層(사진 2)

基壇部는 구릉쪽을 'L'자형으로 굴착한 후 남북향으로 길게 구축하였다. 지대가 높은 서쪽이 지대가 낮은 동쪽에 비해 잘 남아있다. 동쪽은 해반천의 범람으로 인해 基石 일부만 잔존한다. 서쪽 기단에 접해 있는 토층조사에서도 기단의 구조와 정지층을 명확히 관찰할 수 있다. 토층과 기단부 조사결과, 整地層-基石-面石-甲石-敷石-上石의 순으로 무덤의 구성함을 확인하였다.

整地層은 土性이 다른 회갈색사질토와 암갈색점토를 순차적으로 깔고 그 위에 基石을 놓았다. 회갈색사질토는 잔자갈이 뒤섞인 층으로 두께 10~15㎝이며, 암갈색점토는 목탄과 암반립이 소량 혼입된 흙으로 두께 10㎝ 내외이다. 2021년 시굴조사 1트렌치 내에서 확인된 정지층의 퇴적순서이다.

基石은 편평한 장방형석의 긴모가 표면에 오도록 쌓은 후 여기서 약간 안쪽으로 들어와 面石을 되물려 쌓았다.

面石은 2단 정도 확인되며, 되물려 쌓기가 보이지 않고 면을 맞추어 쌓았다. 면석의 두께는 基石보다 倍 이상이다. 그렇지 못한 경우는 기석과 같은 두께의 돌로 쌓을 경우, 층수를 증가시켰다.

甲石은 面石 최상단석을 상석 방향으로 경사면을 이루며 누르고 있는 형국이다. 基石과 面石에 비해 가장 큰 돌을 사용한 것으로 판단되며, 甲石을 누르고 敷石을 놓았다.

敷石은 편평한 면이 위를 향하도록 맞추어 한 벌 깔았는데, 상석으로 갈수록 단차를 두었다. 상석에 인접해 敷石의 편평한 면을 상석 방향으로 솟아오르도록 놓았다. 이 부석의 전환지점을 경계로 敷石을 체크하면 장타원형을 이룬다.

上石은 평면형태 장방형이며, 길이 10m·너비 4.5m·높이 3.5m이다. 추정무게는 약 350ton 내외이다. 全面에 걸쳐서 특별하게 인위적으로 다듬은 흔적이나 성혈은 관찰되지 않는 자연석이다. 상석의 암질은 흑운모계화강암으로 부석의 재질과도 동일하다. 김해지역은 해반천을 기준으로 동쪽으로 안산암계화강암이 생산되며, 서쪽으로는 흑운모계화강암이 생산되는 곳이다. 따라서 상석은 배후산지인 경운산에서 생산된 흑운모계화강암으로 판단된다.

정지층은 敷石 全面에서 확인된다. 그중에서도 상석 주변부 정지층의 두께가 두껍게 조성되었으며, 상석 아래로 이어지고 있다. 기단석단의 경우에는 동쪽과 서쪽의 정지층에서 차이를 보인다. 서쪽 기단석단은 정지층 위에 基石을 놓았지만, 동쪽 기단석단은 기반층인 황갈색풍화암반층을 'L'자형으로 굴착한 후 基石을 놓고 정지층을 조성하였다. 이러한 현상은 구릉말단부에서 충적지로 이어지는 지형적 변화를 극복해 정지한 후 敷石을 깔기 위한 고려로 판단된다. 아울러 정지층 내부토에서는 無文土器底部片과 胴體部片 등 殘片이 혼입되었다. 無文土器底部片은 A2-1호 墓 주변에서도 2점이 노출되었다. 1점은 묘의 서장벽에 걸쳐 놓은 敷石을 제거하는 과정에서 확인되었으며, 옆으로 놓인 상태로 노출되었다. 다른 1점은 북단벽 바깥으로 이어지는 정지층을 제거하는 과정에서 드러났다. 그 외에도 정지층 곳곳에서 無文土器 殘片들이 수습되었다.

〈사진 2〉 A2-1호 기단묘 서쪽 기단⑴과 토층⑵

(2) A2-1호 墓(사진 3)

墓가 확인된 지점은 基壇의 西端에서부터 7.6m, 東端에서부터 10.9m로 서쪽으로 약간 치우쳐 확인되었다. 그러나 목관묘는 上石을 기준으로 보면 가운데 부분에 해당한다. 墓는 敷石을 제거하자 암갈색토층인 정지층에서 확인되었다. 묘광형태는 장방형이며, 주축은 상석과 직교되는 남북향이다. 묘광의 규모는 길이 190㎝·너비 140㎝·깊이 95㎝이며, 목관의 규모는 길이 140㎝·너비 60㎝·깊이 25㎝이다.

층위는 중앙부가 완만하게 함몰된 'U'자형을 이루며, 점토와 사질토가 순차적으로 함몰되었다. 그중에서도 割石을 기준으로 두께 3㎝ 정도의 암갈색점토 띠가 확인된다. 이 점토띠를 기준으로 아래쪽에 할석이 遺構의 내측으로 비스듬히 함몰되었다. 평면조사결과 이 할석은 주축과 직교되는 방향으로 확인된 목탄화 된 나무보다 위에서 확인된다. 목탄화된 나무는 목관묘의 木蓋痕으로 추정된다. 이 층 아래에도 10개 층으로 세분되는 점으로 보아 木蓋가 함몰되면서 순차적으로 퇴적되었다. 이 木蓋 위로는 敷石인 할석과 함께 토기 2점이 출토되었다. 토기는 옹 1점과 대부완 1점으로 완형이다. 墓의 가운데 부분이 함몰되는 과정에 묘광 내측으로 함몰되었다. 다행스럽게도 함께 함몰된 할석이 노출된 토기보다 나중에 함몰되어 원형을 유지할 수 있었다.

이 추정 木蓋痕과 토기 2점을 기록하고 수습하였으며, 그 아래쪽 층위를 한 층씩 下降하며 조사를 진행하였다. 그 과정에서 묘광과 목관 사이 채워진 보강토를 확인하였다. 보강토는 네 벽을 따라 너비 20~25㎝ 정도로 정연하게 돌아가는데, 서장벽 가운데에 판석 1매가 주축 방향을 따라 노출되었다. 이 판석 아래에는 괴석 1매가 노출되었는데, 자연암괴로 추정된다. 보강토로 파악된 목관의 규모는 길이 140㎝로 상석과 기단석단에 비해 규모가 작다.

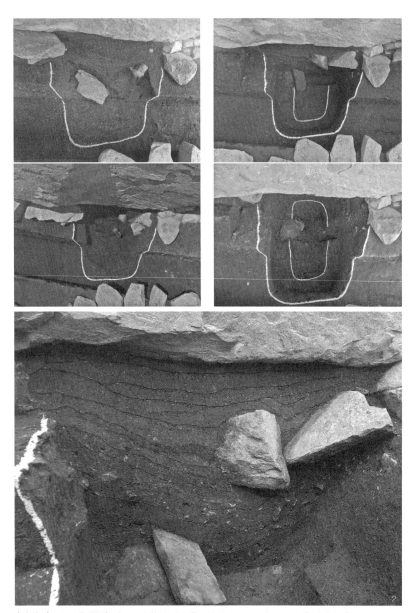

〈사진 3〉 A2-1호 목관묘(1·2:木蓋와 유물출토상태, 2·3:보강토, 4:토층단면세부)

위의 내용을 정리하면, A2−1호 기단묘의 축조는 우선 정지층을 조성한 다음 상석을 정지층 위에 이동시켰다. 상석의 방향을 동서방향으로 등고선과 직교되게 놓았다. 그다음 공정으로 매장주체시설인 목관묘를 안치하였다. 마지막으로 기단석단을 구축하면서 부석을 정연하게 한 벌 깔았다. 敷石은 기단석단과 직교되는 '井'자형의 틀을 이용해 편평한 할석의 면이 위로 가도록 깔았다.

2. 출토유물의 검토

목관묘에서는 추정 木蓋 위에 홑구연의 甕 1점과 대각이 짧은 臺附碗 1점이 출토되었다(사진 4). 홑구연 옹은 A2−1호 기단묘 배후산지에 입지한 점토대문화인의 주거지에서도 출토되었다. 옹은 장방형주거지와 방형주거지 모두에서 출토되는 구산동유적의 대표적인 기종이다. 따라서 목관묘에서 출토된 홑구연 옹은 주거지 출토품과도 일맥상통한다고 할 수 있다. 특히, A1−321호·486호·1560호 주거지 출토 홑구연 옹과 유사하다. 그렇다면 구산동 집락의 점토대문화인들이 무덤을 축조했을 가능성을 상정해 볼 수 있다. 앞서 살펴보았듯이 장방형주거지를 방형주거지가 파괴하고 조성된 점과 弥生土器의 편년을 통해 볼 때도 시간차를 두고 집락을 형성하였다. 주거지의 시간차 속에서 지속적으로 출토되는 대표기종이 홑구연 옹인만큼 구산동 점토대문화 전시기에 걸쳐 출토되는 기형으로 보아도 무방해 보인다.

臺附碗은 대각의 길이에서 차이가 있으나 A1−760호 주거지 출토 대부완의 신부와 깊이가 같고 형태가 반구형에 가까운 점에서 점토대문화인의 산물일 가능성이 크다.

영남지역에서 조사된 길이 10m 이상의 基壇墓의 출토 유물은 石劍, 石

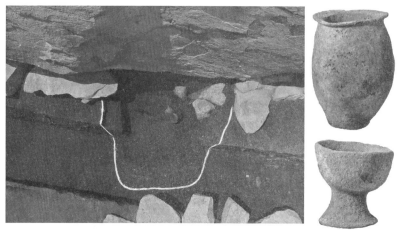

〈사진 4〉 A2-1호 묘 유물출토상태와 세부

鏃, 石刀, 土器, 구슬 등으로 한정된 수량만이 확인되고 있는 점에서 동일한 양상을 보인다(표 1). 이러한 부장품의 열세는 김해지역 지석묘 사회에서도 동일하게 확인된다. 김해지역 지석묘는 계층화의 심화를 상정할 만한 부장유물이 확인되지 않는다. 김해지역 지석묘에서는 적색마연호, 마제석검, 석촉만이 세트를 이루며 부장된다. 세형동검은 늦은 시기의 지석묘 주변 소형 석관묘 등에서 부장되고 있다.

영남지역 지석묘의 사회상은 부장품의 질이나 수보다는 외형적 규모를 통해서 살펴보아야 할 필요성이 제기되었다. 그런 점에서 눈에 띄는 현상은 거대한 기단묘의 등장이다. 기단묘는 수평적 제단 면적과 수직적 매장시설 깊이 확대로 다른 무덤과의 차별화를 시도한 것으로 보았다.[17] 즉, 부장유물이 아닌 매장주체부와 상석의 거대화로 피장자의 신분을 드러낸 것이다. 따라서 모든 지석묘가 위계화되고 계층화된 사회라고 보기는 어렵지만 적어도 無文時代 늦은 시기 지석묘 축조단계에 이르면 단순 수장 사

---

17) 윤호필, 2009, 「청동기시대 묘역식지석묘에 관한 연구」, 『경남연구』 1, 경남발전연구원, pp.14~15.

지역	유적	유구 번호	기단묘 (길이)	출토유물			
				석검	석촉	토기	구슬
김해	구산동	A2-1호	85m 이상	–	–	2	–
	율하리	A2-1호	10.07m	–	–	1	–
		A2-17호	15.78m	1	5	1	–
		A2-19호	23.81m	–	–	1	–
창원	덕천리	1호	56.2m	–	22	–	6
	용잠리	39호	25m	–	–	9片	–
	진동	A-1호	20.2m	1	3	–	–
	봉림동	C-1-1호	11.4m	1	2	1	–
밀양	용지리	제단	14.05m	舟形石刀1	–	–	–
	신안리	1호	9.95m	石斧1	–	–	–
	살내	1호	9.88m	–	–	19片	–
청도	화리	1-B-가	10.4m	–	–	–	–
		1-B-나	14.2m	–	–	–	–
칠곡	복성리	12호	11.6m	–	11	1	40
사천	이금동	A-1호	33.6m	1	–	–	26
		A-2호	12.5m	–	–	2	–
		C-5호	14.7m	–	–	–	–
		C-9호	11.4m	–	–	–	208
	덕곡리	10호	10m	–	–	–	–
진주	가호동	1호	17.2m (추정)	1	1	–	–
함양	화산리	1호	25.8m	–	–	–	–
합천	저포리	8호	10.8m	1	5	1	–
통영	남평리	1호	13.2m	–	–	–	2
거제	농소	1호	12m	–	–	1	–
경주	석장리		43m	1	–	–	–
	황성동	14호	20.6m	–	–	–	–
	전촌리	2-1호	32m	–	–	27片	–
		3-4호	22m	–	–	–	–

〈표 1〉 길이 10m 이상급 기단묘 출토유물 분석표

회로 바라볼 수 있는 여건이 마련되었다고 할 수 있다. 그러나 김해 구산동 기단묘는 수평적 제단 면적은 상정할 수 있어도 수직적 매장시설의 깊이는 다른 방향으로 진행되고 있어 다양한 관점에서 접근해야 할 필요성이 생겼다.

최신 발굴조사로 본 김해지역은 세형동검문화의 영향이 그리 크지 않았고, 내동 지석묘에서는 세형동검이 공반하고 있는 것으로 보아 세형동검문화 집단과의 갈등이 지석묘 소멸의 주요 원인이 아니었을 것이다. 오히려 세형동검문화 이후, 철기문화 집단의 유입이 더 큰 요인으로 작용했을 가능성이 크다. 이에 대해 대외 교류을 통해 외래 신문물이 유입되는 상황에서 토착의 정체성을 지키려는 결집의 표현으로 이해하기도 한다.[18]

3. 구산동유적 無文時代 基壇墓의 下限

구산동집락은 특징적인 장방형 또는 방형 주거지가 내부에서 穴灶 및 槽網으로 구성된 난방시설을 가지고 있음이 밝혀졌다. 이러한 주거 구조는 일본의 북부구주 弥生文化에서는 존재하지 않은 것이어서 북부구주 弥生文化와는 이질적이라고 지적하고 있다.[19]

한반도의 점토대토기문화에 있어 구산동유적이 가지는 가장 큰 특징은 일본 弥生文化 특히 北部九州 弥生文化와의 근친성이다. 구산동유적을 중심으로 弥生土器가 검출된 곳을 가까운 곳부터 정리해 보면 東·西의

---

18) 이동희, 2019, 「고김해만 정치체의 형성과정과 수장층의 출현」, 『영남고고학』 85, 영남고고학회.

19) 김해 구산동유적 보고서 Ⅹ 고찰편에 수록된 최종규, 武末純一 글을 참고하였다.
崔鍾圭, 2010, 「龜山洞集落의 構造」, 『金海 龜山洞 遺蹟 Ⅹ－考察編－』, 三江文化財研究院, pp.188~201.
武末純一, 2010, 「金海 龜山洞遺蹟 A1區域의 弥生系土器를 둘러싼 諸問題」, 『金海 龜山洞 遺蹟 Ⅹ－考察編－』, 三江文化財研究院, pp.162~187.

系列 및 김해계열이 있다. 西系列은 창원 상남 지석묘 주변→고성패총→사천 늑도패총→사천 방지리유적이 있는데 늑도패총을 제외하고는 대체로 弥生土器의 점유율은 낮은 편이다. 늑도패총이라 할지라도 弥生土器의 점유율이 반을 넘지 못하므로 구산동유적에는 미치지 못한다. 東系列에는 부산 동래 金剛園→동래 來城→울산 達川→울산 梅谷洞이 있다. 그리고 김해계열로는 內洞 2호 및 3호 지석묘, 會峴里貝塚, 興洞, 大成洞 燒成遺構, 池內里遺蹟 등이 있다.

경남지역의 基壇墓 내지 區劃墓의 下限에 대하여서는 粘土帶土器(槐亭洞文化) 단계까지 내려올 가능성을 타진한 논고가 있다.[20] 구산동 A2-1호 기단묘에서 출토된 토기가 확인되기 전까지는 정황적인 증거만 있었지만 현재 증가되고 있어 경남의 일부 지석묘는 괴정동문화에 소속될 가능성이 크다고 생각된다. 여기서 주변으로 시야를 넓혀보면 인근의 內洞 1~3호 지석묘가 주목된다. 內洞 1호 지석묘에서 細形銅劍과 黑陶의 검출이 가장 직접적인 근거가 되며, 동 2호 墓에서 출토된 弥生土器도 이에 대한 방증이라 할 수 있겠다. 이런 점을 고려하여 볼 때, A2-1호 기단묘는 槐亭洞文化 水石里式(圓形粘土帶土器의 시기)까지 내려볼 수 있으며 구산동에서의 變化尺度로 환산한다면 장방형 주거지의 시기 즉, 弥生文化 城ノ越式과 평행하는 것으로 볼 수 있다.

최근 2021년 발굴조사 과정에서 획득한 안정된 목탄시료에 대한 AMS 측정결과, 목관묘의 木蓋 시료와 대부완 안쪽에서 채취한 목탄 시료의 연대측정치 결과가 표-2와 같다. 앞서 살펴본 점토대토기문화 시기를 벗어나지 않는다. 목탄시료에 대한 분석결과, 보정연대가 B.C.410~190년 사

---

20) 李相吉, 2006, 「區劃墓와 그 社會」, 『금강: 송국리형 문화의 형성과 발전』, 호남고고학회·호서고고학회.
崔鍾圭, 2010, 앞의 논고.

이에 해당한다.

유구	시료종류	반감기	측정연대	보정연대(2sigma)	측정기관
A2-1호 목개	목탄	5568	B.P. 2270±40	B.C. 400~190(95.4%)	㈜CAL
A2-1호 ① 두형토기 내	목탄	5568	B.P. 2240±40	B.C. 320~200(57.3%) B.C. 410~340(38.2%)	㈜CAL

〈표 2〉 A2-1호 목관묘 연대측정 결과표

김해 구산동 유적에서 보이는 전환기의 변동이 외부적인 충격과 내부적인 변동에 의한 것인가를 검토할 필요가 있다. 이 변동을 촉발시킨 요인을 학계의 대다수는 요령지역으로부터 점토대토기 집단의 이주로 간주한다. 최근의 연구는 중서부, 호남, 영남 영동지역에서 점토대토기집단이 유입된 이후 기존 송국리집단과 어떻게 접촉하고 새로운 문화로 轉移하게 되었는가 하는 문제를 문화접변의 과정으로 다루고 있다. 그러나 변동을 과정적으로 설명하려면 전환기동안 일어난 변동의 선후관계를 밝히는 작업이 필요하다. 이에 이성주는 巨大集落의 해체로부터 시작되며 점토대토기 집단의 이주와 확산이 제 지역의 여건에 따라 시차를 두고 서로 다른 방식으로 진행된 것으로 보았다.[21]

최종규는 구산동유적을 통해 송국리문화에서 괴정동문화로의 轉移가 폭력적이라기보다 융합 발전적이었을 가능성이 높다고 보았다.[22] 송국리문화의 기축인 지석묘에 새로운 요소인 점토대토기, 세형동검, 흑도 등이 융합해 들어오는 것에서 기존의 송국리문화의 틀 속에 괴정동문화의 요소들

---

21) 이성주, 2017, 「支石墓의 축조중단과 初期鐵器時代」, 『대구·경북의 지석묘 문화』, 영남문화재연구원, pp.128~162.
22) 崔鍾圭, 2010, 「龜山洞遺蹟 A2-1호 支石墓에서의 聯想」, 『金海 龜山洞 遺蹟 X-考察編-』, 三江文化財研究院, pp.204~206.

이 轉移되어 들어와 정착하는 과정을 밟았던 것으로 보았다. 그리고 지석묘가 거대화하는 것은 송국리문화의 晚期에서 괴정동문화의 早期 사이의 기간일 가능성이 있다. 그것도 김해를 비롯한 창원 일대에서 이루어진 사건으로 보고자 하였다. 현재까지의 발굴성과로 보아도 괴정동문화 늑도식 단계와 평행하는 지석묘가 검출되지 않아 양 문화 간의 교체는 水石里式 단계 기간 중으로 한정시킬 수 있을 것이다. 현재로서는 구산동 지석묘도 이 범위를 벗어나지 않을 것으로 판단된다.

V. 맺음말

2007년 발굴조사 결과, 김해 구산동 고인돌은 우리나라 최대규모의 상석과 기단이 확인되었다. 그 후 2021년 발굴조사에서는 상석 아래 매장주체시설로 기존에 알려진 다단굴광의 석관묘가 아니라 목관묘로 밝혀졌다. 목관묘는 상석 가운데 부분에서 확인되었다. 묘광의 규모는 길이 190㎝·너비 140㎝·깊이 95㎝이며, 목관의 규모는 길이 140㎝·너비 60㎝·깊이 25㎝이다. 출토된 유물도 甕 1점과 臺附碗 1점이다. 영남지역에서 조사된 길이 10m 이상의 基壇墓의 출토 유물은 석검, 석촉, 토기, 구슬 등으로 한정된 수량만이 확인되고 있는 점에서 동일한 양상이다.

목관묘 출토 홑구연의 甕은 배후산지에 입지한 원형점토대단계 집락과 친연관계가 있는 것으로 판단된다. 그리고 목관묘 내에서 채취한 목탄 시료에 대한 방사선탄소연대측정에서도 B.C.410~190년으로 점토대토기문화를 벗어나지 않는다.

남한지역에서 지석묘를 축조했던 사회가 막을 내리고 그를 대신한 것은 세형동검이 부장된 목관묘 사회였다. 이 변동은 송국리문화의 쇠퇴와 점토대토기문화의 확산으로 묘사되며, 시대의 전환 즉, 청동기시대의 종언과 초기철기시대의 시작을 의미하는 것으로 받아들여진다. 이 시대의 전환점을 전후로 일어났던 물질문화 변동으로는 여러 사건과 과정이 거론되어 왔다. 거대집락의 해체와 집락유형의 변동, 점토대토기유물군의 등장, 생업경제의 변화, 기념물적 분묘 건축의 중단, 경작지 조성방식의 전환, 경관의 변화, 새로운 석기조성 및 도구조합의 출현, 고지성집락의 조성, 산정환호와 새로운 방식의 의례수행, 세형동검유물군의 등장, 철기의 유입, 기존 지역성의 붕괴와 새로운 지역성으로 재편 등 변화양상은 광범위하고 총체적이라 할 만하다.[23] 그중에서 김해 구산동유적은 기념물적 분묘 건축이 계속되고 있으며, 주거형태의 변화와 철기의 유입 등이 확인되었다. 이러한 현황을 어떻게 해석하느냐는 앞으로의 과제일 것이다. 분명한 것은 기존의 관념과는 다른 형태로 김해지역에서 전환기의 사회변화가 나타나는 것이다. 단순히 송국리문화의 쇠퇴와 점토대토기문화의 확산으로만 설명하기에는 문제가 있어 보인다.

따라서 구산동 지석묘의 下限을 괴정동문화까지 존속한 것으로 보았을 때 송국리문화에서 괴정동문화로의 변화 과정, 거대 지석묘의 등장과 소멸, 송국리문화에서 괴정동문화로의 교체 양상 등 많은 문제가 해결될 때 가능할 것으로 판단된다.

---

23) 이성주, 2017, 앞의 논고, p.129.

소배경,「김해 구산동유적 무문시대 집락과 기단묘 – 최신 발굴조사성과를 중심으로-」에 대한 토론문

조 진 선 (전남대학교)

　1. 구산동 지석묘는 묘역과 상석의 장축방향이 직교하며, 매장시설은 다시 상석의 장축방향과 직교하기 때문에 묘역의 장축방향과 동일합니다. 그러면 상석의 장축방향, 또는 묘역이나 매장시설의 장축방향 중 하나는 등고선과 나란하고, 다른 하나는 등고선과 직교할 것으로 생각되는데, 지형과 유구의 장축방향에 대하여 좀 더 자세하게 설명해 주시기를 부탁드립니다.

　구산동 지석묘의 상석은 워낙 거대해서 그 자리에 있는 자연석을 이용한 것인지, 아니면 자연석을 옮겨와서 상석으로 사용한 것인지도 살펴볼 문제로 생각됩니다. 박승필(1991, 1996)은 무등산 거력군(巨礫群)을 연구하면서 장축과 단축의 비율이 2:1 이상인 거력들의 장축방향은 최대경사방향과 평행하다고 하였습니다. 이것은 solifluction 퇴적물에서는 그것을 구성하는 력의 장축방향이 유동방향, 즉 사면방향과 대체로 평행하거나 사면각보다 약간 낮은 경사를 보이는 경향이 있는 것과 관련됩니다. 그래서 암괴의 장축방향이 사면 방향과 평행하게 나타나는 현상은 암괴들이 사면을 따라 solifluction 작용으로 이동했다는 증거라고 하였습니다. 이러한 연구결과를 지석이 없는 지석묘 상석들과 비교해 보면, 자연괴석들은 solifluction 작용으로 등고선과 직교하는 방향으로 놓여 있고, 지석묘 상석들은 대체로 등고선과 나란한 방향으로 놓여 있어서 서로 반대 방향을 보입니다(趙鎭先 1997). 그래서 자연지형 즉, 등고선 방향과 지석묘 상석의 장축방향 사이의 관계는 구산동 지석묘 상석의 성격을 파악하는 데 도움이 될 것으로 생각됩니다. 또한, 청동기시대 지석묘는 상석과 매장시설의 장축방향이 대부분 등고선과 나란하고, 초기철기시대 토광묘계(적석목관묘, 목관묘 포함) 무덤은 등고선과 직교하다가 기원전후경부터 등고선과 나란해지기 때문에 앞으로 구산동 지석묘의 상석과 매장시설의 조합관계와 성격을 파악할 때도 도움이 될 수 있을 것으로 생각됩니다.

2. 구산동 지석묘를 비롯한 초기철기−원삼국시대에 조영된 지석묘 피장자들의 성격에 대해서는 다양한 견해들이 제기되어 왔습니다. 토론자는 선·원사시대의 무기조합을 토대로 사회정치유형과의 관계를 살펴본 적이 있습니다. 전쟁인류학과 전쟁고고학의 연구성과들을 종합해보면, 원격전용 투사무기(활과 화살·투창 등)+근접전용 단병충격무기(석검·동검·철검·철도 등)+근접전용 장병충격무기(동모·동과·철모·철과 등) 조합이 갖추어져야만 군장사회 같은 복합사회에 들어서는 것으로 보았습니다(조진선 2020). 그 결과 초기철기−원삼국시대에 조영된 지석묘는 대형이라 해도 무기조합은 청동기시대의 일반적인 지석묘와 크게 달라지지 않았습니다. 특히 지석묘에서 세형동검문화의 청동기가 출토되더라도 주로 근접전용 단병충격무기인 세형동검만 확인될 뿐 동모나 동과 같은 근접전용 장병충격무기는 거의 확인되지 않고 있습니다. 그러나 세형동검의 형식을 보면, 이미 동모·동과가 등장한 이후로 판단되기 때문에 이 시기 남해안지역의 지석묘 사회는 세형동검문화의 청동제 무기 중에서 세형동검만 특별하게 선호했던 것으로 생각됩니다. 이것은 지석묘 사회가 동모·동과 같은 근접전용 장병충격무기를 필요로 하지 않은 사회, 즉 복합사회에 아직 이르지 못했을 가능성이 크다는 것을 보여줍니다(조진선 2022). 즉, 지석묘 사회의 종말기는 세형동검문화와 시기적으로 병행하였을 뿐 아니라 서로 다양한 방면에서 접

촉하면서 영향을 주고받았을 것으로 생각되지만, 그렇다고 지석묘 사회의 사회정치유형이 청동기시대와 근본적으로 달라질 정도는 아니지 않았을까 하는 것이 저의 생각입니다.

소배경 선생님은 이 시기의 지석묘 역시 부장품 열세 현상이 지속됨을 지적하시면서도 무문토기 늦은 시기 지석묘 축조단계에 이르면 단순 수장 사회로 바라볼 수 있는 여건이 마련되었다고 해서 다소 다른 의견을 제시하고 있는 것으로 생각됩니다. 그래서 이에 대하여 좀 더 자세하게 설명해 주시기를 부탁드립니다. 이 시기 지석묘 조영 사회의 사회정치유형에 대해서는 이수홍 선생님을 비롯한 다른 분들께도 견해를 여쭤보고 싶습니다.

3. 구산동 지석묘에서 수습한 목탄 시료의 방사성탄소연대는 B.P.2270 ±40, B.P.2240±40으로 측정되어서 보정연대(2sigma)가 대체로 기원전 400~190년경으로 나옵니다. 그래서 그냥 쉽게 표현하면, 기원전 4~3세기로 측정된 셈이어서 많은 연구자들이 구산동 지석묘의 연대로 추정하고 있는 기원전 1세기경과는 적지 않은 차이를 보이고 있습니다. 방사성탄소연대 측정치와 출토유물을 토대로 한 고고학적 편년 사이의 차이를 어떻게 해석해야 할지 말씀해 주시기를 부탁드립니다.

소배경, 「김해 구산동 유적 무문시대 집락과 기단묘 - 최신 발굴조사성과를 중심으로-」에 대한 토론문

김 권 구 (계명대학교)

김해 구산동 지석묘의 발굴자로서 김해 구산동 지석묘유구와 하부의 목관이 동시기에 함께 축조되었을 수밖에 없다고 보아야 하는 근거에 대해 다시 정리해 주시기 바란다. 이것은 두형토기가 출토되고 있는 김해 구산동 지석묘의 성격과 편년에 관련된 중요한 사항이어서 소배경 선생에게 청중을 위해 정리를 부탁드린다. 그리고 김해 구산동 지석묘와 대성동 84호묘의 편년상의 하한을 어디까지 보며 가락국의 형성과정과의 관련성과 관련하여 말씀해 주시기 바란다.

소배경,「김해 구산동유적 무문시대 집락과 기단묘 – 최신 발굴조사성과를 중심으로–」에 대한 토론문

오 강 원 (한국학중앙연구원)

– 구산동 A2–1호 묘역식지석묘는 해반천변의 원지표를 지석묘가 조성될 범위 이상으로 1차 정리한 뒤, 그 위에 잔자갈이 섞인 회갈색사질토를 10~15cm 가량 깐 뒤 그 위에 다시 목탄과 암반립이 소량 혼입된 암갈색점토를 두께 10cm 가량 다져 묘역 정지층을 완성한 다음, 그 위에 묘역이 조성되어 있다. 묘역 조성에 상당한 공력을 들였다는 것을 알 수 있는데, 묘역 조성에 투하된 의도성, 경비, 노력 등에 비해 상석 아래 매장주체부의 조성은 규모도 작을 뿐 아니라 매우 소략하다. 더욱이 상석 직하에는 박석이 상석 하면에 깔려 있지만, 매장주체부가 굴광되어 있는 상면에는 후대의 자연적, 인위적 파괴로 멸실된 것일 수도 있지만, 공교롭게도 박석이 고르게, 치밀하게 깔려져 있지 않다.

토론자는 구산동 A2–1호 묘역식지석묘, 특히 매장주체부(목관묘)와의 동시성과 관련한 아직 확고한 결론을 내리지는 않은 상태이다. 다만 학술회의에서 여러 문제에 대해 한 번 더 의논이 이루어지는 것이 좋겠다는 생각에서 이와 같은 질문을 드린다. 요약하면, 위의 여러 점을 고려할 때, 혹 상석, 묘역과 매장주체부가 동시성을 갖고 있는 것이 아닐 가능성은 없는지 조사자이기도 한 발표자의 의견을 듣고 싶다.

– 김해 지역에서 구산동 A2–1호 묘역식지석묘를 포함한 지석묘가 철기문화와의 '갈등'을 통해 소멸된 것으로 보았다. 이러한 '갈등' 과정에 물질

적, 사회적으로 증폭된 결과가 바로 구산동 A2-1호 묘역식지석묘인 것으로 이해하였다.

만약 그러하였다면, 구산동 A2-1호 묘역식지석묘의 매장주체부가 왜 전통적인 묘광 구조와 매장주체부가 철저하게 포기되어 있는 대신 갈등 대상이자 소멸하게 만든 외부 기원의 목관묘제가 수용되어 있는지, 토착 유물을 철저하게 포기하고 철기문화의 핵심 유물, 또는 상징 유물이라 할 수 없는 일상적인 홑구연 옹 1점과 두 1점만이 선택 부장되어 있는지에 대해서도 생각해 볼 필요가 있다고 생각한다.

이에 대한 발표자의 의견을 듣고 싶다.

영남지역 묘역식지석묘의 특징과 구산동지석묘의 성격

이 수 홍*

• [요약문] •

영남지역의 묘역식지석묘를 검토하고, 구산동지석묘의 특징과 성격에 대해 살펴보았다.

영남지역에는 현재까지 56곳의 유적에서 340여 기의 묘역식지석묘가 조사되었다. 묘역식지석묘는 영남 각지에 분포한다. 청동기시대 전기의 늦은 시기에 출현하여 초기철기시대까지 지속적으로 축조되었다.

청동기시대 후기에는 거대한 묘역식지석묘가 군집을 이루어 축조된다. 이 시기는 거대한 묘역식지석묘가 계층화의 과정을 보여주지만, 아직 완전

---

* 울산문화재연구원

한 불평등사회로 진입한 것은 아니다.

초기철기시대가 되면 불평등사회로 진입하면서, 공동체를 위한 것이 아닌 1인을 위한 무덤이 축조되는데 무덤군에서 거대한 묘역식지석묘는 단 1기만 축조된다.

구산동지석묘는 그 규모에서 압도적인 거대함, 무덤군에서 1기만 존재하는 묘역식 무덤, 상석이 묘역에 직교하고, 매장주체부가 목관(木棺)이며, 출토유물이 기존의 지석묘 출토유물과는 이질적인 옹(甕)과 두형토기(豆形土器)라는 특징이 있다. 초기철기시대에 축조된 것이 확실하며 무덤으로 축조되었다.

김해지역에 새로운 이주민의 정착이 늦어진 것은 구산동지석묘를 축조할 만큼 강력한 세력이 있었기 때문이다.

구산동지석묘는 초기철기시대 재지민이 축조한 최후의 군장묘이다. 청동기시대가 끝나는 전환기에 변화를 받아들이는 모습을 상징적으로 보여준다. 이후 청동기시대는 종언하고 새로운 시대가 개막한다.

주제어 : 영남지역, 묘역식지석묘, 구산동지석묘, 전환기, 군장

Ⅰ. 머리말

지석묘(고인돌)란 지석(괸돌)으로 상석(덮개돌)을 받치고 있는 무덤이다. 즉 매장주체부(무덤방)와 지상에 노출된 상석, 그리고 상석을 받치는 지석이 조합된 무덤을 말한다. 그런데 조사된 지석묘 중 대부분은 실제 지석이 없다. 대개 탁자식지석묘의 경우 매장주체부가 지상에 있고, 기반식과 개석식은 지하에 매장주체부가 있다. 최근에는 탁자식이 아닌데도 지하에 매장주체부가 없는 사례가 많이 발견된다. 지석묘는 말 그대로 지석이 있는 무덤인데 지석이 없거나 아예 무덤방이 없는 사례가 많다는 것이다. 그럼에도 불구하고 이런 사례를 모두 지석묘라고 불러 지석묘라는 용어가 청동기시대 무덤을 가리키는 용어로 일반화되었다. 그만큼 다른 적절한 용어를 찾기 어렵기 때문이기도 하다. 또, 발굴사례가 증가하면서 너무도 다양한 구조나 형태가 확인되는 것도 원인이라고 할 수 있다. 필자(2006)는 '협의의 의미'로서의 지석묘는 상석이 있는 분묘 혹은 상석이 없더라도 포석으로 구획된 분묘로 한정하고, '광의의 의미'로서는 기존의 상석이 있는 분묘와 석관묘를 포함하여 청동기시대 무덤을 아우르는 용어로 남겨둘 것을 제안한 적이 있다. 이성주(2019)는 청동기시대 여러 종류의 분묘 중 돌을 이용하여 지상으로 그 외관이 뚜렷이 드러나게 한 무덤을 통칭하는 의미로서 지석묘라는 용어의 사용을 제안하였다.

지석묘는 전통적인 분류안 즉 탁자식, 기반식, 개석식(혹은 탁자식, 기반식, 개석식, 위석식)으로 구분되는데 이 분류 역시 현재의 조사 성과에 전적으로 부합하지 않는다. 청동기시대 무덤을 분류해 본다면 위의 지석묘 분류 이외에 매장주체부의 구조(사실은 재질)에 따라 석관, 석개토광, 토광, 목관, 옹관묘로 구분된다. 매장주체부의 위치는 지하와 지상으로 구분되는데 여기에는 매장과 화장이 그 원인으로 작용하기도 한다. 여기에 최근에는 가옥이 무덤으로 전용되었다는 견해(俞炳琭 2010, 이수홍 2011, 안재호 2013)도 있어 그야말로 복잡다단해졌다. 최근에는 무덤의 경계 즉 묘역을 갖춘 무덤의 조사가 증가하였는데, 이를 통칭해 구획묘라고 한다(이상길 1996). 구획묘는 묘역의 경계가 돌인지 도랑인지에 따라 구분되는데 돌이면 '묘역식지석묘(혹은 용담식지석묘(김승옥 2006))', 도랑이면 '주구묘'라고 한다. 사천 이금동 1호 무덤의 예를 든다면 전통적인 지석묘 분류안에 의하면 기반식지석묘(사실 지서이 없지만 개석식에도 적합하게 부합하지 않는다)이고, 구획묘의 입장에서는 묘역식지석묘이며, 매장주체부의 구조로 분류한다면 석관묘이고 장법은 신전장으로 매장한 것이다.

본고에서 다루고자 하는 묘역식지석묘는 돌을 이용해 묘역을 구분한 무덤이다. 하지만 매장주체부가 없어 적석제단으로 보고된 것도 본고의 검토 대상에 포함하였다. 실제 적석제단으로 보고된 유구 중에서도 매장주체부의 존재 가능성이 있는 것도 있으며, 화장 후 산골 하였을 가능성도 배제할 수 없기 때문이다.

'묘역'이란 사전적 의미로 '묘소(墓所)로서 경계를 정한 구역'을 말한다. 사실 대부분의 무덤에는 그것의 범위가 있었을 것인데 후대까지 그 흔적을 남기지 않았다. 돌이나 주구로 점차 명확하게 무덤 공간의 범위를 나타내었는데 특히 돌을 이용한 묘역은 축조와 관련된 공동노동, 압도하는 규모 등으로 인해 당시 사회를 들여다보는 중요한 소재가 되고 있다.

본고에서는 영남지역의 묘역식지석묘를 살펴본 후 우리나라에서 가장 규모가 큰 묘역과 상석을 갖춘 구산동지석묘의 특징과 성격에 대해서 선학들의 연구를 바탕으로 검토해 보겠다.

Ⅱ. 영남지역 묘역식지석묘

묘역식지석묘는 남해안을 따라 분포한다고 알려져 있지만 실제 거창, 합천, 산청, 밀양, 청도, 대구 등 내륙지역에서도 많이 확인되기 때문에 남부지역 전역에 분포한다고 해도 과언이 아니다. 표 1은 현재까지 영남지역에서 발굴조사를 통해 알려진 묘역식 지석묘에 대한 개요이다.[1]

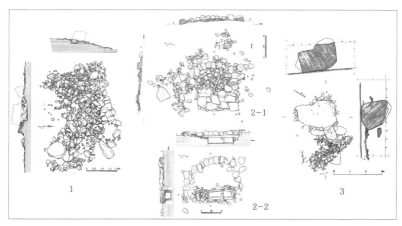

〈그림 1〉 묘역식지석묘와 묘역으로 추정되는 무덤(1:합천 역평 14호, 2:대구 대천동 511-2유적 A-23호 개석과 매장주체부, 3:안동 지례리유적 B-9호)

연번	지역	유적명	유구수	입지	성격	조사기관
1	거창	산포유적	20	충적지	무덤	동의대박물관
2	합천	역평유적	15	구릉 사면	무덤	동의대박물관
3		저포 E지구	7	충적지	무덤	부산대박물관
4	함양	화산리유적	6	구릉 말단	무덤, 제단	경남발전연구원
5	산청	매촌리유적	9	충적지	무덤, 제단	우리문화재연구원

---

1) 보고서에 명확하게 묘역식 무덤으로 설명된 유적이다. 또, 필자가 미처 인지하지 못한 유적도 있을 것인데 전적으로 필자의 책임이다.

6	진주	대평리유적	11	충적지	무덤	경남고고학연구소 외
7		평거동유적	4	충적지	무덤	경남발전연구원
8		가호동유적	14	충적지	무덤	동서문물연구원
9		삼곡리유적	1	선상지	무덤	동서문물연구원
10		이곡리유적	12	구릉평지 경계	무덤, 제단	동아세아문화재연구원
11	사천	이금동유적	25	구릉 사면	무덤	경남고고학연구소
12		소곡리유적	5	충적지	무덤	단국대박물관
13		덕곡리유적	7	충적지	무덤, 제단	경남발전연구원
14		용현유적	2	선상지	무덤	동아대박물관
15	함안	도항리유석	4	구릉	무덤	창원문화재연구소
16	통영	남평리유적	4	계곡부	무덤	동서문물연구원
17	거제	농소유적	1	구릉평지 경계	무덤	경남고고학연구소
18		대금리유적	2	구릉 말단	무덤, 제단	경남고고학연구소
19	창원	진동유적	다수	충적지	무덤	경남발전연구원
20		신촌리유적	1	구릉평지 경계	무덤	동아세아문화재연구원
21		망곡리유적	1	충적지	?	우리문화재연구원
22		현동유적	4	구릉 말단	무덤	동서문물연구원
23		봉림리유적	3	구릉말단	무덤	한국문물연구원
24		덕천리유적	1	구릉평지 경계	무덤	경남대박물관
25		화양리유적	1	구릉	무덤	동아세아문화재연구원
26	밀양	금포리유적	4	구릉	무덤	동아세아문화재연구원
27		용지리유적	1	구릉 사면	제단	우리문화재연구원
28		신안유적	3	선상지	제단	경남발전연구원
29		살내유적	2	충적지	제단	경남발전연구원
30	김해	선지리 218-2	13	구릉 말단	무덤	강산문화재연구원
31		구산동유적	1	구릉 말단	무덤	경남고고학연구소
32		대성동 294유적	4	곡간 퇴적지	무덤	강산문화재연구원
33		율하리유적	19	구릉 사면	무덤	경남발전연구원

34	부산	분절유적	10	구릉 사면	무덤	부산박물관
35		온천 2구역	5	구릉 사면	제단	서울문화재연구원
36		길천유적	5	충적지	무덤	동양문물연구원
37	울산	송대리 275-4유적	1	구릉 말단	무덤	경상문화재연구원
38		다운동운곡	2	구릉 사면	무덤	창원대박물관
39		전촌리유적	7	곡간 충적지	무덤, 제단	경상북도문화재연구원
40		월산리 입석유적	1	구릉 사면	입석	영남문화재연구원
41		상신리 지석묘	1	구릉 말단	무덤?	국립박물관
42		화곡리 제단유적	1	구릉 말단	제단	성림문화재연구원
43	경주	황성동유적	8	충적지	무덤, 제단	경북대학교박물관
44		석장동 876-5	1	곡간 충적지	무덤	계림문화재연구원
45		서악동 844-1	3 (다수)	구릉 말단	무덤	신라문화유산연구원
46		화천리산 251-1	1	구릉 정상	제단	영남문화재연구원
47		도계리 지석묘군	56	선상지	무덤, 제단	삼한문화재연구원
48	포항	조사리유적	1	구릉	무덤	삼한문화재연구원
49	영천	용산동유적	3	선상지	무덤, 제단	경북대학교박물관
50	청도	진라리유적	3	충적지	무덤	영남문화재연구원
51		화리유적	5	선상지	무덤	한국문화재보호재단
52	대구	상인동 87유적	1	선상지	무덤	영남문화재연구원
53		상인동유적	3	선상지	무덤	경북대학교박물관
54		진천동유적	2	선상지	무덤, 제단	영남문화재연구원
55	칠곡	복성리유적	2	충적지	무덤, 제단	영남문화재연구원
56	김천	송죽리유적	12	충적지	무덤	계명대학교박물관

〈표 1〉 영남지역 묘역식지석묘 유적 개요(유구 수는 묘역식지석묘 수)

영남지역에서 56곳의 유적에서 340여 기의 묘역식지석묘가 조사되었다.[2] 경남지역은 전역에 분포한다. 경북지역의 경우 도면 2의 표기만으로 본다면 김천-칠곡-대구-영천-경주-포항을 잇는 선의 북쪽에서는 확인되지 않는 것으로 보인다. 이 선이 묘역식지석묘 분포의 북한계선을 의미하는 것은 결코 아니다. 그림 1과 같이 안동 지례리유적의 무덤도 묘역식지석묘일 가능성이 있고, 춘천 중도유적에서도 다수의 묘역식지석묘가 조사된 사례가 있다. 또 북한지역에도 묘역식지석묘가 많이 분포하는데 침촌형(묵방형 포함)이라고 부른다(석광준 1979). 청동기시대에 송국리문화분포권이 아니더라도 안정적인 정착생활이 이루어진 곳에는 묘역식지석묘가 축조되었다는 것을 알 수 있다.

경주와 포항, 울산은 검단리문화분포권이며 그 외 지역은 송국리문화분포권이다. 두 지역의 묘역식지석묘 유적 수는 큰 차이가 없는 것으로 보일 수 있지만, 실제 유구 수는 송국리문화분포권이 압도적으로 많다. 구획묘 중 송국리문화분포권은 돌을 이용한 묘역식지석묘, 검단리문화분포권은 도랑을 이용한 주구묘가 주로 분포한다는 견해(안재호 2020)와 부합한다. 경주와 울산지역은 초기철기시대에 축조된 것이 많고 지하에 매장주체부가 없는 소위 '제단식지석묘'(김병섭 2009)의 비율이 높은 것이 특징이다. 밀양 살내유적 1호 제단식지석묘, 신안유적 1호·4호 제단식지석묘에는 암각화

---

2) 합천 역평유적에서 조사된 15기가 모두 묘역식인지에 대해서는 재고의 여지가 있다. 또 밀양 가인리유적의 석관묘(밀양대학교박물관 2015)나 대구 대천동511-2번지 유적의 석관묘(영남문화재연구원 2009)와 같이 매장주체부 주위로 부정형으로라도 돌을 둘렀다면 이것도 묘역식으로 볼 여지가 있다. 사실 무덤에는 어떤 형태로든 묘역을 표현하였을 것이다. 돌을 이용한 경우 부정형하게 일정한 형태가 없으면 묘역식의 범주에 포함시키지 않고, 원형 혹은 장방형으로 설치한 것만 우리가 묘역식으로 판단하는 것은 아닌지 생각해 본다. 그렇다면 표 1에는 포함되지 않았지만 안동 지례리 지석묘 B지구 9호와 같은 무덤도 묘역식일 가능성이 있으며 우리가 생각하는 것 이상으로 묘역식 무덤이 많았을 것이다.

가 새겨져 있다. 입지를 본다면 구릉사면, 충적지, 선상지 등에 위치한다. 서부 경남지역은 남강, 황강 등 하천변 충적지에, 대구를 비롯한 경북지역은 선상지에 많이 분포한다. 묘역식지석묘가 분포하는 선상지는 육안으로 볼 때 대체로 편평한 평지이다. 구릉에 분포하는 유적의 경우에도 대개 완만한 사면이거나 구릉과 평지의 경계에 위치한다. 묘역을 설치하기 위해서는 무덤이 위치하는 곳의 지형이 경사도가 낮아야 돌을 이용해 묘역을 축조하기 쉽기 때문에 충적지나, 선상지, 구릉 중에서도 상대적으로 편평한 곳을 무덤의 입지로 선택하였을 것이다.

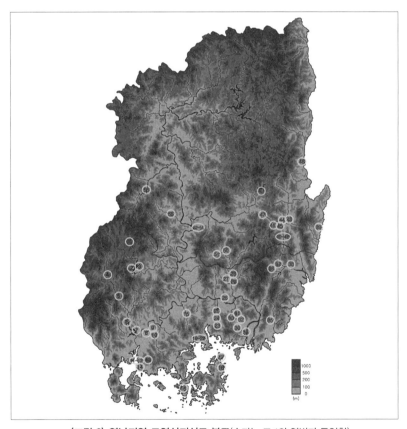

〈그림 2〉 영남지역 묘역식지석묘 분포(숫자는 표 1의 연번과 동일함)

Ⅲ. 묘역식지석묘의 성격과 기원, 축조시기

본 장에서는 묘역식지석묘의 성격에 대한 선행연구의 공통점을 살펴보고 성격을 검토해 보겠다. 또 묘역식지석묘의 기원에 대한 제 견해와 축조시기에 대해서 살펴보겠다.

1. 묘역식지석묘의 선행연구와 성격

이상길(1996)은 묘역식지석묘를 구획묘라 부르고 이 무덤의 성격과 묘역의 용도를 검토하였다. 묘역식지석묘를 개인의 묘가 군집을 이루어서 분포하는 개인군집형(산포형), 한 묘역에 4~5기의 유구가 조성되어 있으나 유물로 우열이 구분되지 않는 유력가족형(Ⅰ)(대봉동형)과 한 묘역 내에 다른 무덤이 있는데 그 중 중심이 되는 무덤의 묘역시설이 극대화되는 유력가족형(Ⅱ)(덕천리형)으로 분류하였다. 묘역은 다른 무덤과 구분하기 위한 경계시설인데 점차 덕천리지석묘와 같이 다른 무덤과 차별성을 나타낸다고 하였다.

김승옥(2006)은 묘역식지석묘를 시기적으로 3단계로 구분하였다. Ⅰ단계는 묘역이 방형이면서 독립적으로 분포하고 Ⅱ단계는 대단위로 조성되는데 3~5기가 군집한다. Ⅲ단계는 묘실이 다양화된 지석묘가 Ⅱ단계 무덤 주위에 축조되며 극소수는 묘역이나 상석이 극대화되고 초대형의 석곽이 지하 깊숙이 설치된다. Ⅲ단계는 사회적 계층화가 정점에 이르게 되는데 창원 덕천리·진동, 보성 동촌리 등으로 대표되는 최고 권력자가 매장되는 '유력개인묘'가 등장한다고 하였다.

윤호필(2009)은 묘역지석묘는 지석의 기능에 묘역이 가지는 개별 무덤의 공간적 영역확보라는 의미와 기능이 합쳐진 것인데, 지상으로 묘역을 돌출시킴으로써 외형적으로 상석의 기능을 한층 업그레이드 시킨 것이라고 하였다. 이는 무덤간에 차별성(위계화)를 두드러지게 한 것이라고 하였다.

안재호(2012)는 상석과 매장주체부, 묘역은 규모나 구조에서 다양한데 피장자에 대한 사회적 위계의 분화가 진전된 것을 의미하며 일반 지석묘보다는 더욱 진화된 묘제라고 하였다. 묘역식지석묘는 거점취락을 중심으로 연합된 지역공동체가 채용한 수장묘 혹은 그에 상응하는 사회적 신분을 지닌 유력자 또는 그와 관련된 계층의 묘라고 하면서 묘역의 크기는 신분의 우열을 나타내는 척도라고 하였다.

이성주(2012)는 기념물은 현저한 외관과 내구성을 가져야 하기에 결국 석축기념물이 등장하고, 지석묘 등 석축제의유구는 환호, 대형목조건물 등과 함께 집약적 농경사회를 이념적으로 이끌어간 장치라고 하였다. 묘역식지석묘 단계에 이미 권력이 집중된 개인묘가 공동체 묘지 가운데 등장하며 공동묘로 조성된 거석묘가 위세품이 다량 부장된 개인묘로 대체된다고 하였다. 즉 묘역식지석묘가 다량의 청동제 위세품을 부장한 족장개인묘로 전개된다는 것이다.

우명하(2012)는 영남지역의 묘역식지석묘를 검토하였다. 지역집단의 유력자가 개인묘역을 조영하기 시작하는 공존기, 개인의 영향력이 커짐에 따라 묘역 축조에 많은 노동력이 동원되면서 무덤의 형식이 다양화되고, 각 지역 집단의 영향력이 묘제분포권으로 발현되는 발전기, 묘역식지석묘유적이 대형화 되는 최성기로 변화한다고 하였다. 최성기의 묘역지석묘 축조사회는 유력정치체로 발전하기 시작한 사회단계라고 하였다.

이은경(2013)은 묘역식지석묘에서 출토되는 부장유물의 가치·등급의 고저가 규모와 반드시 일치하지 않기 때문에 부장유물 보다는 규모로 성격과 특징을 드러낸다고 하였다. 묘역식지석묘를 축조하고 다양한 유물을 부장한 집단은 해당 지역에서 유력한 집단이며, 피장자의 우월성을 부각시키기 위해 축조되었으며 경남지역에서 구획묘를 축조한 집단은 계층화가 진행되는 사회 흐름에 속했다고 하였다.

윤형규(2018)는 경북지역의 묘역식지석묘를 검토하였는데, 묘역지석묘는 지역 사회의 발전에 따라 무덤의 경관 또는 상징적 의미를 부각시키기 위해 채용되었다고 하였다. 묘역시설은 처음에는 주로 대형급이 단독으로 배치되다가 점차 다양한 형태와 규모의 차별을 통해 위계와 기능적이 분화가 시작되었다고 하였다.

대부분의 선행연구에서 '위계', '차별화', '계층화', '유력'이라는 단어가 공통적으로 언급되고 있는데, 이 단어만으로도 묘역식지석묘의 성격을 어느 정도 짐작할 수 있겠다.

위에서 살펴본 선행연구의 대체적인 공통점은 다음과 같다. ①출현 시점은 전기 후엽이다. ②대부분은 연접하거나 인접하게 축조되어 공동묘지를 이룬다. ③묘역식지석묘는 집단 내 유력개인의 무덤인데, 당시 사회가 점차 계층화되어 가는 것을 반영한다. ④불평등사회의 지배자(군장)가 등장한 완전한 계층사회는 아닌 것으로 받아들여진다. 대부분 '계층화의 과정'으로 표현하고 있다. ⑤위계화는 유물 보다는 묘역의 규모로 표출된다.

〈그림 3〉 사천 이금동유적 대형 묘역식지석묘와 동검묘 위치 및 출토유물

청동기시대 비파형동검이 출토된 무덤이 최고 지도자의 무덤이 아니라는 견해(金承玉 2006; 李熙濬 2011; 安在晧 2012; 이수홍 2019)가 있다. 사천 이금동유적에서 가장 규모가 큰 A-1호가 아니라 묘역이 없는 단독 소형묘인 C-10호, D-4호에서 비파형동검이 출토되는 등 대형 묘역을 갖춘 무덤과 출토유물의 비중이 비례하지 않기 때문이다. 즉 호남지역에 비해 상대적으로 비파형동검을 많이 입수하지 못했던 경남지역에서는 집단의 위계를 규모로서 표현하였던 것(이은경 2013; 이수홍 2019)을 알 수 있다. 반면 무덤의 규모에서 큰 차이를 보이지 않는 대구지역에서 위계를 상징하는 것은 장신의 마제석검이다(이성주 2016, 이수홍 2020a).[3]

2. 묘역식지석묘의 기원

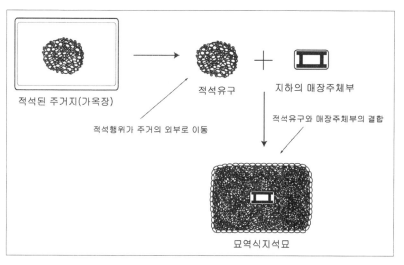

적석된 주거지(가옥장)

적석행위가 주거의 외부로 이동

적석유구

지하의 매장주체부

적석유구와 매장주체부의 결합

묘역식지석묘

〈그림 4〉 적석주거와 묘역식지석묘 관계 모식도(이수홍 2017 도면 11 전제)

---

3) 지석묘와 관련한 정치·사회 발전 단계에 대해서는 강봉원의 글(2022)에 잘 정리되어 있다.

영남지역 묘역식지석묘의 기원에 대해 오강원(2019)은 주구석관묘를 모방하였다고 한다. 주구석관묘는 석관묘 축조집단이 환호 구획의 아이디어를 차용하면서 등장한 것이라고 하였다. 주구석관묘 조성집단이 지석묘에서 상석의 표상성을 따오고 주구 내부에 석재를 채우게 되면서 묘역식지석묘가 등장하게 되었다는 것이다. 단 영남 이외의 지역은 주구석관묘와 관련 없이 서북한의 묘역식을 수용하거나, 매장주체부를 보호하고 상석의 무게를 지탱하고자 하는 기능적 목적과 상석에 부수하는 표상성을 현시하고자 하는 의도에서 출현하게 되었다고 하였다(오강원 2019). 지역마다 묘역식지석묘의 출현 원인을 다르게 보고 있다는 점이 특징이다.

필자(2010)는 전기의 주구묘가 송국리문화권에서는 묘역식지석묘로 변화한다고 하였지만 왜 돌을 이용하였는지에 대해 구체적으로 언급하진 않았다. 이 후 적석된 유구가 무덤이라고 하면서 적석유구과 관련된 견해를 제시하였다(이수홍 2017). 청동기시대 전기에 주거 내에서 이루어진 적석행위가 마을에서 공동으로 이루어지면서 적석유구가 발생하고, 이 적석유구와 지하의 매장주체부가 결합해서 묘역식지석묘가 활발하게 축조되었다는 것이다.

오강원의 견해대로 환호의 공간구분 아이디어가 반영되었는지 단언할 수 없지만, 사자와 생자의 공간을 구분하는 관념, 돌을 이용하는 기술적 축조 방법 도입, 서북한지역 혹은 요동지역 묘역식지석묘의 영향 등 다양한 원인이 묘역식지석묘가 등장하는 배경이 되었을 것이다.[4]

---

4) 묘역식지석묘의 기원에 대해서는 아직까지 중국동북지역의 영향이라는 견해(하문식 1990, 안재호 2010 등)가 많다.

3. 묘역식지석묘의 축조 시기

　묘역식지석묘가 전기 후엽에 출현하였다는 견해에는 이견이 없는 듯
하다. 호남지역에서는 진안 수좌동·안좌동·여의곡·풍암유적에서 전기
의 묘역식지석묘가 조사되었는데 전기의 표지적인 유물인 이단병식석검
이 출토되었다. 영남지역에서는 합천 저포유적 E지구, 진주 이곡리유적
의 일부 묘역식지석묘가 전기에 축조된 것이다. 영남지역의 경우 퇴화된
이단병식석검, 무경식석촉 등이 출토되었다. 대체로 이른 시기 묘역식지
석묘의 경우 매장주체부가 지상식 혹은 반지하식인 것이 특징이다. 전기
후엽 묘역식지석묘 매장주체부의 위치가 지상식 혹은 반지하식인 것은
호남지역도 마찬가지이다. 전통적으로 자생한 지하에 매장주체부가 없는
지석묘에 중국 동북지역에서 전래된 석관묘가 결합되었기 때문으로 판단
된다.
　지석묘의 하한이 초기철기시대까지 내려온다는 것은(李榮文 2003; 李相吉
2003; 趙鎭先 2004; 金承玉 2006; 윤호필 2013) 이제 일반적인 견해이다. 하지
만 출토유물이 빈약해 어떤 무덤이 초기철기시대인지 특정하는 것이 쉽지
않다.

〈그림 5〉 전기의 묘역식지석묘 매장주체부(1:합천 저포 E지구 5호, 2:진주 이곡리 30호, 3:진
안 여의곡 3호)

필자는 창원 덕천리유적, 김해 율하리유적의 B-9호를 비롯한 일부 무덤, 내동 지석묘, 김해 대성동고분군 정상부의 지석묘[5], 구산동지석묘 등은 명확하게 초기철기시대라고 생각한다. 창원 덕천리유적 1호 묘역 외곽에 설치된 구에서 점토대토기 파편이 출토되었고 4호 묘에서 점토대토기, 7호와 21호에서는 초기철기시대에 해당하는 무경식삼각만입석촉이 출토되었다.[6] 율하리 B-9호 석관묘에서는 세형동검과 검파두식이 1점씩 출토되었는데, 주변의 무덤과 구조적으로 큰 차이가 없다. 즉 율하리유적의 일

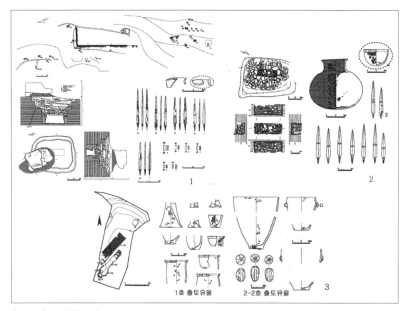

〈그림 6〉 **초기철기시대 지석묘**(1:창원 진동리유적 1호, 2:김해 대성동고분 지석묘, 3:경주 전촌리유적)(필자 현재 투고문에서 전제)

---

5) 명확한 상석이나 묘역은 확인되지 않았지만 주변에 상석으로 추정되는 판석이 확인되었기 때문에 지석묘일 가능성이 있다.
6) 덕천리유적 1호 매장주체부에서는 청동기시대의 유물이 출토되었기 때문에 청동기시대 늦은 단계에 1호와 같은 대형무덤이 축조되고 초기철기시대까지 지속적으로 조영되었다는 견해(윤형규 2019)도 있다.

부 지석묘와 석관묘는 초기철기시대에 축조되었을 것이다. 김해 대성동고분 구릉에 위치하는 지석묘는 개석 상부의 채움석에서 무문토기 완 1점이 출토되었다. 청동기시대에는 없는 기형으로 초기철기시대의 유물일 가능성이 높다. 내동지석묘에서는 세형동검, 야요이식토기 등이 출토되어 일찌감치 초기철기시대에 축조된 것으로 알려졌다.

구산동지석묘는 묘역 아래를 확인하지 못했던 1차 조사 때 이미 구릉 상부의 유구를 감안하여 송국리문화 만기에서 괴정동문화 조기 사이일 가능성을 언급하였다(崔鍾圭 2010). 2021년도에 실시한 2차 조사 때 지하의 매장주체부가 목관임이 확인되었고, 유물 또한 옹 1점과 두형토기가 출토되어 초기철기시대에 축조된 것이 명확해졌다(소배경·강경언 2021).

Ⅳ. 청동기시대–초기철기시대 전환기의 무덤 양상

본 장에서는 전환기의 무덤양상에 대해 살펴보는데, 우선 당시 사회변화 원인에 대한 연구성과의 흐름을 간략하게 검토해 보겠다.

1. 변화의 원인과 양상

청동기시대 종말은 원형점토대토기인의 남하에 의해 시작되었다는 견해가 아직까지는 일반적인 것 같다. 남하한 이주민의 우수한 선진문물로 토착 지석묘 사회를 장악하고 새로운 사회질서에 재편했다는 것이다(박순발 1997, 정인성 1997 외). 그런 반면 잠재되어 있던 내재적 문제, 기후 변화 등으로 스스로 붕괴했다는 견해도 있다(이희진 2016, 이성주 2017 외).

초기철기시대를 상징하는 원형점토대토기, 세형동검문화, 철기문화, 삼각형점토대토기 등의 요소가 일시에 한반도 남부지역에 등장한 것이 아니고, 최초 등장한 원형점토대토기인들이 그렇게 큰 영향력을 발휘하지 못했다(김규정 2013, 서길덕 2018, 유병록 2019 외)고 알려지면서 청동기시대 종말의 원인이 오히려 흐릿해지고 있는 실정이다. 또 지석묘에서 세형동검 관련 유물 출토 사례가 증가하면서 그 하한이 기원전후에 이른다는 견해가 많아진다. 대평리유적을 비롯하여 남강유역의 그 많던 송국리인이 일시에 소멸하지 않았다면 어쩌면 당연하게 받아들여야 하고 그렇기 때문에 청동기시대 종언이 이주민 남하라는 단순한 원인으로 해결될 문제가 아닌 것이다.

기원전 4~300년 이후 청동기시대 유적이 급감하는 것에 대한 원인으로 인구가 감소되었다고 하고(송만영 2011), 그 원인은 자연재해(배덕환 2022)라고 한다. 하지만 辰國(衆國)사회의 발전 동인이 농업생산력과 교역이고(이현혜 1987), 삼한사회를 지탱하는 근거가 경제적으로는 농업과 철, 소금의 생산과 교역이며 정치·군사적으로는 공동 방어의 필요성, 종교적으로는 국읍에서 행사는 천신제사라고 한다(권오영 1996). 또, 국 성립 조건 중 하나가 취락군의 장기존속성이라고 하는데(이희준 2000) 그렇다면 현재 우리가 조사한 점토대토기 출토 유적보다 훨씬 많은 취락이 장기적·안정적으로 존재하였을 것이다. 초기철기시대가 시작되었다고 하더라도 재지 사회는 크게 위축되지 않았고, 그렇다면 청동기시대 유적이 기원전 4~300년 이후 급감하는 현상에 대해서는 기존의 편년체계를 재검토할 필요가 있을 것이다.[7] 아무튼 원형점토대기인들이 남하한 이후에도 재지사회가 초기에

---

7) 진주 대평리유적을 비롯한 서부경남지역 뿐만 아니라 호남지역, 또 강원도 춘천 중도유적의 경우에도 300~500년간의 공백기가 있다. 인구감소, 자연재해로 설명하기에 부자연스러운 고고학적인 현상이 한반도 남부지역 전역에서 나타난다. 이 점에 대해서는 별고를 통해 검토하겠다.

는 크게 위축되지 않았고, 그런 시각에서 구산동지석묘를 바라볼 필요가 있다.

필자(2020a)는 ①삼국지위지동이전의 기록(侯準旣僭號稱王爲燕亡人衛滿所攻奪…將其左右宮人走入海居韓也自號韓王, 自言古之亡人避秦役, 至王莽地皇時…爲韓所擊得皆斷髮爲奴 등) ②철기의 보급과 사용, ③1인을 위한 무덤의 축조, ④지역단위를 넘어선 정치적 교역활동[8]의 시작 등의 네 가지 사례를 근거로 초기철기시대가 되면 불평등사회의 지배자가 등장한다고 하였다.

청동기시대-초기철기시대 전환기는 여러 의미가 있지만 무엇보다 평등사회에서 불평등사회로 전환된다는 점이 중요하다. 초기철기시대가 시작되면서 청동기시대가 바로 종언하는 것이 아니다. 외부에서 유입된 점토대토기문화가 등장하자마자 청동기시대인들이 모두 새로운 문화를 즉각적·적극적으로 받아들이지는 않았을 것이기 때문에 어쩌면 당연한 사실이다.

그렇다면 영남지역에는 지역에 따라 새로운 문화를 받아들이는 시점의 차이가 있기 때문에 강력한 지배자를 가진 불평등사회와 혈연에 기반한 지도자를 가진 평등사회가 동시기에 존재했었을 것이다. 또, 새로운 문화의 유입에 맞서 재지사회도 그동안에 축적된 내재적 발전(?)에 따라 불평등사회로 전환되었을 것이다. 급변하는 사회 변화에 맞서 재지 사회의 변혁을 상징하는 무덤이 구산동지석묘이다.

이금동유적이나 진동리유적, 율하리유적에서 보이는 무덤의 규모를 본다면 청동기시대는 불평등사회는 아닐지라도 이미 그러한 사회로 가는 계층화의 과정이었음이 분명하다. 새로운 문화가 등장함에 따라 청동기시대에 숙성된 에너지가 재지 사회(지석묘를 축조하는)에서 불평등사회의 지배자가 등장하는 기폭제로 작용하였을 것이다.

---

8) 생계와 관련 없는 동경과 같은 위신재의 수입 등이 정치적 교역활동이라고 할 수 있겠다.

2. 전환기의 무덤

초기의 지배자 무덤은 재지의 청동기시대인들이 축조한 것과 새로이 내려온 점토대토기인들이 축조한 것으로 나누어 볼 수 있다. 재지민들이 축조한 무덤은 종래 혈연적 기반에 바탕을 둔 것과는 달리 1인을 위한 거대무덤과 새로운 시대의 위신재인 세형동검을 부장한 지석묘와 석관묘가 있다(이수홍 2020a). 김해와 인근 지역에서 확인된 1인을 위한 거대무덤은 창원 덕천리유적 1호 지석묘, 구산동유적의 지석묘, 대성동 고분군 정상의 지석묘를 들 수 있다. 청동기시대 묘역이 연접하는 공동체 지향의 유력 개인묘가 초기철기시대 1인 지향의 단독묘로 변화하는 요인은 청동기시대 사회가 성숙하여 자연스럽게 사회발전단계에 맞게 새로운 시대의 지배자인 군장[9]이 등장하였을 가능성과 자연환경의 악재(이희진 2016) 혹은 세형동검문화집단과의 경쟁 등에 대응(이청규 2019)하기 위해 강력한 리더십이 필요했을 수도 있다(이수홍 2020a).

세형동검이 출토되는 무덤은 비파형동검이 출토되는 무덤과 달리 초기에는 단독으로 분포하고, 부장품이 타 무덤에 비해 탁월하기 때문에 피장자 개인의 소유물로 볼 수 있으며, 최상위 신분자로 간주해도 좋을 것이다. 그렇다면 세형동검이 출토된 재지계의 무덤 즉 김해 내동 지석묘, 산청 백운리유적의 석관묘 등도 불평등사회 지배자의 무덤이라고 할 수 있다. 김해 내동 지석묘에서는 야요이토기도 출토되었는데 지역 단위를 벗어나 광

---

9) 불평등사회의 지배자를 뜻하는 용어로 필자는 구고(2020a)에서 首長이라고 표현하였다. 박양진은 족장사회에 대비되는 개념으로 수장사회라고 하였으며, 그것은 곧 불평등사회의 지배자를 말하는 것이다.
수장은 사전적인 의미로 집단의 우두머리라는 뜻이다. 본고에서는 이청규의(2019) 견해대로 청동기시대 전기의 우두머리를 촌락사회의 촌장, 후기(송국리·검단리유형 단계)의 우두머리를 혈연관계가 강조된 족장, 초기철기시대의 우두머리를 개인적·정치적 지배자의 의미를 가진 군장으로 표현하겠다.

범위한 교류활동이 이루어진 것을 알 수 있다(이양수 2016).

영남지역은 호서·호남지역에 비해 이른 시기 동검이 부장된 군장묘가 확인되지 않는다. 그러한 이유로 재지민이 축조한 군장묘, 즉 1인을 위한 거대 지석묘가 축조되고, 석관묘에서 세형동검이 출토되는 사례가 호서·호남지역에 비해 많은 점이 특징이라고 할 수 있다.

점토대토기인들이 축조한 지배자의 무덤은 목관묘이다. 구성원의 대규모 노동력이 동원된 집단의례적인 성격이 사라지고, 청동의기나 토기, 장신구 등 개인적인 위신과 관련된 개인 소유물의 부장이 증가하는 것이 가장 큰 특징이다(李在賢 2003). 김천 문당동유적 목관묘는 비파형동검과 함께 위신재인 옥이 97점이나 출토되었고, 구릉 전체에서 1기만 확인되어 1인을 위한 무덤이 확실하다. 기원전 2세기 후엽~1세기가 되면 목관묘는 군집한다. 목관묘가 군집한다는 것은 동족지배집단이 형성되는 것을 의미하는데 철기의 확산, 새로운 제도술에 의한 와질토기의 등장, 한식유물의 유입 등에서 알 수 있듯이 동아시아 네트워크의 시작과 함께 나타나는 현상이다(李盛周 2007, 李熙濬 2011, 이수홍 2020a). 대구 팔달동유적, 경산 양지리유적, 경주 입실리유적, 울산 교동리·창평동810번지 유적, 창원 다호리유적, 김해 양동리·내덕리·대성동유적, 밀양 교동유적등 영남 각지에서 목관묘가 앞 시기의 전통이 잔존하는 지석묘와 석관묘를 대체하는 주 묘제로 빠르게 확산된다.

V. 구산동지석묘의 특징

　영남지역에서 그 동안 56곳의 유적에서 묘역식지석묘가 조사되었다. 본 장에서는 조사된 340여 기의 묘역식지석묘 중에서도 구산동지석묘가 가지는 특징에 대해서 살펴보겠다. 구산동유적 A구역에는 이 묘역식지석묘 외에도 묘역식이 아닌 무덤 5기가 더 분포하고, 서쪽 구릉에는 주거지 90동, 수혈 51기가 조사되었다. 단 1기의 거대한 묘역식지석묘, 매장주체부가 목관이며 두형토기가 출토되었다는 점, 구릉에서 조사된 많은 주거지에서 야요이식토기가 출토되는 점 등으로 인해 기존의 지석묘와는 여러모로 다른 주목을 받아 왔다.

　2차례에 걸친 발굴조사 성과와 영남지역 묘역식지석묘와의 비교를 통해 확인되는 구산동지석묘의 특징은 다음과 같다.

　①무엇보다 규모에서 압도적이다. 잔존하는 묘역의 길이가 85m이며 폭은 19m에 이르는 전무후무한 규모이다. 상석의 평면형태는 장방형에 가까운데 규모가 길이 10m, 너비 4.5m, 높이가 3.5m이며 무게는 350톤 내외로 추정된다. 대형묘라고 알려진 이금동유적 A-1호는 묘역의 잔존 길이가 33.6m인데 원래 길이는 38m 정도로 추정되고, 율하리유적 B-4~6호의 묘역은 길이가 40m이다. 덕천리유적 1호는 잔존 56m인데 상석이 중앙에 있었다는 것을 전제로 하면 전체 길이가 100m에 가까워 구산동유적과 유사하다. 하지만 상석의 길이가 4.6m, 무게가 35톤 정도로 추정되어 구산동유적에 비하면 작은 편이다. 앞으로 구산동지석묘와 같이 이런 압도적인 규모의 묘역식지석묘가 다시 발견될 수 있을까 싶을 정도이다.

　②무덤군에서 묘역식지석묘는 1기만 존재한다. 일반적인 묘역식지석묘군은 묘역이 열상으로 군집하여 공동묘지를 이룬다. 이에 반해 구산동지석

묘가 분포하는 묘역에서 묘역식지석묘는 단 1기 뿐이다. 인근에 무덤이 몇 기 분포하지만 등가라고 하기 어려운 소형묘이다. 무덤군에서 묘역식지석 묘가 단 1기만 분포하는 사례는 창원 망곡리유적과 덕천리유적이 있다.

창원 화양리유적과 포항 조사리유적에서 거대한 묘역식지석묘가 각각 1 기만 확인되었는데 이 두 유적은 지석묘 주변지역이 넓게 조사되지 못해서 1기만 분포하는지 단언할 수 없다.

③상석의 장축방향이 묘역의 장축방향과 직교한다. 일반적인 묘역식지 석묘의 상석 장축방향은 묘역과 평행하다. 최근 포항 조사리유적에서 조사 된 묘역식지석묘는 묘역의 길이가 38.9m에 이르는데 중앙에 매장주체부 가 묘역의 방향과 직교하게 설치되었다. 상석은 확인되지 않았지만 매장주 체부가 있는 곳은 타원형의 형태로 돌이 쌓여 있는데 역시 묘역의 장축방 향과 직교한다. 상석이 있었다면 직교되게 놓여 있었을 가능성이 있다.[10]

이 외에도 제단지석묘라고 알려진 밀양 살내유적 1호, 밀양 신안유적 1 호, 밀양 용지리유적 지석묘의 상석이 묘역의 장축방향과 직교하게 놓여 있다.

④매장주체부가 일반적인 석관이 아니라 목관이다. 전형적인 지석묘의 매장주체부라고 할 수 없다. 영남지역의 묘역식지석묘를 대표하는 이금동 유적, 진동리유적, 율하리유적에서도 목관이 대형묘의 매장주체 시설로 이 용된 사례는 없다. 석개토광과 같이 목관의 존재를 유추할 수 있는 사례는 있지만 구산동지석묘와 같이 새로운 시대의 묘제인 목관을 하부구조로 채 용한 것은 대단히 이채롭다.

⑤출토유물 역시 전형적인 지석묘의 부장품인 적색마연토기+석검+석

10) 지석묘 상석의 장축방향에 대해서는 안재호선생님의 조언이 있었다. 조사리유적은 아직 보고서가 간행되지 않았다. 관련 자료를 지원해 준 삼한문화재연구원 관계자께 감사드 린다.

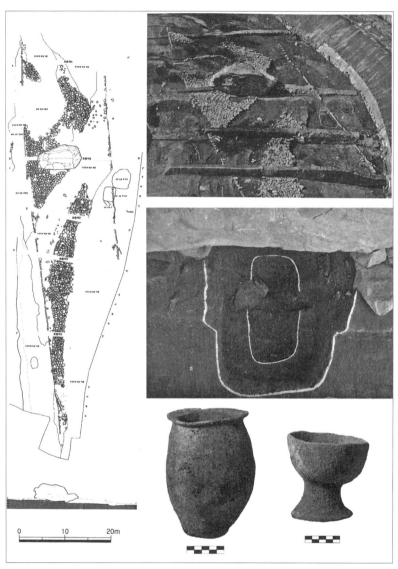

〈그림 7〉 구산동지석묘 배치도 및 매장주체부와 출토유물(삼강문화재연구원 2021에서 수정)

촉+옥이 아니라 옹 1점과 두형토기 1점이다. 유물이 빈약한 것은 재지의 지석묘 전통이라고 할 수 있겠지만 토기의 기형은 전통에서 완전히 벗어났다고 할 수 있다. 세형동검이 출토되는 석관묘의 경우에도 토기는 청동기시대의 적색마연토기가 출토되는데 구산동지석묘의 경우 새로운 기종인 두형토기와 옹형토기가 부장되는 것은 결국 신문물을 받아들였고, 또한 그만큼 축조 시기가 늦다는 것을 반증하는 것이라고 할 수 있다.

⑥인근 구릉에 분포하는 취락의 중심시기가 청동기시대가 아니라 초기철기시대이다. 또한, 야요이토기가 출토되는 주거가 많아 당시 야요이인들이 대거 이주하여 마을을 이루었던 곳이다. 2차 조사 결과 구산동지석묘 역시 초기철기시대에 축조된 것이 확실한데 오히려 구릉에 있는 마을보다 축조시기가 늦을 가능성도 배제할 수 없다.[11]

이상 6가지 구산동지석묘의 특징을 바탕으로 다음 장에서 구산동지석묘의 성격에 대해서 살펴보겠다.

VI. 구산동지석묘의 성격

본 장에서는 제단식지석묘에 대한 필자의 견해를 밝히고, 무덤으로서 구산동지석묘의 성격에 접근해 보고자 한다. 필자는 무덤 자체가 의례공간이며 의례공간으로서의 묘역은 제단의 기능을 하였을 것으로 생각한다. 매장주체부의 유무로 무덤인지의 여부를 판단할 수 있을지에 대한 의문도 가지

---

11) 이재현(2019)은 구산동유적 취락에서 출토된 야요이 토기는 야요이 중기전반의 죠노코식과 수구Ⅰ식으로 일본연구자의 역연대 견해는 대체로 기원전 350~200년이라고 하였다.

고 있다.

1. 제단식지석묘 단상

21세기 들어 함양, 산청, 밀양, 경주 등 영남 각지에서 상석 혹은 포석 아래에 매장주체부가 없는 유구가 많이 확인되었다. 매장주체부가 없기 때문에 무덤이 아니고, 제단으로 이용되었을 것이라고 하여 적석제단이라고 하거나, 무덤은 아니지만 묘역식 지석묘와 형태와 유사하기 때문에 제단지석묘라고 부른다(김병섭 2009).

이동희(2022)의 지적대로 필자(2020c) 역시 경주지역 무덤을 검토하면서 초기철기시대 초기 이주민들이 기존의 무덤 중에서 의례적 상징성이 부각되는 묘역식지석묘 혹은 적석제단을 축조하거나 이용하였다고 언급하였다. 이때 필자는 전촌리지석묘와 화천리 산251-1유적 정상의 적석유구를 염두에 둔 것이었다. 구고의 필자 생각을 일부 수정하고자 한다. 첫째 필자는 새롭게 등장한 점토대인이 묘역식지석묘나 적석제단을 축조 혹은 이용하였다고 표현하였는데, 묘역식지석묘나 묘역식지석묘와 유사한 적석제단 축조자는 기존의 재지민일 가능성이 높다고 생각한다. 둘째, 매장주체부가 확인되지 않은 제단식지석묘가 모두 무덤이 아니라고 단정할 수 있는지의 문제이다. 필자는 제단식지석묘라고 알려진 모든 유구가 애초에 무덤으로 축조되었다고 생각하지 않지만 대부분 첫 번째 축조 목적은 무덤이 아니었을까 하고 생각한다. 이에 대해서는 청동기시대 장법에 대해서 살펴볼 필요가 있다. 대체로 송국리문화 분포권은 시신을 직접 안치하는 신전장이 대부분이며, 검단리문화분포권은 화장이나 세골장 등으로 시신을 처리 했었을 것이다(이수홍 2011). 그것은 일단 무덤의 숫자에서 압도적인 차이를 보이기 때문에 무덤이 많이 확인되지 않은 검단리문화분포권이 송국리문화권에 비해 시신을 바로 안치하는 무덤이 적었다는 것은 명확하다. 제단식지석묘라고 알려진 전촌리유적 2-1호에서 화장묘로 추정되는 토광이 확인되었고, 경주 석장리 876-5번지 묘역지석묘 내부에서도 전촌리유적 2-1호와 동일한 화장묘가 확인되었다. 전촌리유적의 경우 화장묘의 존재를 통해서 무덤으로 이용된 것은 명확한데 군이 제단지석묘라고 할 필요는 없다. 이 두 사례만 있는 것이 아니라 경주 도계동유적의 묘역지석묘에서도 화장한 흔적이 확인된 사례가 있다. 화장묘가 발견되지 않더라도 화장한 인골을 산골한 곳이라면 그 역시 무덤이라고 인정할 수 있을 것이다. 시신을 바로 매장하는 신전장의 공간이 지하에 확인되어야만 무덤이라고 단정할 이유는 없다.

무덤은 축조와 동시에 제사공간이 된다. 축조가 완료되고 장송의례가 종료된 이후에도 지속적으로 의례활동은 그곳에서 이루어질 것이다. 따라서 모든 묘역식지석묘의 묘역은 제단으로 이용되었을 것이다. 그런 의미에서

〈그림 8〉 **화장 흔적**(동그라미 내)**이 확인된 지석묘**(1:경주 전촌리유적 2-1호, 2:경주 석장동 876-5번지 유적 1호 묘역)

구산동지석묘는 제단으로 이용되었을 테지만 기본적으로 무덤의 기능을 목적으로 축조되었을 것이다. 현 상태에서 상석이 놓인 시점과 매장주체부가 축조된 시점의 차이를 확인할 수 없을 뿐이다. 이런 필자의 사고를 바탕에 두고 구산동지석묘의 성격에 대해 접근해 보고자 한다.

2. 구산동지석묘의 성격

구산동지석묘의 서쪽 구릉에 있는 취락의 성격에 대해서는 많은 연구자들의 견해가 있다. 야요이인의 집단 거주지(武末純一 2010), 교역을 담당한 왜인집단(이동희 2019), 구산동 출토 야요이계 토기는 무문토기 요소와 섞여 있는 무문토기로 보아도 무방하기 때문에 야요이인 밀집거주지 견해에 대한 재검토 필요(이재현 2019), 공적 무역 대표부로서 지금의 대사관—문화원과 같은 정치기구의 일원(이양수 2019), 북부구주에서 피난한 논농사를 하던 농경민(안재호 2022)이라는 견해가 있다.

매장주체부 조사가 늦어졌기 때문이라고 생각되지만, 그럼에도 불구하고 구산동지석묘의 성격에 대해서는 의견이 많지 않다. 박진일(2022)은 김해지역이 점토대토기를 비롯한 신문물의 유입이 시기적으로 늦은데 그것은 청동기문화가 이 지역에 강력한 세력을 형성하고 있었고, 구산동지석묘는 그것을 상징하는 것이라고 하였다. 이동희(2022)는 외형적인 규모와 매장주체부·유물이 일치하지 않는다는 점에서 청동기시대에서 철기시대로의 전환기의 사회상을 보여주는 제단식지석묘라고 하였다.

구석기시대부터 지속적으로 중국 동북지역이나 한반도 북부지역에서 한반도로 주민이 남하해 왔을 것이다. 생계를 위해 따뜻한 곳을 찾아왔을 수도 있고, 불안한 정세에 의한 정치적인 혹은 노역을 피하기 위한 유이민도 있을 것이다. 원형점토대토기문화를 가지고 남하한 이주민은 특히 정치적,

정세적인 이유가 컸을 것이다.

청동기시대-초기철기시대 전환기는 고고학적인 증거뿐만 아니라 문헌에서도 그러한 사실을 뒷받침한다. 대표적으로 삼국지위지동이전에 아래와 같은 기사가 있다.

① 自言古之亡人避秦役 來適韓國.(기원전 3세기 말)
② 將其左右宮人走入海, 居韓地, 自號韓王.(기원전 2세기 초)

삼국유사에도 후한서의 기록을 인용해 '辰韓의 늙은이가 秦나라에서 망명하였다고 말했다'는 기사가 있으며 삼국사기에도 '고조선 유민이 처음 경주지역에 들어와서는 산간에 자리를 잡았다'는 기사가 있다. 이 시기에는 중국의 정세에 따라 한반도 남부로 이주해 오는 유민이 많았다는 것을 알 수 있다.

김해지역에도 원형점토대토기, 세형동검(문화), 철기, 목관묘 등 새로운 문물이 시기를 달리하며 호서지역이나 호남지역 혹은 경북지역을 거쳐 유입된다. 초기철기시대의 표지적인 문물인 점토대토기, 세형동검, 철기, 목관묘, 부뚜막주거지 등은 동시에 김해지역에 등장하는 것이 아니라 시간차를 두고 점진적으로 유입된다. 신문물은 점차 재지민에 흡수되고, 새로운 것이 들어올 때는 이전의 신문물은 이미 토착화 되었을 것이다. 또, 남부지역은 지리적인 근접성으로 인해 왜와의 거래가 한층 활발해진다. 이렇게 다양한 이주, 교류가 무덤에 조금씩 반영되는 것이다.

김해와 인근지역에서 가장 먼저 초기철기시대와 관련되는 유입품이 출토되는 무덤은 창원 진동리 지석묘(동아대)와 김해 신문리유적 3호 석관묘이다. 매장주체부는 전형적인 청동기시대의 석관이다. 석검, 석촉, 적색마연토기와 함께 변형비파형동검이 출토되었다. 진동리식동검으로 불리는 것으로 초기철기시대에 제작된 것인데 세형동검의 영향을 받아 변형된 것이다(이양수 2016, 2019).

창원 덕천리 1호 지석묘의 매장주체부는 청동기시대의 전형적인 할석형석관이다. 매장주체부에서 석촉, 관옥이 출토되었는데, 묘역에서는 점토대토기가 출토되었다. 뿐만 아니라 4호 지석묘에서 단면 삼각형점토대토기가 출토되었고, 7호와 21호에서는 점토대토기 단계의 석촉이 출토되었다.

김해 율하리 B-9호는 할석형석관묘인데 세형동검과 검파두식이 출토되었다. 목관 외부에 돌을 채워 넣었을 가능성도 있는데 청동기시대 식개토광묘에도 이런 형태가 있기 때문에 매장주체부는 재지의 요소이다.

김해 내동 1호 지석묘는 전형적인 기반식(?)지석묘인데 세형동검과 흑도장경호가 출토되었다. 2호와 3호 지석묘도 형태는 동일한데 야요이식토기

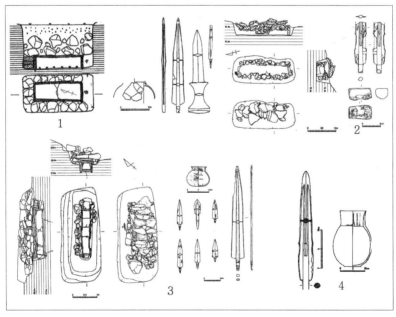

〈그림 9〉 동검이 출토된 지석묘와 석관묘(1:창원 진동리유적(동아대), 2:김해 율하리 B-9호, 3:김해 신문리 3호, 4:김해 내동 1호 지석묘) (이수홍 2020a에서 수정)

가 출토되어 바다 건너 일본과도 교류가 시작되었음을 알 수 있다.

이렇게 외부에서 유입된 신문물이 부장품으로 출토되지만 매장주체부만은 전형적인 청동기시대의 전통을 간직한 석관임을 알 수 있다. 그러던 것이 구산동지석묘에서 일변한다. 상석이나 묘역은 재지의 전통으로 가장 거대하고 장엄하게 축조하였는데 매장부만 새로운 요소인 목관을 채용하였다. 유물 역시 전통적인 청동기시대의 석검+석촉+적색마연토기가 아니라 새로운 기종인 두형토기와 옹형토기이다.

세형동검이 출토되는 지석묘나 석관묘를 통해서 볼 때 새로운 시대가 도래하여 신문물이 유입될 때도 청동기시대 무덤의 전통을 지속적으로 유지하고 있었던 것을 알 수 있다. 구산동지석묘는 최후까지 전통을 장대하게 유지하다가 결국 목관이라는 신문물을 받아들였다고 할 수 있겠다.

초기철기시대 재지민의 전통을 유지한 군장묘가 경주−대구지역과 김해 혹은 김해와 인접한 곳에서 집중적으로 확인된다. 청동기시대 영남지역 각지에 흩어져 있던 족장을 중심으로 하는 집단의 에너지가 초기철기시대가 되면 김해지역과 경주−대구지역에 집중되는 것이다. 김해지역은 낙동강 하류역이라는 입지적 특징 즉 군장의 대외교섭권이 강화되는 것과 관련될 것이다. 그 외 세형동검이 출토되는 곳은 사천과 창원 해안가인데 군장이 소지역 단위를 벗어난 해상 원거리 교역권을 장악하였다는 것을 의미한다. 그러면서 점차 청동기시대는 종언을 고하고 철기로 상징되는 새로운 시대가 열리는 것이다.

재지의 청동기시대인들(송국리·검단리유형)은 점토대토기인들이 남하한 이후 바로 소멸(?)되지 않는다. 초기 점토대토기인들이 한반도 남부지역에 안정적으로 정착하지 못했을 정도이다. 특히 김해지역은 강력한 세력이 있었을 것이다(박진일 2022). 위축되지 않았고, 시대 변혁의 주체로 변화에 적극적으로 대응하였다. 평등사회에서 불평등사회로 당시의 일반적인 사회

발전단계로 진화하였다. 구산동유적 A2-1호 지석묘는 초기철기시대 재지민이 축조한 최후의 지배자 무덤이며, 청동기시대가 종언하는 시점에 변화를 받아들이는 모습을 상징적으로 보여준다.

Ⅶ. 맺음말

이상으로 영남지역 묘역식지석묘와 함께 구산동지석묘의 성격에 대해서 살펴보았다.

묘역식지석묘는 김천-대구-영천-경주-포항을 잇는 선의 남쪽에 분포한다. 대체로 송국리문화분포권에 집중된다. 청동기시대 전기의 늦은 시기에 출현하여 초기철기시대까지 지속적으로 축조되었다.

송국리문화 단계의 거대한 묘역식지석묘는 계층화의 과정을 보여주지만 아직 완전한 불평등사회로 진입한 것은 아니다. 초기철기시대가 되면 불평등사회로 진입하는데, 청동기시대 전통을 유지한 석관묘나 지석묘 중 세형동검을 부장한 무덤이나 1인을 위한 거대지석묘는 불평등사회 지배자의 무덤이다.

구산동지석묘는 초기철기시대 재지민이 축조한 최후의 군장묘이다. 청동기시대가 끝나는 전환기에 변화를 받아들이는 모습을 상징적으로 보여준다. 이후 청동기시대는 종언하고 새로운 시대가 개막한다.

구산동지석묘가 축조되던 시기의 김해는 북쪽의 대구-경주지역, 서쪽의 호남지역, 그리고 바다 건너 일본과도 교류가 이루어진 역동적인 상황이었다. 그만큼 당시 사회의 전모를 입체적으로 들여다봐야 하는데, 본고는 그렇게 구체적으로 다가갈 수 없었다.

아무튼 구산동지석묘는 청동기시대의 최후와 구야국의 시작을 지켜봤을 것이다. 시작의 장대함 보다는 종말의 애틋함이 더 크게 느껴지는 것이 솔직한 심정이다. 격변하는 시대의 수수께끼를 품고 2천 년이 넘게 우리를 기다리고 있었던 것이다.

　사람들의 무지로 몸체는 상처받고 훼손되었지만, 구산동 지석묘의 가치가 훼손되지는 않아야 한다.

　※ 본고는 2023년 4월 인제대 가야문화연구소에서 개최하는 제23회 가야사학술회의에서 필자가 발표한 〈영남지역 묘역식지석묘와 구산동지석묘〉의 내용을 보완하여 작성한 것이다. 영남고고학회에서 2023년 5월에 발간한 영남고고학 제96호에 게재된 글임을 밝힌다.

참고문헌

강봉원, 2022, 『한국 지석묘 연구: 정치·사회 발전단계와 관련하여』, 학연문화사.

權五榮, 1996, 「三韓의 '國'에 대한 研究」, 서울大學校大學院 博士學位論文.

金奎正, 2013, 「湖南地域 靑銅器時代 聚落 研究」, 慶尙大學校大學院 博士學位 論文.

金承玉, 2006, 「墓域式(龍潭式) 支石墓의 展開過程과 性格」, 『韓國上古史學報』 53, 韓國上古史學會.

김병섭, 2009, 「密陽地域 墓域式 支石墓에 대한 一考察」, 『慶南研究』 創刊號, 경남발전연구원 역사문화센터.

武末純一, 2010, 「金海 龜山洞 遺蹟 A1區域의 弥生系土器를 둘러싼 諸問題」, 『金海 龜山洞遺蹟X 考察編』, 慶南考古學研究所.

朴淳發, 1997, 「漢江流域의 基層文化와 百濟의 成長過程」, 『韓國考古學報』 36, 韓國考古學會.

朴洋震, 2006, 「韓國 支石墓社會 "族長社會論"의 批判的 檢討」, 『湖西考古學』 14, 湖西考古學會.

박진일, 2022, 「제4장 초기철기시대 3.문화상」, 『김해시사』, 김해시사 편찬위원회.(미간)

배덕환, 2022, 「대평리 방어취락의 성립과 해체」, 『한국고고학보』 2022권–2호, 한국고고학회.

서길덕, 2018, 「한국 점토띠토기문화기 무덤 연구」, 세종대학교대학원 박사학위논문.

석광준, 1979, 「우리나라 서북지방 고인돌에 관한 연구」, 『고고민속론집』 7.

소배경·강경언, 2021, 「김해 구산동지석묘(도 기념물 제280호) 정비사업부지 내 최신 발굴성과」, 『2021년도 청동기시대 중요유적 조사성과 발표회』, 한국청동기학회.

宋滿榮, 2011, 「中部地域 粘土帶土器 段階 聚落 構造와 性格」, 『한국고고학보』

80, 한국고고학회.

安在晧, 2010, 「韓半島 靑銅器時代文化의 起源과 傳播」, 『靑銅器時代 蔚山太和江文化』, 蔚山文化財硏究院 開院10週年 紀念論文集.

安在晧, 2012, 「墓域式支石墓의 出現과 社會相」, 『湖西考古學』 26, 湖西考古學會.

安在晧, 2013, 「韓半島 東南海岸圈 靑銅器時代의 家屋葬」, 『韓日聚落硏究』, 韓日聚落硏究會, 서경문화사.

안재호, 2020, 「경주의 청동기시대 문화와 사회」, 『경주의 청동기시대 사람과 문화, 삶과 죽음』, 국립경주문화재연구소·한국청동기학회.

오강원, 2019, 「동북아시아 지석묘의 표상 – 전통과 변형 – 」, 『考古廣場』 25, 부산고고학회.

禹明河, 2012, 「嶺南地域 墓域支石墓의 展開」, 嶺南大學校大學院 碩士學位論文.

俞炳琭, 2010, 「竪穴建物 廢棄行爲 硏究1 – 家屋葬 – 」, 『釜山大學校 考古學科 創設20周年 記念論文集』, 釜山大學校 考古學科.

俞炳琭, 2019, 「嶺南地域 松菊里文化 硏究」, 釜山大學校大學院 博士學位論文.

유병록, 2020, 「청동기시대 말기 이주문화와 사회변동」, 『제63회 전국역사학대회 발표요지』, 한국고고학회.

윤형규, 2018, 「경북지역 청동기시대 묘역식지석묘의 전개」, 『대구·경북지역 청동기시대 문화』, 삼한문화재연구원.

윤형규, 2019, 「〈영남지방 무덤자료를 통해 본 계층화와 수장의 등장〉에 대하여」, 『영남지역 수장층의 출현과 전개』, 제28회 영남고고학회 정기학술대회 발표집, 영남고고학회.

윤호필, 2009, 「靑銅器時代 墓域支石墓에 관한 硏究」, 『慶南硏究』 1, 경남발전연구원 역사문화센터.

윤호필, 2013, 「축조와 의례로 본 지석묘사회 연구」, 목포대학교대학원 박사학위논문.

이동희, 2019, 「고김해만 정치체의 형성과정과 수장층의 출현」, 『嶺南考古學』 85,

嶺南考古學會.

이동희, 2022, 「제단식 지석묘로 본 김해 구산동 지석묘」, 『湖南考古學報』 72, 湖南考古學會.

李相吉, 1996, 「청동기시대 무덤에 대한 일시각」, 『碩晤尹容鎭敎授 停年退任紀念論叢』, 碩晤尹容鎭敎授停年退任紀念論叢刊行委員會.

李相吉, 2003, 「慶南의 支石墓」, 『지석묘 조사의 새로운 성과』, 제30회 한국상고사학회 학술발표대회 발표요지, 한국상고사학회.

李盛周, 2007, 『靑銅器 · 鐵器時代 社會變動論』, 學硏文化社.

李盛周, 2012, 「儀禮, 記念物, 그리고 個人墓의 발전」, 『湖西考古學』 26, 湖西考古學會.

이성주, 2016, 「경북지역의 청동기시대 분묘와 부장품」, 『경북지역 청동기시대 무덤』, 경상북도문화재연구원, 학연문화사.

이성주, 2017, 「支石墓의 축조중단과 初期鐵器時代」, 『영남문화재연구 30 대구 · 경북의 지석묘문화』, 영남문화재연구원.

이성주, 2019, 「기억, 경관, 그리고 기념물 축조」, 『구산동 고인돌』, 김해 구산동지석묘 사적지정을 위한 학술대회 자료집, 김해시.

李秀鴻, 2006, 「嶺南地域 地上式支石墓에 대하여」, 『石軒 鄭澄元敎授 停年退任紀念論叢』, 釜山考古學硏究會 論叢刊行委員會.

李秀鴻, 2010, 「蔚山地域 靑銅器時代 周溝形 遺構에 대하여」, 『釜山大學校 考古學科 創設20周年 記念論文集』, 釜山大學校 考古學科.

이수홍, 2011, 「檢丹里類型의 무덤에 대한 연구」, 『考古廣場』 8, 釜山考古學硏究會.

이수홍, 2017, 「대구지역 청동기시대 취락에서의 무덤 축조 변화 – 월배지역 적석유구와 적석주거지를 검토하여 – 」, 『嶺南文化財硏究30 대구 · 경북의 지석묘문화』, 영남문화재연구원.

이수홍, 2019, 「남해안 지역의 묘역식지석묘와 구산동지석묘의 특징」, 『묻힌 표상,

드러나는 가치 구산동 고인돌」, 김해 구산동지석묘 사적지정을 위한 학술대회 자료집, 김해시.

이수홍, 2020a, 「영남지방 수장묘의 등장과 변화상」, 『영남고고학』 86, 영남고고학회.

이수홍, 2020b, 「영남지역 지석묘 문화의 변화와 사회상」, 『한국상고사학보』, 한국상고사학회.

이수홍, 2020c, 「경주 지역 지석묘 문화의 특징과 종말기의 양상」, 『문화재』 53-4호, 국립문화재연구소.

이양수, 2016, 「김해 회현동 D지구 옹관묘에 대하여」, 『考古廣場』 18, 釜山考古學研究會.

이양수, 2019, 「고대 동아시아 세계의 형성과 가야」, 『가야, 동아시아 교류와 네트워크의 중심지들』, 국립중앙박물관.

李榮文, 2003, 「韓國 支石墓 硏究의 最新 成果와 課題」, 『지석묘 조사의 새로운 성과』, 제30회 한국상고사학회 학술발표대회 발표요지, 한국상고사학회.

李恩璟, 2013, 「경남지역 청동기시대 구획묘의 연구」, 釜山大學校大學院 碩士學位論文.

李在賢, 2003, 「弁‧辰韓社會의 考古學的 硏究」, 부산대학교대학원 博士學位論文.

이재현, 2019, 「이동희 선생님의 〈고김해만 정치체의 형성과정과 수장층의 출현—구야국의 성립과 관련하여〉논문에 대한 토론문」, 『영남지역 수장층의 출현과 전개』, 제28회 영남고고학회 정기학술발표회 자료집, 영남고고학회.

이청규, 2019, 「수장의 개념과 변천: 영남지역을 중심으로」, 『영남지역 수장층의 출현과 전개』, 제28회 영남고고학회 정기학술발표회 자료집, 영남고고학회.

李賢惠, 1987, 「韓半島 靑銅器文化의 經濟的 背景 -細形銅劍文化期를 중심으로-」, 『韓國史硏究』 56.

李熙濬, 2000, 「삼한 소국 형성 과정에 대한 고고학적 접근의 틀 -취락 분포 정형을 중심으로-」, 『韓國考古學報』 43, 韓國考古學會.

李熙濬, 2011, 「한반도 남부 청동기~원삼국시대 수장의 권력 기반과 그 변천」, 『嶺南考古學』 58, 嶺南考古學會.

이희진, 2016, 「환위계적 적응순환 모델로 본 송국리문화의 성쇠」, 『韓國靑銅器學報』 18, 韓國靑銅器學會.

鄭仁盛, 1997, 「낙동강 유역권 細形銅劍 文化의 전개」, 慶北大學校大學院 碩士學位論文.

趙鎭先, 2004, 「全南地域 支石墓의 硏究 現況과 形式變遷 試論」, 『韓國上古史學報』 43, 韓國上古史學會.

崔鍾圭, 2010, 「龜山洞遺蹟 A2-1호 支石墓에서의 聯想」, 『金海 龜山洞遺蹟X 考察編』, 慶南考古學硏究所.

하문식, 1990, 「한국 청동기시대 묘제에 관한 한 연구 -「고인돌」 「돌깐무덤」을 중심으로-」, 『博物館紀要』 6, 단국대 중앙박물관.

※ 보고서는 생략(표 1 참조)

The Characteristics of Dolmens with a Boundary in the Yeongnam Region and the Nature of the Gusan-Dong Dolmen

Lee Soo-Hong

(Ulsan Research Institute of Cultural Heritage)

This study set out to review dolmens with a boundary in the Yeongnam region and examine the characteristics and nature of the Gusan-dong Dolmen.

In the Yeongnam region, approximately 340 dolmens with a boundary were investigated at 56 relics. The distribution of dolmens with a boundary covers the entire Yeongnam region. They appeared in a relatively late period of the former part in the Bronze Age and continued to be constructed until the early Iron Age.

Entering the latter part of the Bronze Age, large-scale dolmens with a boundary were built in clusters. This period witnessed the stratification process of such large-scale dolmens with a boundary, but they had not entered a completely unequal society yet.

Entering the early Iron Age, they entered an unequal society and built graves for individuals rather than the community. Only a large-scale dolmen with a boundary was built for a grave group.

The Gusan-dong Dolmen is characterized by its overwhelmingly vast size, its uniqueness as the only dolmen with a boundary in the grave group, its stone stable orthogonal to the grave boundary, its wooden coffin for the subject of burial, and its artifacts heterogeneous from the ones of the old dolmens including jars and pedestal vessel pottery. There is no doubt that the dolmen was built as a tomb in the early Iron Age.

The settlement of new migrants in the Gimhae area was late because there was a force that was powerful enough to build the Gusan-dong Dolmen in the area.

The Gusan-dong Dolmen was the last chief tomb built by local people in the early Iron Age, displaying their acceptance of changes during a transitional period at the end of the Bronze Age in a symbolic way. It marked the end of the Bronze Age and opened a new age.

Keywords: Yeongnam region, dolmen with a boundary, Gusan-dong Dolmen, transitional period, the chief

이수홍, 「영남지역 묘역식지석묘와 구산동지석묘」에 대한 토론문

조 진 선 (전남대학교)

1. 이수홍 선생님은 구산동 지석묘 역시 초기철기시대에 축조된 것이 확실하며, 구릉에 있는 마을보다 축조 시기가 늦을 가능성도 배제할 수 없다고 하면서 이재현(2019) 선생님의 견해를 수용해서 취락에서 출토된 야요이시대 중기 전반의 연대를 기원전 350~200년, 즉 기원전 4~3세기로 보았습니다. 하지만 저는 이러한 연대관은 너무 빠르지 않은가 하는 생각입니다. 일본 연구자들은 세형동검문화가 야요이시대 전기 말·중기 초에 등장한다고 보기도 하고, 중기 초에 등장한다고 보기도 하는데, 양자 사이에 주목할 만한 차이가 있는 것은 아닙니다. 토론자는 후자의 입장에 동의하는데, 일본 야요이시대 중기는 한반도 남부에서 세형동검문화가 일본열도로 파급되면서 일어난 사회변동을 표지로 해서 시작된다고 보기 때문입니다. 그리고 그 시기는 한반도 세형동검문화의 발전 I 기 말·발전 II 기 초에 해당하므로 기원전 2세기 전엽으로 생각합니다. 그러므로 야요이시대 중기에서도 죠노코시식은 기원전 2세기 전엽까지 올라가겠지만, 그보다 늦은 스구식의 연대는 구산리 지석묘의 연대와 크게 차이나지 않을 것으로 생각됩니다. 구산리 지석묘와 취락의 연대 문제를 고고학적인 선후관계, 일본 야요이시대와 비교적인 측면, 그리고 고고학적인 연대를 절대연대, 즉 서력의 기년으로 환산했을 때 연대로 구분해서 좀 더 자세하게 설명해 주시기를 부탁드립니다.

2. 경남 남해안지역에 해당하는 김해 신문리, 창원 진동리, 남해 당항리 유적 등에서는 특이한 형태의 비파형동검이 출토되었습니다. 이러한 동검을 변형비파형동검으로 지칭하기도 하는데, 변형된 이유에 대해서는 세형동검의 영향을 받아 변형한 것으로 보는 견해도 있고, 석검과 유사한 형태에 주목해서 석검형동검으로 부르기도 합니다. 전자는 이러한 비파형동검이 세형동검문화의 시기에 해당한다는 인식을 바탕에 두고 있지만, 후자는 청동기시대부터 초기철기시대까지 시기폭을 넓게 확대해서 볼 수 있습니다. 이수홍 선생님께서는 기본적으로 전자의 입장에서 이러한 형식의 동검을 이해하고 있는 것으로 생각됩니다.

하지만 발표자가 보기에 이러한 형태의 비파형동검은 왜 그렇게 했는지는 알 수 없지만, 전형적인 비파형동검을 가져와 검신에서 돌기부를 제거하고 일부를 조정해서 석검의 검신 모양으로 재가공한 것으로 생각됩니다. 그래서 아래 그림에서 보는 것처럼 원래 주조상태를 보여주는 주형속성인 전체길이나 융기부의 위치 등은 여수반도 일대에서 발견되는 비파형동검과 크게 다르지 않습니다. 이러한 동검이 시기적으로 세형동검문화기에 해

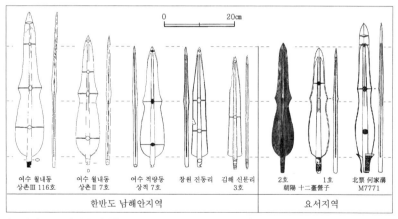

〈그림 1〉 동북아시아 비파형동검과 경남 남해안지역에서 출토된 이형 비파형동검의 비교

당될 가능성은 얼마든지 있지만, 그렇다고 하여도 세형동검보다는 비파형동검을 석검의 검신 형태로 재가공한 것으로 봐야 하지 않을까 하는 생각이 듭니다. 이러한 형태의 비파형동검이 등장하고 부장되는 배경에 대한 이수홍 선생님의 견해를 좀 더 자세하게 듣고 싶습니다.

이수홍, 「영남지역 묘역식지석묘와 구산동지석묘」에 대한 토론문

김 권 구 (계명대학교)

‒ 구산동지석묘의 피장자에 대한 서로 다른 견해가 있다. 이동희 선생은 김해 구산동지석묘를 제단식지석묘로 보고 수장의 무덤으로 추정하기보다는 공동체 유지를 위해 의례를 중시한 것이지 개인 수장의 권력의 상징물로 보기 어렵다고 말하고 있다(이동희 2019:171-172, 2022:263). 이에 대해 초기철기시대 1인을 위한 거대 지석묘로서 구산동 지석묘를 보고 그 피장자를 족장(이수홍 2020:45, 51)으로 보고 있다. 이번 발표에서도 이수홍 선생님은 '구산동유적 A2-1호 지석묘가 초기철기시시대 재지민이 축조한 최후의 지배자 무덤'으로 보고 있다. 구산동 지석묘의 피장자가 족장, 수장, 혹은 지배자의 무덤이 아니고 공동의례장소로서의 제단식지석묘로 보고 그 피장자도 족장, 수장, 지배자가 아니라는 견해에 대해서 이수홍 선생님의 견해를 말씀해 주시기 바란다. 이동희 선생은 지석묘 등의 지상거석 기념물이 무덤으로서의 기능, 의례장소로서의 기능, 기억저장장치로서의 기능, 집단의 지역에 대한 배타적 점유를 표시하는 기능 등 다양한 기능과 의미 그리고 상징을 가진 동태적 상징성을 가진 기념물로 보아야지 너무 공동체 의례의 한 측면에만 몰입한 느낌이 있는데 이에 대해 견해를 말씀해 주시고 이수홍 선생님의 견해에 코멘트 부탁드린다.

‒ 청동기시대 중심취락과 하위취락의 권력 관계와 초기철기시대 중심취락과 하위취락의 권력 관계를 어떻게 볼 것인가에 따라 읍락과 국읍의 개

념과 출현시기가 정리될 것으로 생각한다. 이수홍 선생은 청동기시대 전기에는 촌락과 촌장이 있고 청동기시대 후기의 묘역식지석묘와 지석묘의 군집분포양상이 나타나는 단계의 읍락과 족장, 초기철기시대의 국읍과 별읍 그리고 국(國)의 군장이 있고 단독목관묘에서 군집목관묘군으로 시대별 취락과 우두머리의 무덤변화양상을 모식화한 적이 있다(이수홍 2020:51). 또 시기별로 청동기시대 지석묘축조단계와 초기철기시대 적석목관묘나 목관묘 축조단계에는 위세품의 부장양상(청동검의 단수부장에서 복수부장, 마제석검의 미부장, 청동의기의 부장, 방울류의 부장, 거울류의 부장 등)에서의 차이가 난다. 이러한 양상은 수장의 성격 변화와 권력의 성격 변화양상을 보여주는 모습일 수도 있다고 생각한다.[12] 이런 것을 종합하여 촌장–족장–군장, 사제왕(shaman king)으로서의 군장 등과 같이 유력자들의 성격에 대한 모식화를 한 것에 대해 삼한 소국의 취락구조와 체계 그리고 성장 과정에 대한 논문을 일찍이 쓰신 권오영 선생님께서 평가해주기 바란다.

---

12) 사로국의 형성에 대한 고고학적 논의에서 목관묘단계와 목곽묘단계를 구분하고 군집묘의 계층성의 분명과 불분명여부, 후장묘(厚葬墓)의 연속축조여부, 축조단위가 지구단위인지 지역단위인지 여부, 성장동력이 지구별 다수 엘리트 경쟁인지 지역별 지배집단의 경쟁인지 여부, 권력 기반이 경제인지 무력인지 여부, 사회성격이 읍락연합체의 성격이 강한 관계망인지 지역단위의 정치적 통합인지를 비교한 연구(김대환 2016:43–55)와 그에 대한 비판을 하면서 목곽묘의 출현은 중요한 획기일뿐이며 철검이 사라지고 환두대도가 위세품으로 등장하는 3세기 초를 사로국의 형성과 발전에서 큰 획기라고 말하는 견해(윤온식 2016:56–60)가 있어서 주목된다.

이수홍, 「영남지역 묘역식지석묘와 구산동지석묘」에 대한 토론문

오 강 원 (한국학중앙연구원)

- 창원 진동리 지석묘, 김해 신문리 3호 동검 이해

발표자는 창원 진동리, 김해 신문리 3호 출토 동검을 세형동검의 영향으로 출현하게 된 변형 비파형동검으로 보았다. 철기 부장 목관묘가 본격 조성되기 이전 김해 일대 물질문화 분위기와 변화 패턴을 감안할 때, 두 동검이 세형동검기에 해당된다는 의미에서는 이해되지만, 두 동검이 세형동검의 영향을 받아 출현하게 된 변형으로 보는 것에는 선뜻 동의하기 어려운 점이 있다. 신문리 3호에서는 적색마연토기(직립경, 편구), 일단경식석촉, 동검이 출토되었는데, 기존의 석검이 동검으로 대체되어 있을 뿐, 매장주체부의 구조와 유물 조성이 이 일대 지석묘와 같다. 또한 문제의 동검은 등대, 인부, 봉부 등에서 세형동검의 기술적 속성이 확인되지 않는다. 여러 점을 고려할 때, 비파형동검의 조립식구조 등이 반영되되 기존의 석검 제작 전통과 연결되어 있는 것이 아닐까 한다. 이러한 점은 검신 상단이 직선적으로 급격하게 모아져 봉부로 이어지는 형태 등에서도 확인된다. 이에 대한 발표자의 의견을 듣고자 한다.

- 김해 일대 선주집단의 '강력함'으로 신문물 늦게 유입

김해 일대에 '강력한 세력'이 형성되어 있었기에 새로운 문물의 유입이 지체된 것으로 이해하고 있다. 김해에 '강력한 세력'이 형성되어 있었다면, 김해 일대의 청동기시대 유구와 유물군에서 강력하였음이 입증되어야 하는데, 실상은 그렇지 못하다. 본격적으로 철기 부장 목관묘가 조성되기 이전에 주목되는 현상은 규모의 차이를 떠나 몇 개 권역에서 묘역식지석묘가 집중적으로 조성된다는 점이다. 그러나 이 또한 부장 유물에서 다른 지역을 압도하는 상위성이 확인되는 것은 아니다. 이에 대한 발표자의 의견을 듣고 싶다.

제단식 지석묘로 본 김해 구산동 유적

이 동 희*

Ⅰ. 머리말

최근 발굴조사된 김해 구산동 묘역식 지석묘는 여러 문제를 생각하게 하는 특별한 유적이다. 첫 번째 발굴조사에서 매장주체부가 확인되지 않아 제단 지석묘로 파악하기도 했지만, 2번째 발굴조사에서 매장주체부가 확인되어 무덤으로 생각하는 견해가 다수를 점한다. 즉, 구산동 유적은 목관이 확인되었기에 수장묘로 취급하는 것이 일반적인 시각이다. 그런데, 구산동 지석묘의 매장주체부는 상석 바로 아래가 아닌 상석 가장자리를 굴착하여 목관이 설치되어 매장주체부의 동시대 여부가 논란거리이기도 하다. 또한 유물로 보면 일반적인 지석묘 유물보다 늦은 원삼국시대 초기에 해당

---

* 인제대학교

하는 토기가 출토되어 더욱 논란을 부추긴다. 따라서, 구산동유적에서 소형의 목관묘보다 묘역과 상석이 더 중요시되는 것은 부인할 수 없다. 즉, 거대한 상석이나 묘역에 비하여 빈약한 유물이나 소형 매장주체부는 균형이 맞지 않다는 것이다. 다시 말하면, 1인의 수장을 위해서 거대한 상석과 묘역을 조성하지는 않았다는 점이다. 따라서 제단으로서의 의미를 살펴보아야 한다.

본고는 이러한 문제점에 착안해 구산동 묘역식 지석묘의 성격을 제단에 더 높은 비중을 두는 관점에서 접근하고자 한다. 묘역식 지석묘에서 무덤과 제단을 분리해서 접근해야 하는지도 논쟁거리이다.

필자는 구산동 묘역식 지석묘를 축조한 집단들의 의도는 제의적 성격이 강한 제의 공간으로 인식했을 가능성에 무게를 두고자 한다. 그렇다면 지석묘 축조 마지막 단계에 왜 이토록 거대한 묘역식 지석묘가 축조되었는지에 대한 검토가 필요하다.

이러한 논의를 전개하기 위해 구산동유적의 조사성과를 정리하고, 제단 지석묘의 사례를 분석하고자 한다. 아울러, 영남지방의 제단식 지석묘를 유형별로 분석하여 그 기능에 대해서도 살펴보고자 한다. 이와 관련하여, 제의적 성격이 강한 거대 묘역식 지석묘의 축조 단위를 분석하여 송국리문화기부터 삼각구연점토대토기문화기까지 변화과정을 살펴보고, 제단 지석묘에 잇대어 조영된 배장묘의 피장자도 함께 검토하고자 한다. 영남지방에서 주로 발견되면서 제단으로 사용된 묘역식 지석묘를 단계 구분하면서, 타 지방에서 보이지 않는 거대 묘역식 지석묘의 출현 배경을 신문물의 등장과 결부하여 검토할 것이다. 영남지방에서도 특히, 김해·창원·경주 등을 포함한 영남 동남부지역에 초대형 묘역식 지석묘가 가장 늦은 시기에 왜 축조되었는지에 대한 면밀한 고찰이 필요하다. 거대 묘역식 지석묘의 출현 배경을 논의함에 있어 이주민과 관련된 문헌자료도 일부 참고하고자 한다.

Ⅱ. 구산동 묘역식 지석묘의 특수성

구산동 묘역식 지석묘의 특징은 김해의 대표적인 지석묘인 내동·율하동·무계리 지석묘보다 시기적으로 후행하여 가장 늦은 시기에 초대형 묘역식 지석묘를 조영하였다는 점이다. 또한, 구산동 지석묘는 탁월하지 않은 지형인 곡간평지에 조성되고 빈약한 매장주체부와 유물이 확인되었다.

1. 구산동 묘역식 지석묘의 조사성과

구산동 지석묘는 2차례 발굴조사되었는데, 그 성과를 정리하면 다음과 같다.

구산동 지석묘는 상석의 규모가 길이 10m, 너비 4.5m에 무게는 350~400톤으로 추산된다.

현존 길이 85m, 너비 19m나 되는 세장방형의 기단 석렬과 그 내부에 부석을 깔았다. 상석은 묘역의 북쪽에 치우쳐 있고 상석의 장축방향과 묘역의 장축방향은 직교한다. 묘역의 서단 석열 옆에서만 너비 2m, 깊이 50cm 정도의 도랑이 확인되었다. 구산동 지석묘 동쪽 기단석열 아래에서 송국리형주거지가 확인되어 구산동지석묘는 송국리문화가 소멸된 뒤에 축조되었을 가능성이 높다(그림 1左, 경남고고학연구소 2010).

2021년 구산동 지석묘의 매장주체부에 대한 조사 결과, 상석이나 묘역에 비해 매우 소형의 목관묘가 확인되었다. 목관묘는 상석의 남쪽 가장자리를 굴착하여 설치되었다. 묘광의 규모는 길이 190, 너비 140, 깊이 95cm이며, 목관의 규모는 길이 140, 너비 60, 깊이 25cm이다. 출토유물은 옹 1점과 두형토기 1점이다(그림 1右, 삼강문화재연구원 2021).

〈그림 1〉 구산동 지석묘 전경(左) 및 매장주체부와 출토유물(右) (삼강문화재연구원 2021)

2. 구산동 묘역식 지석묘의 재검토

1) 上石과 墓域 간의 관계

구산동 지석묘의 상석은 지금까지 우리나라에서 확인된 지석묘 상석 중 최대형이다. 일반적인 상석은 인위적인 치석 흔적이 보이는데 구산동의 경우 다듬은 흔적이 없다는 점이 특징적이다.

우리나라에서 확인된 사례로는 최대형의 上石이면서 治石되지 않았다는 것은 자연 암석일 가능성을 시사한다. 즉, 곡부에 굴러온 암석을 조금 조정·이동하고 주변에 기단을 설치했을 가능성이 있다. 일반적인 지석묘의 입지인 평지나 구릉이 아닌 곡간 저지대에 입지한 것은 기존 자연석을 이용하기 위함으로 보인다. 구산동 묘역이 구하도에 의해 많이 삭평될 정도로 많이 훼손된 것을 발굴조사에서 확인할 수 있었다. 이처럼 불리한 입지에 묘역을 조성한 것은 기존에 존재하던 大岩을 활용하려고 한 의도와도 관련될 것이다.

또 하나 주목되는 것은 상석을 이동하거나 효율적으로 지탱하기 위해 필수적인 支石이 상석 아래에 보이지 않는다는 점도 상석이 인위적으로 옮겨지지 않았을 가능성을 시사한다.

기존에 존재하던 자연 암석을 재활용했을 가능성은 다음과 같은 관점에서도 설득력이 있다. 즉, 묘역은 남—북 장축의 세장방형인데 상석은 이와는 직각으로 동—서 장축이다. 그리고, 발굴 구간의 제약으로 묘역의 끝을 확인하지 못하였지만 남쪽으로 묘역이 더 이어지고 있어 상석은 북쪽에 치우쳐 있는 셈이다. 이는 옮기기 힘든 상석이 먼저 자리하고, 거기에 맞추어 묘역을 배치한 결과로 추정된다. 동—서 단축의 묘역 기준으로 보아도 상석은 정중앙이 아니다. 이는 이동하기 힘든 상석보다는 지형을 고려한 묘역의 배치일 것이다(그림 1).

2) 上石과 埋葬主體部 간의 관계

상석과 매장주체부간의 관계에 대해서는 논란이 있는데, 다음의 3가지 가능성이 있다. 즉, ① 조사단 의견대로 동시기에 조영되었을 가능성, ② 동시대에 약간의 선후 관계, ③ 매장주체부의 후대 조성 등이 그것이다.

먼저, 조사단의 주장과 같이, 매장주체부 위로 박석이 이어지고 있어(삼강문화재연구원 2021) 매장주체부가 후대 것으로 보기 어렵다는 것이 ①번의 논리이다. 초축시에 조성된 박석이 매장주체부를 일부 누르고 있는 상태에서 매장주체부와 박석·상석은 유기적 관련성이 있다는 관점이다.

다음으로, 두 번째 가능성에 대해 살펴보기로 한다. 매장주체부가 상석 장축방향과 직교하는 정형성이 있다. 초대형의 상석이 나중에 이동되었다면, 이처럼 정형성 있게 상석 장축방향에 직교하면서 중앙부에 매장주체부를 배치할 수가 없다.

그리고, 매장주체부는 상석이 있는 상태에서 상석 장축방향과 직교하면서 상석 안으로 조금 파고 들어간 상태이다. 이는 상석을 전제로 매장주체부가 조성되었음을 의미한다. 특히, 굴광흔을 보면 상석 아래는 넓으면서 곡선적이다. 이는 상석 아래쪽에 가까울수록 직선으로 굴광하기 어려우니 타원형으로 좀 더 넓게 굴광한 형태이다. 상석 범위에서 벗어나는 남쪽은 수직으로 굴광되어 있다. 따라서, 매장주체부가 상석을 전제로 조성되었음을 의미한다(그림 1右).

이처럼, 상석의 가장자리 주위에 매장주체부가 있으므로 상석을 놓기 전에 매장주체부를 조영하는 것은 불가하다. 따라서 상석이 있는 상태에서 상석 가장자리에 소형의 목관묘를 조성하고, 박장이라는 점에서 피장자를 일반적인 수장으로 보기 어렵다. 동시대에 인근의 창원 다호리 목관묘에서는 세형동검·철검·한경·칠기 등 중국계 유물을 포함하여 위세품이 부장되는 정황과 대비된다. 요컨대, 상석이나 기단에 비해 매장주체부가 늦게 축조되었더라도 거석기념물의 구조나 의미를 아는 同世代에서 축조되었다고 본다면 동시대의 선후관계라고 볼 수 있다.

③번의 경우도 가능성이 전혀 없는 것은 아니다. 이 경우에도 지석묘와 무관한 후대 사람은 아닐 것이라는 점에서 ②번의 가능성과 연결된다. 이

를테면, 피장자는 제단의 조영·유지와 관련되는 제사장일 가능성이 있는데, 그 묻힌 시점도 제사장의 역할을 하다가 일정 기간 뒤에 그 자리에 묻힌 경우를 상정할 수 있다. 출토유물로 보면 새로운 목관묘 축조 세력이 김해지역에 유입되면서, 제단의 기능이 약화되고 피장자가 구세대의 마지막 제사장이 된 것으로 볼 수도 있다. 유럽 중세의 성당에서 사제가 성당 지하에 매장된 것과 같은 맥락이다. 이에 대해서는 뒤에서 상술하겠다.

3) 매장주체부

매장주체부(목관)의 길이가 140cm에 불과하여 성인을 신전장하기에 쉽지 않은 크기이다. 목관의 규모나 출토유물로 보면 일반적인 수장의 무덤으로 보기 어렵고[1] 위세품도 없다. 피장자와 매장주체부는 당시 과도기적인 시대 상황의 산물로 추정된다.

덕천리 묘역식 지석묘의 중심인 1호 지석묘(그림 9)가 다단굴광인 점에 비해 구산동 지석묘에서는 그러한 양상이 보이지 않아 늦은 시기로 추정된다. 즉, 원형점토대토기단계인 덕천리 1호 지석묘의 매장주체부(이수홍 2019)와 달리 삼각구연점토대토기 단계인 구산동 지석묘는 덕천리 지석묘군의 마지막 단계인 5호 지석묘와 유사한 면이 있다(그림 2, 3). 덕천리 지석묘군에서 중심 축인 1, 2, 5호지석묘는 1호→2호→5호로 갈수록 상석 및 매장주체부의 규모가 소형화되고 유물이 빈약해진다. 1, 2호 지석묘에서는 관옥류의 위세품이 확인되는데 비해, 5호에서는 토기(적색마연토기) 1점만 출토되어 구산동 지석묘의 출토유물 양상과 유사하다. 덕천리 5호 출토 적색마연토기는 송국리문화 말기의 함안식적색마연호(배진성 2008)보다 늦

---

1) 구산동 지석묘와 거의 동시대의 김해지역 수장묘로 거론되는 대성동 1호 지석묘의 석관 길이는 300cm에 달하여 큰 차이를 보인다. 이와 관련한 내용은 뒤에서 상술하겠다.

은 형식이기에 최말기에 해당하고, 다호리유적의 이른 단계와 연결되는 시기로 편년된다(그림 3, 이동희 2021:52-53).

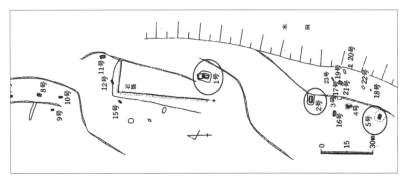

〈그림 2〉 덕천리 유적 내 1, 2, 5호 지석묘 배치도(경남대학교박물관 2013 수정)

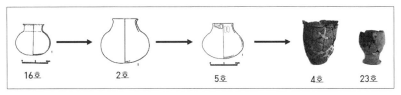

〈그림 3〉 토기로 본 덕천리 유적의 상대 편년(이동희 2021)

4) 출토유물과 편년

출토유물은 옹 1점과 두형토기 1점이다(삼강문화재연구원 2021). 옹은 삼각구연점토대토기의 늦은 단계로서 홑구연화된 형식이고, 두형토기는 단각이고 형태가 조잡하여 변형된 형식이다. 이러한 유물의 특징으로 보면 목관묘의 연대는 기원전 1세기(후반) 무렵으로 추정된다.

구산동 지석묘의 매장주체부가 전통적인 석관이 아닌 목관을 채용했음은 목관묘·삼각구연점토대토기 등의 신문물을 인지했음을 의미하고, 유물도 그에 부합하는 삼각구연점토대토기 후기단계이다(그림 1).

Ⅲ. 영남지방 제단식 지석묘의
전개과정과 축조배경

일반적으로 묘역식 지석묘에서 매장주체부가 발견되면 대부분의 연구자는 수장묘로 인식한다. 즉, 묘역식 지석묘에서 매장시설이 확인되면 무덤으로, 매장시설이 없으면 祭壇과 같은 기념물로 이해하는 것이 일반적이다. 과연, 이러한 이분법적 접근 방법이 적절한 것인가?

본 장에서는 구산동 지석묘를 일반적인 수장묘가 아닌 제단적 성격을 가진 '제단 지석묘'로 보면서 관련 논의를 전개하고자 한다.

1. 제단 지석묘란?

제단 지석묘는 일반적으로 거대한 괴석형 上石과 대형 支石을 갖춘 1기가 독립된 경우이며, 매장주체부가 없는 기반식·탁자식 지석묘 중 주변에서 쉽게 바라볼 수 있는 구릉상이나 언덕 중턱에 입지하며 외형적으로 탁월하다(이융조·하문식 1989). 이러한 제단 지석묘는 중국 동북지방부터 한반도 남부지방까지 두루 확인된다.

이에 비해, 대형 묘역식 지석묘가 많은 영남지방에서는 묘역식의 제단 지석묘가 주목된다. 특히, 영남 동남부지역에서 묘역을 가진 거대 제단식 지석묘는 창원 덕천리, 김해 구산동, 경주 전촌리 등이 대표적이다.

김병섭은 묘역식 지석묘 가운데 '제단 지석묘'에 대해 다음과 같이 정의하고 있다. "매장시설이 없는 묘역식 지석묘를 '제단 지석묘'로 정의하면서 지석묘 범주에 포함시켰는데, 이는 제단 지석묘의 외형과 구조·축조방법이 상석과 매장주체부가 있는 묘역식 지석묘와 다름이 없기 때문이다. 따라서, 제단 지석묘는 매장주체부의 여부와는 상관없이 적용할 수 있는 용어이다. 예컨대, 매장시설이 있는 묘역식 지석묘 중에서 묘역 가장자리에 기단 석열을 쌓고 외주형(外周形)의 묘역식 지석묘도 제단의 기능을 한다고 볼 수 있다"(김병섭 2009).

필자도 이에 대해 동의한다. 매장시설이 있는 묘역식 지석묘 가운데 제단 지석묘로 파악되는 대표적인 사례가 창원 덕천리 지석묘와 김해 구산동 지석묘라고 하겠다.

전술한 바와 같이, 구산동 지석묘는 목관이 확인되었기에 무덤으로 판단하는 경향이 있다. 하지만, 목관을 우선시할 수 없고 상석과 묘역이 더 선축되고 중요시되었다고 판단한다. 따라서 제의 공간으로 보는 것이 합리적이다.

이와 관련하여, 경주 도계리 묘역지석묘 5호를 살펴볼 필요가 있다(그림 4). 도계리 지석묘군의 중심묘역인 5-1호의 매장주체부는 존재하지만 한쪽 가장자리에 치우쳐 있어, 동시기 선후관계 혹은 1단계(세대) 정도 후대에 조성되었을 가능성이 있다. 매장주체부의 규모가 소형(길이 120, 너비 75, 깊이 5cm)이고 유물도 없고 인골흔만 확인된다(삼한문화재연구원 2020). 이는

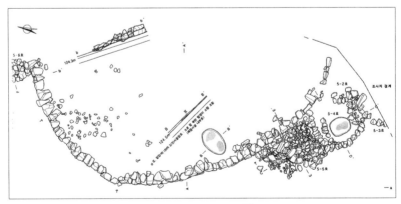

〈그림 4〉 경주 도계리 5호 묘역 지석묘 및 매장주체부(◯) (삼한문화재연구원 2020)

이 묘역 공간의 초축시 목적은 무덤이 아닌 해당 공동체의 상징물이거나 의례 공간이 더 중시되었음을 의미한다. 이러한 측면에서 구산동 지석묘의 성격과도 연결해 볼 수 있다.

요컨대, 매장시설이 있는 제단 지석묘는 단순히 묘에 묻힌 개인 피장자에 대한 의례가 아닌 집단 의례의 상징물로 볼 수 있다(김병섭 2007:91).[2]

같은 맥락에서, 매장주체부가 없는 진천동 입석유구(그림 5)를 덕천리 1호 지석묘나 구산동 지석묘와 같이 '제단식 지석묘'의 범주에 넣는 것은 다음과 같은 공통점 때문이다. 즉, 상기 지석묘의 공통점은 최하단석에서 들여쌓기하여 多段으로 구획한 묘역시설이라는 점이다. 그리고, 덕천리 1호

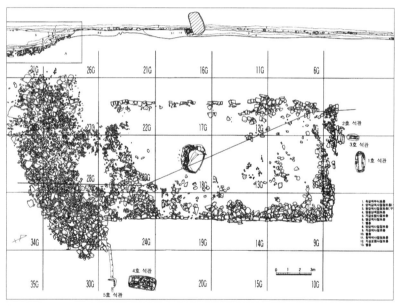

〈그림 5〉 대구 진천동 유적(경북대학교박물관 2000)

---

2) 호남지역에서도 매장시설이 없는 지석묘만 제단지석묘로 인식하지 않는다. 예컨대, 고창지역에서는 암치리 지석묘 등 매장시설이 없는 지석묘 뿐만 아니라 강촌·계산리·벽송 지석묘 등 매장시설이 확인되는 지석묘도 제단지석묘로 보고 있다(김선기 2003).

지석묘(그림 2)나 진천동 입석유구 모두 묘역의 기단 외부에 배장묘(석관묘)들이 유기적으로 배치되어 있다는 유사성이 있다. 이러한 점에서 보면, 동일한 형태의 묘역시설로 구획된 기단식 지석묘는 단순한 무덤만을 위한 구조가 아님을 의미한다.

한편, 출토유물에 있어 일반적인 지석묘의 매장주체부와 제단식 지석묘는 구분된다. 즉, 전자의 경우 완형의 유물이 많은 데 비해, 제단 지석묘 주변에서는 대부분 토기류나 석기류들이 조각으로 출토된다. 가장 많은 것은 무문토기·적색마연호·점토대토기 등의 토기류이고, 석부나 석착 등의 석기류도 확인된다. 특히, 제단식 지석묘의 부석시설에서 적지 않은 토기류들이 확인됨은 토기 등을 깨뜨려서 의례행위가 이루어졌음을 알 수 있다.

2. 영남지방 제단식 지석묘의 전개과정과 특징

1) 영남지방 제단식 지석묘의 단계 구분

영남지방에서 묘역을 가진 제단식 지석묘는 송국리문화기부터 원형·삼각형점토대문화기까지 지속되는데, 입지·규모·평면형태·생활유구와 이격 여부, 의례 단위 등에 근거해 보면 4기로 구분해 볼 수 있다.

영남지방에서 가장 이른 제단 지석묘는 진주 이곡리 21호(그림 6)로서 송국리문화기의 이른 단계에 나타나지만, 묘역식 지석묘가 가장 활발하게 축조되는 송국리문화 확산·발전단계에는 거의 확인되지 않고, 송국리문화 후기에서 점토대토기 단계에 창원·김해·밀양·대구·경주 등 영남 동남부 지역에 집중하여 출현한다(김병섭 2009:49).

호남지방에서도 그러하지만, 송국리문화 후기와 점토대토기문화 단계는

단계	대표유적	해발/입지	규모 (기단 길이)	평면형태	문화기	생활유구와 이격여부	의례 단위
Ⅰ기	산청 매촌리 7호/ 진주 이곡리 21호	100m,하안 단구 /32m,구릉 하단	소형 (9m미만)	말각방형/ 방형 (1.4:1)	송국리문화기 (전기)	공존	村落
Ⅱ기	대구 진천동	30~35m 충적대지 상부	중형 (20m)	장방형 (2:1)	송국리문화기 (후기)~원형 점토대토기 문화기	이격·독립	邑落
Ⅲ기	창원 덕천리	15~20m 구릉말단	대형 (56m)	세장방형 (3.3:1)	원형점토대 토기문화기	이격·독립	邑落
Ⅳ기	김해 구산동/ 경주 전촌리	8~12m 곡간평지 (저지)	초대형 (85m) /군집(3 기, 길이 32~34m)	극세장방 형(4.5:1)/ 세장방형 +원형	삼각형점토 대토기문화기	이격·독립	邑落

〈표 1〉 영남지방 주요 제단식 지석묘의 단계 구분

시기적으로 중첩된다(이종철 2016:208-218). 영남 동남부지역에서 제단 지
석묘가 활발히 축조되는 시기는 점토대토기문화와 세형동검문화의 확산
시기와 맞물린다. 호서·호남지방에서는 원형점토대토기문화기에 이주민
과 관련된 적석목관묘나 관련 문물이 구체적으로 확인되지만 영남지역에
서는 원형점토대토기문화의 확산이 늦어 그러한 양상이 미약하고 지석묘
문화 속에 점토대토기·세형동검문화가 흡수되는 모습이다. 이러한 차이점
과 함께 영남 동남부지역에 원형점토대토기문화기에 제단 지석묘가 활성
화되고 거대화되는 것은 무관하지 않을 것이다. 이에 대해서는 뒤에서 상
술한다.

점토대토기의 경우, 밀양 살내유적에서 제단식 지석묘와 동일한 층위
의 경작유구에서 원형점토대토기가 출토되었고, 대구 진천동 입석유적에

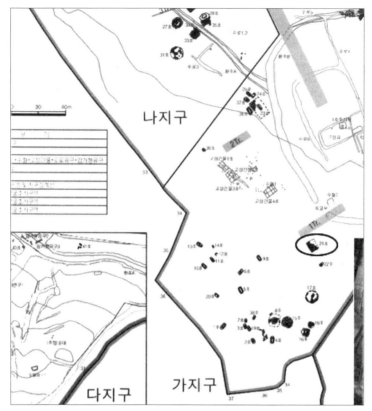

〈그림 6〉 진주 이곡리유적 배치도 및 이곡리 21호 위치도(◯)
(동아세아문화재연구원 2007)

서 무문토기편들과 함께 원형점토대토기단계 유물이 공반된다. 그 연대에 대해서는 기원전 4세기대 이후로 추정하는 견해가 있다(김광명·서길한 2009:24-25).

진천동 제단 지석묘의 경우, 보고자는 청동기시대 전기에서 후기까지 이용된 것으로 보고 있지만 유물들은 출토 위치가 명확하지 않은 주변 수습유물이며, 점토대토기편도 포함되어 있다. 따라서 조성 시기를 전기로 올려볼 근거는 희박하다(김병섭 2009:46-47). 그리고, 진천동유적에서 다수 확인되는 파수부토기의 경우, 진천천 일대에서 원형주거지에서만 출토되고, 송국리형토기의 존재로 볼 때 대다수의 출토유물이 청동기시대 후기에 해당한다(류지환 2010:99). 요컨대, 진천동 유적에서 점토대토기편도 출토되고 있어 송국리형문화 가운데 늦은 시기로 볼 수 있다.

한편, 창원 덕천리 1호 제단 지석묘같은 외주형(外周形)의 거대 묘역식 지석묘의 축조 연대에 대해서 덕천리유적의 사례에 근거하여 청동기시대의 가장 늦은 단계로서 원형점토대토기문화와 접촉했을 것으로 추정된다(이상길 2003, 김병섭 2009).

그리고, 김해 구산동과 경주 전촌리 유적에서는 삼각형점토대토기가 출토되어 묘역을 갖춘 제단식 지석묘의 하한이 기원전 1세기대까지 내려올 수 있음을 알 수 있다.

2) 제단식 지석묘의 입지 변화

제단식 지석묘 가운데 가장 이른 단계는 중국동북지방이나 서북한 지역의 탁자형 지석묘이다. 탁자형으로 분류한 지석묘들 중 제단 지석묘의 경우 주변지역을 넓게 볼 수 있는 조망이 탁월한 곳에 위치한다(이융조·하문식 1989, 김광명·서길한 2009).

같은 맥락에서, 영남지역에서 묘역을 갖춘 제단식 지석묘 가운데 가장 이른 단계(Ⅰ기)인 산청 매곡리, 진주 이곡리 유적의 경우, 해발고도 30~100m 정도의 하안단구나 구릉(하단부)에 위치하여 상대적으로 높은 입지이다.

한편, 송국리문화 후기~원형점토대토기단계(Ⅱ기)의 대구 진천동유적은 해발 30~35m로서 천변 충적대지에 자리하는데 중심부에 가시적인 입석을 세울 정도로 대외적으로 그 존재감을 드러내고 있다.

이에 비해, Ⅲ기의 덕천리유적은 고 대산만의 중심 자리이지만, 거점 지석묘군(봉산리·용잠리지석묘군)에서 보면 후미에 감춰진 위치이며(그림 17) 해발고도 15~20m에 해당한다.

마지막 단계(IV기)인 김해 구산동유적이나 경주 전촌리유적의 경우, 곡간 평지에 자리하며 해발고도가 8~12m로 앞 시기보다 저지대이다. 구산동지석묘 유적은 해발고도 11~12m에 해당하는데, 발굴조사 당시에 지표에서 3.5m 아래에서 묘역이 확인될 정도로 주변에서 드러나지 않는 곡간 저지에 해당한다.

특히, 전촌리유적(그림 7)의 입지는 얕은 구릉이 삼면을 감싸고 남쪽의 한

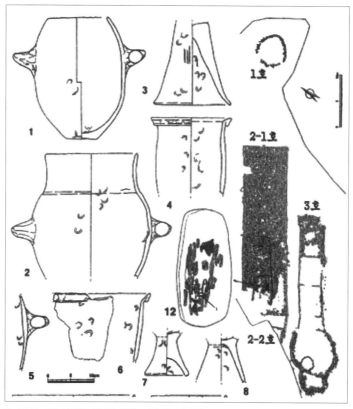

〈그림 7〉 경주 전촌리유적 배치도 및 출토유물(안재호 2020)

방향만 트여져 있는 곡간지에 해당한다. 유구는 독립적인 공간에 단독으로 위치한다. 저습지층에 유구를 조성하여 묘의 개념보다는 의례행위를 통한 신성성과 상징성의 의미가 부각된다. 독립성·보호·은폐의 의미까지 더하여 입지가 선택된 것으로 보인다(경상북도문화재연구원 2015:66-67).

이와 같이, 전촌리나 구산동유적같이 가장 늦은 단계는 구릉상이 아니라 오목한 곡부같은 주변에서 드러나지 않는 공간으로 숨어버리는 입지이다. 요컨대, 묘역을 갖춘 제단식 지석묘는 두드러진 입지인 구릉에서 점차 낮은 곡간저지로 이동하는 경향을 보인다.

이는 당시 시대적 상황과 무관하지 않을 듯하다. 즉, 구산동지석묘 출토 유물에서 유추되듯이 이 무렵에는 목관묘·전기와질토기문화가 확산되는 시기로서 중국계·고조선계 이주민과 철기문화가 파급되는 시기이다. 신문물이 유입되는 상황에서 전통의 공동체문화인 지석묘 축조세력이 약화·퇴장하는 시기로서 전통적인 제의공간이 곡간 저지로 이동하는 분위기이다. 이에 대해서는 뒤에서 詳述하겠다.

3) 규모와 평면형태의 변화

규모로 보면 비교적 이른 단계에는 소형(Ⅰ기)이었다가 점차 중형(Ⅱ기), Ⅲ·Ⅳ기에는 대형과 초대형으로 변화한다. Ⅳ기인 삼각구연점토토기단계인 구산동유적은 최대형이고, 전촌리유적의 규모는 덕천리나 구산동유적에 비해 크지 않지만 좁은 공간에 3기의 제단 지석묘가 군집 조성되는 특징을 보인다.

평면 형태는 Ⅰ기에는 말각방형이나 방형이다가, 장방형(Ⅱ기)에서 세장방형(Ⅲ·Ⅳ기)으로 변화하는 모습을 보인다. 특히, 삼각구연점토대토기문화기(Ⅳ기)인 김해 구산동 제단식 지석묘에서 세장방형화가 극대화된다

(4,5:1). 이와 같이, 지석묘 축조 마지막 단계로 가면서 제단식 지석묘의 규모가 대형화되고 세장방형화된다. 그 이유가 무엇일까? 말기로 갈수록 제단식 지석묘의 평면형태가 세장방형화되는 것은 좁은 곡간부에 입지하면서 공간적 제약으로 비롯된 것으로 보이는데, 보수적인 공동체문화의 마지막 모습의 발현으로 볼 수도 있다.

4) 생활 유구와 이격 여부

제단식 지석묘 Ⅰ기에 해당하는 산청 매촌리 7호(그림 8)나 진주 이곡리 21호 제단식 지석묘(그림 6)는 규모가 소형이면서 인접하여 주거지, 고상가옥 등의 생활유적 및 다른 분묘유적도 함께 확인되어 해당 취락과 관련된 제단식 지석묘로 볼 수 있다.

이에 비해, Ⅱ~Ⅳ기에는 제단식 지석묘의 규모가 대형화되면서 생활유

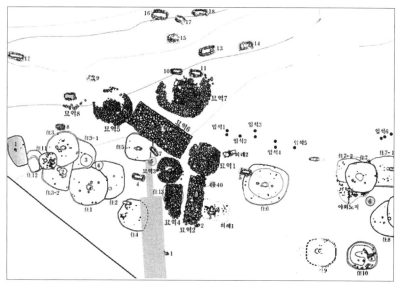

〈그림 8〉 산청 매촌리 유적 배치도(우리문화재연구원 2011)

적이나 다른 분묘유적과 이격되어 별도의 공간에 조영된다는 점이다. 규모가 대형화된다는 것은 하나의 촌락 단위를 넘어 여러 촌락의 노동력이 동원된 것이므로, 후대의 읍락 규모의 공동체가 관여된 제단식 지석묘로 파악된다. 그만큼 신성성과 상징성을 갖는 별도의 공간에 입지한 것으로 보인다.

5) 제단식 지석묘에 부가된 배장묘의 변화 양상과 성격

Ⅰ기에는 제단만 확인되고 제단 중심부나 제단 외부에 배장묘가 보이지 않는다. 상대적으로 이른 단계의 특징으로, 여러 개의 촌락 단위가 아닌 하나의 촌락 단위의 제단이라는 점에서 Ⅱ기 이후와 차이점이다. 대표적인 유적이 산청 매촌리 7호나 진주 이곡리 21호 제단식 지석묘이다. 매촌리 7호나 이곡리 21호 제단식 지석묘 인근에 지석묘나 석관묘들이 확인되고 있어, 제단 공간이 무덤 공간과 분리되지 않고 혼재하고 있음을 알 수 있다.

Ⅱ기에는 제단식 지석묘 주변에 배장묘가 뚜렷이 확인되지만, Ⅲ기와는 달리 제단 중심부에는 매장주체부가 없다.[3] Ⅱ기의 대표적인 진천동유적에서는 동심원과 성혈도 확인되어 '입석 제단'으로 보고 사직단과 같은 기능으로 추정하는 견해가 있다(김광명 2015:115).

Ⅲ기에는 제단식 지석묘 주변에 배장묘가 확인될 뿐 아니라 제단 중심부에도 대형의 매장주체부가 보인다. 대표적인 유적이 덕천리 1호 지석묘이다. Ⅱ기와 달리 제단 및 중심 매장주체부가 함께 나타난 경우로서 Ⅱ기보다 상대적으로 후행한다.

---

3) 진천동유적에서는 입석이 중심부에 세워져 있어 매장주체부가 들어갈 여지가 없기도 하다.

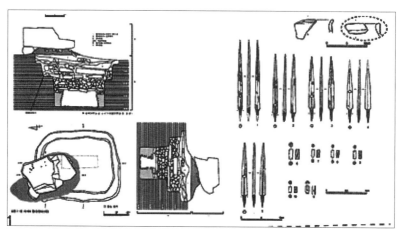

〈그림 9〉 창원 덕천리 1호 지석묘 및 출토유물(이수홍 2019)

　창원 덕천리 1호 제단식 지석묘(그림 9)나 보성 동촌리 지석묘 등 늦은 단
계의 지석묘 매장주체부에서는 다단굴광의 깊은 굴광과 묘광 내부에 적석
이 확인되는데, 이는 북방 이주민과 관련되는 괴정동유형의 적석목관묘(그
림 10)의 영향으로 보인다(김용성 2015:53).

　Ⅳ기에는 제단에 잇댄 배장묘가 뚜렷하지 않다. 예컨대, 김해 구산동유
적이나 경주 전촌리유적에서는 기단에 잇댄 배장묘가 보이지 않는다. 즉,

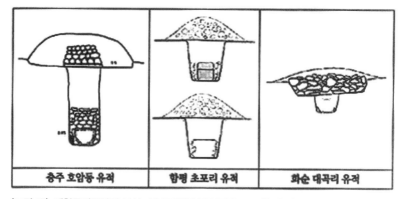

〈그림 10〉 세형동검문화기 호서·호남지역의 적석목관묘 모식도(중원문화재연구원 2017)

구산동이나 전촌리 유적에서는 주 매장주체부도 소략하거나 없지만, 대구 진천동이나 창원 덕천리 유적과 달리 연접된 배장묘가 없다는 것은 후대 관리나 활용 시기가 매우 짧았던 점을 시사한다. 이러한 점에서도 가장 늦은 단계로 볼 수 있으며 유물로도 증명된다.

이러한 제단식 지석묘에 잇댄 배장묘(석관묘)는 당시 가장 신성시되던 제단 주변에 무덤을 조성할 수 있는 계층의 무덤으로 볼 수 있다. 진천동 유적의 경우, 진천천 유역권 내 집단들이 집단의 안녕을 기원하기 위해 조영한 공동 제의시설이고, 주변의 석관은 집단 전체가 신성시하던 공간 근처에 자신의 무덤을 조성함으로써 자신의 권위를 죽은 후에도 과시하고자 했던 집단 내 특권계층의 무덤이라고 본 견해가 있다(김광명 2015:115).

이와 관련하여, 서양 중세에서의 성당 내 司祭들의 무덤이 주목된다. 성 베드로 대성당의 경우, 최초에는 '베드로'의 무덤 위에 세워진 성당이지만, 이후에 많은 교황들의 시신이 추가적으로 묻힌 공간이다. 성베드로 대성당에서 베드로의 무덤과 추가장된 교황의 무덤은 제단식 지석묘의 주 매장주체부 및 배장묘와 관련하여 시사하는 바가 크다.

3. 무덤과 제단의 복합적인 지석묘

본고의 Ⅲ·Ⅳ기의 제단식 지석묘에서는 묘역 내에 매장주체부가 확인된다. 이와 관련하여 무덤과 제단이 복합적인 기능을 하는 사례를 살펴보기로 한다.

서북한에는 산마루나 능선 위에 독립적으로 자리하고 외형적인 웅장함을 보이는 대형의 탁자식 지석묘가 있어 의식을 거행하던 제단의 기능으로 파악된다. 대표적인 예가 은율 관산리·배천 용동리·용강 석천산 지석묘이다. 그런데, 이러한 지석묘 중에는 매장주체부에서 부장품이 확인되는 것도 있어 무덤으로서의 기능도 함께 지닌 것으로 파악된다(하문식 1997: 248-251). 중국 요녕지역 지석묘 가운데에서도 제단과 무덤의 복합적인 기능이 언급되고 있다(許玉林 1994:76-77).

신대륙의 경우, 페루 모체(Moche) 문화기(100-700CE)의 '달의 신전' 내에서도 모체사회 제사장의 무덤이 확인된 바 있다. 제사장은 우주의 질서를 바로잡는 인물이며 각종 도상에서 새인간으로 표현된다. 제사장들은 정치적 권력까지 보유하고 있었다. 일반인들에게 신전의 출입은 엄격히 제한되어 있었다(산티아고 우세다 카스티요 2009:280-293).

한편, 20세기까지도 지석묘 등 巨石文化가 유지되던 인도네시아 플로레스 섬의 토도(Todo)유적에 대한 인류학적 조사에서도 그러한 양상을 파악할 수 있다. 즉, 높이 1~2m의 할석을 쌓아 광장을 만들어 祭場으로 사용하고 있는데 그 중앙에 직사각형으로 쌓아 올린 적석유구에는 제사장의 무덤이 조영되었다고 한다(賈鍾壽 2016).

영남지방에서 무덤과 제단의 복합적인 지석묘인 창원 덕천리 1호 묘역 안으로 다른 매장주체부가 침범하지 않는 것도 같은 맥락에서 볼 수 있다. 비파형동검 등 위세품이 탁월한 덕천리 16호묘가 덕천리 1호 묘역의 외곽에 자리잡고 있는 것에서도 알 수 있듯이, 묘역의 내부는 신성한 공간으로 인식되었음을 유추할 수 있다.[4]

4. 제단 지석묘의 제의 주체

제의시설은 제의 주체에 따라 유력개인, 중소 촌락 단위, 대촌락 단위(읍락 단위) 등으로 구분해 볼 수 있다.

---

4) 김광명은 석조건축물 중앙에 매장주체부가 조성된 거대 구조물은 특권계층의 조상신을 모신 사당에 해당한다고 보았다(김광명 2015:122).

1) 개별 유력자 – 산청 매촌리유적 2, 4, 6호 등

2) 촌락 단위의 제단 지석묘 – 산청 매촌리 7호, 진주 이곡리 21호 등

3) 읍락 단위의 제단 지석묘 – 대구 진천동, 창원 덕천리, 김해 구산동, 경주 전촌리 등

1) 개별 유력자

(1) 산청 매촌리유적(그림 8 참조)

7기의 묘역식 지석묘 가운데 말각방형의 7호 1기를 제외하면 원형(1, 3, 5호)과 장방형(2, 4, 6호)의 묘역지석묘가 서로 조합관계를 이룬다. 원형묘역은 상부의 묘표석과 묘역시설, 매장주체부를 갖추고 있으며, 장방형묘역은 묘표석과 묘역시설만 있고, 매장주체부가 없다(표 2). 원형과 장방형 묘역

유구명	상석규모 (cm)	묘역시설		매장주체부 규모(cm)	출토유물	비고
		평면형태	규모(cm)			
1호	65×65×54	원형	직경 510	석관 :150×47×56	홍도, 석검, 석촉 15점	무덤
2호	102×60×68 (북) 74×53×54 (남)	장방형	788×274	·	무문토기편, 홍도편	제단
3호		원형	직경 400	석관 :170×50×65	홍도, 석촉 3점	무덤
4호	52×52×64	장방형	508×270	·	무문토기편, 홍도편	제단
5호	150×89×61	원형	626× (357)	석관 :179×45×34	홍도, 석검, 석촉 3점	무덤
6호	·	장방형	1,030× 409	·	무문토기편	제단

〈표 2〉 개별 유력자의 무덤 및 제단 – 산청 매촌리 지석묘군

의 결합양상은 무덤과 제의공간이 하나로 합쳐진 것으로 보고된 바 있다. 묘표석은 일반적인 상석의 형태나 규모에 비해 매우 축약된 소형이다(우리 문화재연구원 2011:325-330).

매촌리 유적에서는 묘역식 지석묘 주변에 소형의 석관묘들이 분포하고 있어 묘역식 지석묘의 피장자는 단위 집단 내에서 유력자로 보아도 무리가 없다.

2) 촌락 단위의 제단 지석묘

(1) 산청 매촌리 7호 지석묘(그림 8 참조)

매촌리 지석묘 가운데 규모가 가장 크며 立石이 세워졌을 것으로 추정되는 7호는 단구애의 경사를 이용하여 분구식으로 조성되었다. 7호→5호→3호→1호의 순이다. 선점된 7호는 상대적으로 높은 공간에 위치한다. 규모 면에서 묘역지석묘 가운데 가장 우월하고 내부 채움돌에서 가장 많은 토기편[5]이 출토되었다. 묘역 중앙에 시설된 묘표석은 조사 당시 상부가 훼손되었으나 평면 방형의 石柱형태를 보이는데, 여타 묘표석과는 달리 의도적으로 석주(石柱)를 세우고 주변에 천석으로 이를 지지하는 축조방법상의 차이가 보인다. 특정인을 위한 구조물로서의 기능보다는 촌락 단위 공동체와 관련된 의례 기념물로 파악된다(우리문화재연구원 2011:325-330).

(2) 진주 이곡리 21호 지석묘(그림 6 참조)

매장주체부가 없는 진주 이곡리 21호 유구에서는 무문토기편, 석검편 등이 출토되어 의례행위가 이루어진 것으로 파악된다. 21호 유구의 위치는

---

5) 개별 유력자의 제단으로 추정된 2, 4, 6호 묘역식 지석묘에서 각기 11점, 10점, 27점의 유물이 출토된 데 비해, 촌락 단위 공동체의 제단으로 보이는 7호에서는 59점에 달하여 차별성이 있다.

환호 출입구와 청동기시대 분묘군[6]의 경계에 자리한다(동아세아문화재연구원 2007). 읍락 단위의 제단식 지석묘에 비해 유구의 규모가 소형이고, 다른 청동기시대 무덤과 이격되지 않고 근접하고 있어 개별 촌락단위의 제의공간으로 보인다.

(3) 소결

진주 이곡리 21호 제단지석묘는 송국리문화의 가장 이른 시기로 편년된다. 즉, 휴암리형 주거지 조성시기에 조성된 것으로 파악된다(김병섭 2015:177). 그리고, 산청 매촌리 7호 묘역식 지석묘도 송국리문화기 전반으로 편년된다(장순자·천선행 2011:300-310). 이러한 사례들은 비교적 이른 단계인 만큼 제단의 규모가 소형이다. 원형점토대토기문화를 단계를 거쳐 삼각구연점토대토기문화가 공반되는 단계로 가면서 제단의 규모가 대형화되는 것을 알 수 있다. 요컨대, 송국리문화 이른 단계에 해당하는 촌락 단위의 제단 지석묘에 비해 후행하는 점토대토기문화기의 읍락형성기에 규모가 대형화됨을 의미한다.

유적명	상석(입석) 제원(m)	상석의 특징	입지	기단형태 규모	매장 주체부	시대	비고
산청 매촌리 7호	63×90×70 (잔존높이)	입석형	하안 단구	말각방형 847×(598)cm	없음	송국리문화기 (전반)	상석 파괴 심함
진주 이곡리 21호	?	?	구릉과 평지 경계	방형 3.9×2.8×0.3m	없음	송국리문화기 (전반)	

〈표 3〉 촌락 단위가 주체가 된 주요 제단식 지석묘

---

6) 공반된 청동기시대 분묘는 지석묘 12기, 석관묘 19기, 석곽묘 4기, 토광묘 5기 등이다.

3) 읍락 단위의 제단 지석묘

제단식 지석묘 가운데 김해 구산동유적, 대구 진천동, 창원 덕천리, 경주 전촌리 유적 등은 (초)대형 기단을 갖추고 일반 생활 유적과 공간적으로 격리되어 위치한다. 즉, 덕천리, 구산동 유적, 전촌리 유적 모두 동일하게 주 생활공간에서 이격되어 독립적으로 존재한다. 예컨대, 곡간평지(低地)에 위치한 구산동 제단 지석묘 유적과 달리 동시기의 생활유적과 분묘유적은 구릉(사면부)에 자리하여 공간적으로 명확히 구분된다.

개별 촌락 단위가 아니라 여러 촌락 단위가 합쳐진 상위의 공동체, 즉, 읍락 규모의 공동체가 협업해 축조한 제의공간으로 파악된다. 읍락 단위의 제단 지석묘의 특징은 생활공간과 분리된 독립적인 공간에 자리한다는 점이다. 이러한 유적들은 석축 기단 주변에서 거족적인 의례 행위가 행해졌을 것으로 판단되므로 무덤의 기능보다는 의례기념물로서의 비중이 더 높았을 것이다. 진천동 입석 유적의 경우, 주 생활공간과는 일정한 거리를 두고 존

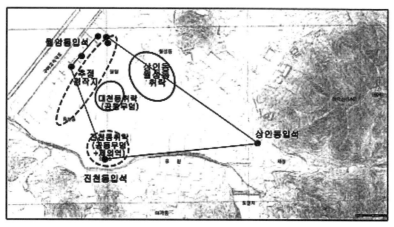

〈그림 11〉 월배선상지구 유적군내 취락분포정형(유병록 2019)

재하고 있어 의례적 기능을 위해 축조되었다고 볼 수 있다[7](류지환 2010:99).

진천동취락의 핵심인 진천동 입석유적은 진천천 중류에서 반원상으로 남쪽으로 돌출한 부분의 중앙에 위치하여 진천천이 바라보이는 곳에 자리하는 입지적 특이성이 있다. 진천동 입석유적이 그 규모나 내용상으로 소규모취락을 위한 조형물이 아니라는 점을 감안하면 상인동·월성동취락을 중심으로 한 주거역, 대천동무덤군을 중심으로 한 묘역, 그리고 진천동입석을 중심으로 한 의례역이 하나의 큰 취락체계 내에서 각기 공간적으로 분리되어 있다. 이러한 월배선상지 유적군은 대구지역에서 최상위 취락의 면모를 갖추고 있어(유병록 2019:78-82), 하나의 읍락 단위로 보아도 무리가 없다(그림 11).

이러한 진천동 입석 유적을 중심으로 한 월배선상지 유적군의 모습을 덕천리나 구산동에 투영시켜 보았을 때 한 개 촌락단위가 아닌 여러 촌락의 노동력이 결합되어 창출된 제의공간이라는 점이다.

그리고, 읍락 단위의 대공동체가 주체가 된 제단식 지석묘의 또 하나의 특징을 정리하면 다음과 같다. 즉, 대형이면서 정연한 기단을 두고 기단 내·외부를 구분하는 모습이 뚜렷하다. 배장묘들이 확인된 창원 덕천리나 대구 진천동 제단식 지석묘를 보면, 매장주체부는 모두 기단에 덧대어 석관이나 석곽이 만들어진다. 이는 기단 내부를 신성시한다는 것을 의미하는데, 대구 진천동, 창원 덕천리, 밀양 신안 유적에서 성혈·동심원문 등의 암각화가 확인되는 점에서도 뒷받침된다.

특히, 밀양 신안유적에서 주목되는 것은 지석묘 4기 중 2개소에서 암각화가 확인되고 지석묘 옆에 원형과 방형이 결합된 적석제단시설이 조성된

---

7) 진천동 입석 유적의 축조는 청동기시대 후기에 대규모 경작지가 출현하게 되면서 공동 작업을 수행해야 하는 경우가 증가하면서 공동의 의례시설로 조영되었다는 견해가 있다 (류지환 2010:123).

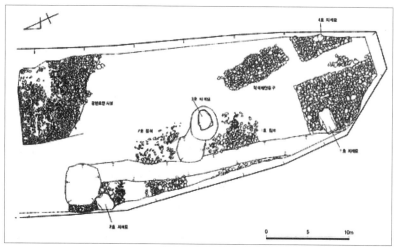

〈그림 12〉 밀양 신안유적 유구 배치도(경남발전연구원 역사문화센터 2007)

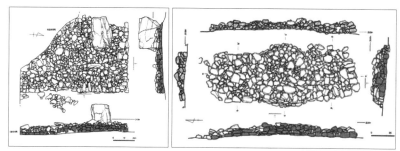

〈그림 13〉 밀양 신안 1호 제단 지석묘(左) 및 신안 적석제단유구(右)
(경남발전연구원 역사문화센터 2007)

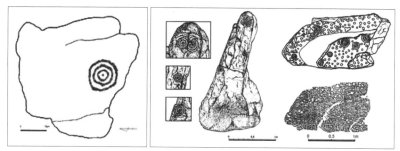

〈그림 14〉 제단 지석묘의 암각화
밀양 신안 4호 지석묘(左), 대구 진천동 입석(中), 함안 도항리 다호 지석묘(右) (김병섭 2009)

점이다(그림 12~14, 김병섭 2009:28-29). 경주 전촌리유적에서도 원형과 방형이 결합된 적석제단시설이 확인되어 유사한 면이 있다.

이처럼, 신안유적의 제단식 지석묘 4기 중 2기(1·4호)에서 암각화가 확인되고(그림 14) 2·3호 지석묘에서도 1·4호에서와 같은 묘역시설이 확인되

유적명		상석(입석) 제원(m)	상석의 특징	입지	기단형태 규모	매장 주체부	시기	비고
대구 진천동		높이 2.1, 너비 1.5, 두께 1.1	부정형 거석, 성혈 6개, 나선형문 4개	30-35m 충적 대지	장방형 20×10m	없음	송국리문화기-원형점토대토기문화기	기단외곽에 5기의 석관/암각화
창원 덕천리 1호		길이 4.6, 폭 3.0, 높이 1.9, 35톤	성혈 10여개	15-20m 구릉 말단부	세장방형 56m 이상×17.5m	석곽 (3단묘광과 3중 개석과 적석, 봉토)	점토대토기문화기(원형-삼각형)	기단외곽에 지석묘 4기, 석관묘 9기, 토광묘 6기
김해 구산동		길이 10, 폭 4.5, 높이 3.5, 350톤	다듬은 흔적이 없는 자연석	11-12m 저지대	극세장방형 85m 이상×19m	상석 가장자리 아래에 목관	삼각형 점토대토기문화기	
경주 전촌리		?	?	8-10m 곡간 평지 (저지대)	1호 원형 직경 5m 2호 세장방형 32×8.7~9m 3호 원형+세장방형 34×4~8m	없음	삼각형 점토대토기문화기	
밀양 신안	1호	길이 3, 폭 1.9, 높이 2, 무게 40톤	직육면체 상석 上石에 음문·인물상의 암각화	충적 대지	장방형(現) 10×6.6m	없음	삼각형 점토대토기문화기	암각화
	4호	길이 1.4, 폭 0.8,	소형의 판석형 상석		장방형(現) 6.9×3.4m			면석에 동심원의 암각화
	적석제단	?	?		월형 1+ 장방형 2 7.9×2.1~3.3m 원형 선축			

〈표 4〉 읍락 단위의 제단식 지석묘 일람표

고 있고, 별도의 적석 제단시설(그림 13)도 인접하고 있어서 신안유적은 일반적인 묘역이 아닌 별도의 제의공간으로 추정된다. 암각화의 존재는 의례의 중심임을 시사한다. 함안 분지에서도 중심부에 자리한 도항리 도동 지석묘군에서 암각화가 출토된 사례가 있는데 의례의 중심으로 1개 읍락의 범위와 관련지어 볼 수 있다(이동희 2018:162-168).

그리고, 신안유적은 밀양강 유역의 여러 지석묘 가운데 가장 상류의 다소 외진 곳에 자리한다. 이러한 입지는 창원 덕천리, 경주 전촌리, 김해 구산동유적과 동일하여, 읍락규모의 제의공간을 외진 공간에 둔 공통점이 있다. 대형의 제단이 집중되고 시기적으로 지석묘 마지막 단계에 해당하는 신안유적은 전촌리·구산동 유적과 같이 의례공간으로 특화된 공간임을 시사한다.

5. 수장묘와 제단 지석묘의 비교

구체적인 지석묘 사례를 통해 단위 공동체 범위 내에서 수장묘와 제단 지석묘를 비교해 보고자 한다.

1) 창원 덕천리와 봉산리 지석묘군의 비교[8]

기존에 덕천리 지석묘(1호, 그림 9)와 같이 대형 묘역식 지석묘는 많은 노동력이 투입되므로 1인을 위한 수장묘로 보아야 한다는 것이 다수의 견해(이상길 1996·2006, 이수홍 2019)이다.

---

8) 창원 덕천리유적과 봉산리유적의 상호비교에 대해서는 필자의 글(이동희 2021)을 주로 인용하였음을 밝혀둔다.

필자는 고 대산만[9]에 있어서 청동기시대 후기의 수장층 무덤과 제사장의 무덤을 구분하여 고찰한 바 있다(이동희 2021:44–54). 덕천리 1호가 최고 수장묘라면 왜 무덤의 규모와 유물이 일치하지 않는가?. 예컨대, 최고 위세품인 (변형)비파형동검이 1호 묘역 외곽의 상석이 없는 석곽묘에서 발견되는지에 대한 해명이 어렵다. 고 대산만에서 최대 군집(8기)이면서 대형 상석이 많은 봉산리 지석묘군과 초대형 묘역식인 덕천리 지석묘군(그림 2·3·9)의 비교를 통해 피장자를 유추해 볼 수 있다.

읍락 규모의 단위 공동체인 고 대산만에서 대형 지석묘군은 다음과 같이 두 유형으로 구분해 볼 수 있다.

① 초대형 지석묘가 누세대적으로 조성된 초기 수장묘 : 봉산리 지석묘군
② 의례의 중심으로서 거대 묘역이 있는 지석묘 : 덕천리 지석묘군(1호)

덕천리 묘역은 전체가 조사되었고 봉산리 지석묘군은 8기의 지석묘 가운데 1기만 조사되어 상호 비교의 제한성은 있다. 봉산리유적은 지석묘의 군집도가 높은데 비해 기존에 발굴된 2호 지석묘에서는 대규모 묘역은 보이지 않는다. 즉, 봉산리유적은 지석묘간의 간격이 10~20m에 불과하여

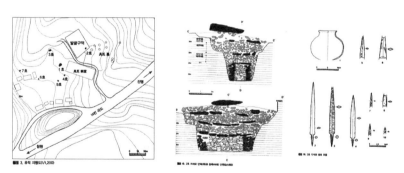

〈그림 15〉 창원 봉산리 지석묘군 배치도 및 2호 지석묘의 위치(左), 봉산리 2호 지석묘 및 출토유물(右) (국립김해박물관 2010)

9) 고 대산만은 현재의 창원 동읍·대산면, 김해 진영읍 일대로, 선사·고대사회에 있어서는 자연지리적으로 고 김해만·마산만과 분리되어 독립적인 단위 공동체 공간이다.

덕천리 1호 지석묘와 같은 길이 60m 이상의 대규모 묘역식 지석묘를 조영할 수 있는 공간적 여지는 없다.

〈표 5〉에서처럼 봉산리 2호에서는 정치적 권위를 상징하는 석검이 출토되었지만, 덕천리 1호에서는 의례와 관련시킬 수 있는 관옥류[10]가 다수 확인되어 차이를 보인다. 2개 지석묘군의 가장 큰 차이점은 봉산리 지석묘군은 누세대적으로 대형의 지석묘가 군집되어 조영된 데 비해, 덕천리유적의 거대 묘역식 지석묘(1호)는 집단의 상징물로서 단발성이라는 점이다.

	덕천리 1호 지석묘	봉산리 2호 지석묘
입지	교통로상에서 벗어나 외진 곳	고 대산만의 중심 구릉 상부
주변 시설	환구 존재 – 소도 추정	고상가옥 밀집 – 물류창고(용잠리)
상석 규모	460×300×190cm	311×300×65cm
다중묘광, 개석	3단 계단식	3단 계단식
기단과 묘역	기단 규모 : 59×18.2m	확인되지 않음
주구(周溝)	有	無
유물	관옥 5, 석촉 22	석검(편) 1, 홍도 1, 석촉 8
특징, 피장자	전체 묘역의 중심이고 가장 먼저 축조됨. 의례를 주관하는 제사장	집단의 수장

〈표 5〉 발굴된 봉산리 2호 지석묘와 덕천리 1호 지석묘의 비교(이동희 2021:45)

길이 60m 정도의 거대 묘역을 갖춘 덕천리 1호 지석묘의 경우, 기존에는 최상위의 수장층으로 보는 견해가 많았다. 하지만, 위세품과 무덤의 규모가 일치하지 않고, 매장주체부가 묘역의 한쪽에 치우쳐 있고, 묘역식 지석묘가 누세대적으로 조성되지 않은 한계점이 보이는 등 의례적인 면이 강

---

10) 목걸이로 사용될 수 있는 옥류가 다수 출토된 무덤은 제의와 관련된 피장자일 가능성이 높다(이양수 2004:52).

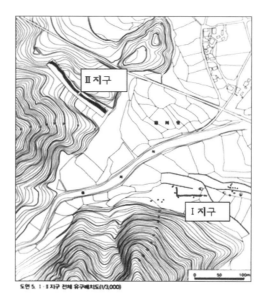

도면 5. I·II지구 전체 유구배치도(1/3,000)

〈그림 16〉 덕천리 I 지구(분묘), II지구(환구) 위치도(경남
대학교박물관 2013)

조되었기에 단순한 수장으로 보기 어렵다. 정작, 수장은 광대한 묘역이 없
이 군집성을 보이며 다단굴광에 상석이 거대한 봉산리·용잠리 지석묘군과
관련지어 볼 수 있다.

즉, 발굴조사가 미진하지만 가장 군집도가 높고 대형의 상석이 다수인
봉산리·용잠리 일대 지석묘군이 누세대적으로 지석묘가 조성된 중심 집단
으로 파악된다(그림 17).[11] 실제로 봉산리·용잠리 일대에 가경지가 가장 넓
고, 용잠리유적에서 물류창고로 볼 수 있는 다수의 고상가옥이 확인되었다
(삼강문화재연구원 2012). 그래서 봉산리·용잠리 일대의 지석묘군을 수장묘
로 볼 수 있고, 덕천리 유적은 고 대산만의 공동체 의례를 주관하는 의례의

---

11) 고 대산만의 지석묘 52기 가운데 군집도가 가장 높은 지석묘군이 봉산리(8기), 용잠리(6
기), 용정리(6기)이며, 길이 5m 이상의 초대형 상석도 봉산리(2기), 용잠리(2기), 용정리
(1기)만 확인된다. 주목되는 것은 3개 유적들은 반경 1km 내에 모여있다는 점이다(그림
17, 이동희 2021:31-34).

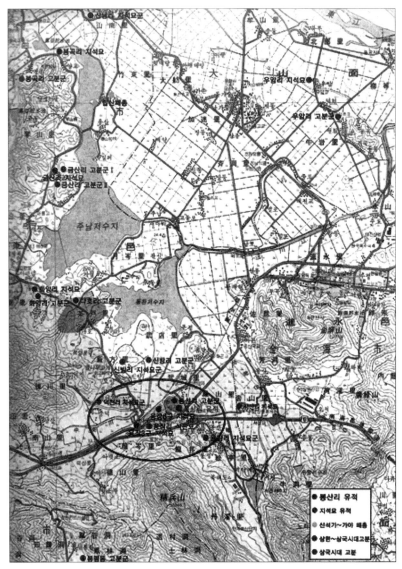

〈그림 17〉고 대산만 일대 지석묘군·고분군 분포도 및 중심지석묘군(◯)(국립김해박물관 2010)

중심지이자 제사장의 무덤 공간으로 파악하고자 한다. 이러한 관점은 덕천리 유적 바로 인근에 환구시설이 확인되어 소도(蘇塗)로 추정된다는 것(이동희 2021)과도 맞물려 있다(그림 16). 봉산리 2호 지석묘에서는 권력을 상징하는 석검이 출토되었지만, 덕천리 1호 지석묘에서는 제사·의례와 관련되는 관옥들이 다수 발견되었다는 점에서도 뒷받침된다.

그리고, 덕천리유적은 주 교통로에서 벗어난 다소 고립된 곳에 입지하며 좁은 산간분지에 해당한다. 또한 덕천리일대에서는 고 대산만의 여타 지석묘군이 대부분 삼국시대 고분군과 동반되는 사례와는 달리, 삼국시대 고분군이 보이지 않는다. 이는 덕천리 지석묘 집단이 삼국시대의 주요 취락으로까지 이어지지 않는 특별한 제의 공간이었음을 의미한다(그림 17).

이러한 점에서, 봉산리·용잠리 일대의 핵심취락은 고 대산만의 여러 집단들을 통괄하는 방편으로 덕천리 일대에 소도를 조성하고 거대한 의례 기념물을 축조했다고 추정된다. 유물상으로 보아도, 봉산리·용잠리유적보다 덕천리유적이 상대적으로 늦어 덕천리유적은 봉산리·용잠리 유적에서 파생되었다고 보여진다. 실제로 덕천리 지석묘유적 및 환호에서는 점토대토기와 두형토기 등이 출토되어 세형동검문화기 이후로 파악된다(그림 18).

| 덕천리 1호 지석묘 외곽 묘역시설 출토 | 덕천리 환호 내 출토 | 덕천리 7호묘 출토유물 |

〈그림 18〉 창원 덕천리 유적 출토 유물(경남대학교박물관 2013, 이동희 2021)

2) 김해 대성동 1호 지석묘와 구산동 지석묘의 비교

대성동유적의 구릉 정상부에 자리한 1호 지석묘와 구산동 지석묘는 큰 시기 차가 없을 것으로 본다. 즉, 대성동유적 1호 지석묘에서는 청동기시대의 일반적인 유물인 적색마연토기, 일단경식석촉과 함께 와질토기 완과 유사한 무문토기 완(이수홍 2019:33-41)이 출토되었다.

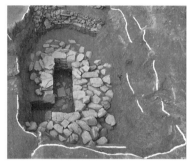 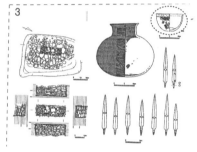

〈그림 19〉 김해 대성동 1호 지석묘(대성동고분박물관 2020) 및 출토유물(이수홍 2019)

적색마연토기와 마제석촉이 출토된다고 일반적인 청동기시대로 편년할 수 없음은 대성동 1호 지석묘(그림 19)와 같은 구릉에서 확인된 대성동 84호 석개목관묘(그림 20)를 통해 알 수 있다. 즉, 84호묘에서는 적색마연토기·일단경식 석검·석촉 외에 포타쉬유리가 출토되었다. 포타쉬유리는 상한을 기원전 1세기, 하한을 기원후 2세기로 볼 수 있다(권오영 2014). 요컨대, 대성동 84호묘는 청동기시대 후기의 송국리형 문화와 초기철기·원삼국시대 문화가 단절적이지 않고 완만한 과도기를 가지고 있음을 상징적으로 보여주는 유적이다(이동희 2019:178). 보수성이 강한 김해지역의 지석묘문화는 기원전 1세기까지도 일부 잔존한 것으로 추정되며, 기원후 1세기대에 대성동 목관묘 집단이 강성해지면서 해체되었을 것이다(박진일

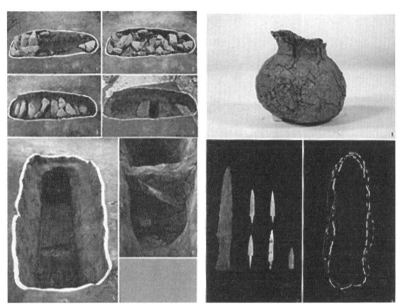

〈그림 20〉 대성동 84호 석개목관묘 및 출토유물(대성동고분박물관 2013)

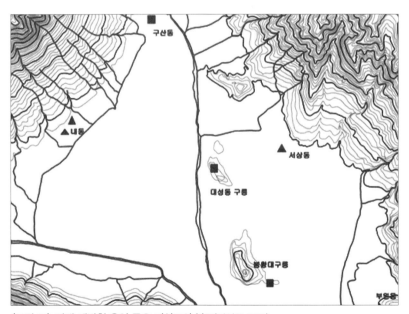

〈그림 21〉 김해 해반천 유역 주요 지석묘의 분포(이성주 2018)

2015:40).

그렇다면 주변 조망이 탁월한 대성동 구릉 정상부의 대성동 1호 지석묘와 그곳에서 멀지 않은 곳에 위치한 구산동 지석묘(그림 21)의 차이점은 무엇인가? 유물조합상으로 보아 구산동 지석묘보다는 대성동 1호 지석묘가 조금 이르다고 본다면, 대성동 1호 지석묘는 철기문화를 가진 목관묘 집단의 유입 직전 단계에 토착 수장의 무덤이라고 볼 수 있다. 이에 비해, 주변에서 잘 보이지 않는 곡간 평지에 자리한 구산동 묘역식 지석묘는 의례공간으로 추정된다. 요컨대, 수장묘로 추정되는 대성동 1호 지석묘는 탁월한 구릉 정상부 입지에 이단 굴광의 대형 매장주체부를 가지고 있는 반면, 상석과 기단 등의 구조물이 먼저 축조된 뒤에 소형 매장주체부가 들어선 구산동 지석묘는 제단식 지석묘로 판단된다.(표 6)

	구산동 지석묘	대성동 1호 지석묘
입지	곡간 평지(저지대)	대성동 구릉 정상 평탄부
상석규모	1,000×450×350cm	300×80(?)×70cm
기단	기단 규모 : 85(現)×19m	無
주구(周溝)	有	無
묘광	190×140×95(깊이)cm	840×440×330(깊이)cm, 2단굴광
매장주체부	목관, 140×60×25(깊이)cm	석축석관, 300×110×110(깊이)cm
유물	옹 1, 두형토기 1	적색마연호 1, 완 1, 석촉 28
피장자	의례를 주관하는 제사장	집단의 수장
비고	송국리형 주거지 상부에 위치	대성동고분군(목곽묘)과 같은 입지

〈표 6〉 김해 구산동 지석묘와 대성동 1호 지석묘의 비교

이상과 같이, 묘역식 지석묘 가운데 수장묘와 제단 지석묘를 구분해 보았는데 정리해 보면 다음과 같다. 입지는 수장묘가 구릉 상부에 자리하여

탁월한데 비해, 제단식 지석묘는 다소 외진곳이거나 저지에 자리하는 경우가 많다. 기단과 박석은 제단식 지석묘에서 뚜렷하고 (초)대형이다. 출토유물은 제단식 지석묘에서는 옥류나 토기류가 보이고, 수장묘에서는 석검, 토기류(적색마연호) 등이 확인된다. 또 하나의 차이점은 제단식 지석묘에서는 대개 주구가 보이고, 수장묘에서는 주구가 보이지 않는다는 점이다. 이는 구릉과 평지(저지)의 입지적 차이점도 있겠지만, 주구를 통해 공간적으로 구분되는 제단식 지석묘의 신성성(神聖性)을 보여주는 것이라 하겠다.

6. 대형 제단식 지석묘의 축조배경

전술한 바와 같이, 영남지방에서 대형 제단식 지석묘는 점토대토기 단계에 창원·김해·밀양·대구·경주 등 영남 동남부지역에 집중하여 출현한다 (김병섭 2009:49).

본고에서 주로 다루는 대형 제단식 지석묘를 세분해 보면 2단계로 구분해 볼 수 있다. 즉, 원형점토대토기단계(Ⅰ기)와 삼각형점토대토기단계(Ⅱ기)로 나누어진다. 영남지방에서 원형점토대토기문화는 세형동검문화와 연결되고, 삼각형점토대토기문화는 철기문화의 유입과 관련된다.

1) 원형점토대토기문화 단계[12]

영남 동남부지역에서 대형 제단 지석묘가 축조되기 시작하는 시기는 세형동검문화(원형점토대토기문화)의 확산 시기와 맞물린다. 대표적인 유적이

---

12) 이 절의 일부는 필자의 글(이동희 2021)에서 인용하였음을 밝혀둔다.

창원 덕천리 유적이다.

이 무렵에 호서·호남지방에서는 세형동검문화를 가진 이주민과 적석목 관묘(그림 10) 관련 문물이 구체적으로 확인된다.[13] 이에 비해, 영남지방에서는 세형동검문화를 가진 이주민의 영향이 미약하여, 토착세력의 묘제에 간접적인 영향을 미칠 뿐이다. 예컨대, 덕천리 지석묘의 매장주체부에서 깊은 굴광과 적석구조가 확인된다(김용성 2015). 이와 같이, 영남지방에 있어서는 세형동검문화의 영향이 상대적으로 늦고 지석묘 문화 속에 세형동검문화(점토대토기문화)가 흡수되는 모습이다. 이를테면, 김해 내동 지석묘에서 세형동검문화기의 유물들이 확인된다.

이재현(2003)은 집단 지향적 족장사회와 개인 지향적 족장사회의 구분에 근거하여 지석묘 축조사회의 특성을 전자로 보고, 세형동검(점토대토기문화) 사회를 후자로 본 바 있다.

즉, "새로운 세형동검문화와 유이민의 유입은 지석묘에서와 같이 무덤의 조성에 대규모의 집단 노동력이 동원되는 의례적 현상이 없어지고 대신에 청동제 위세품의 대량생산과 광범위한 유통, 무덤에서 개인 부장물의 현격한 증가 등 개인의 위신이 강조되는 사회성격으로의 변화라고 할 수 있다"고 주장하였다(이재현 2003:32).

상기한 견해와 같이 세형동검문화의 영향으로 지석묘사회가 쇠퇴한다고 보는 것이 일반적인 관점이다. 이러한 견해는 세형동검문화가 상대적으로 일찍 출현하고 그 문화가 비교적 폭넓게 확인되는 호서·호남 서부권은 가능하다. 즉, 대전 괴정동·화순 대곡리·함평 초포리 등의 적석목관묘 유적에서는 청동제 위세품 등이 다량 발견되어 개인의 위신이 강조되는 사회

---

13) 준왕 남천과 관련된 전승은 오랜 기간의 교류 및 여러 집단의 다양한 이동이 내재된 전승일 가능성이 크다. 실제로 요동—서북한 지역의 고조선·위만조선 물질 문화는 기원전 4–2세기대에 준왕 남천지로 비정되는 익산·완주를 중심으로 한 호남서부지역에 폭넓게 확인된다(전진국 2021:192).

성격을 확인할 수 있다. 하지만, 세형동검문화가 비교적 늦게 나타난 영남지방에는 적용하기 어렵다. 예컨대, 창원 덕천리 등의 유적에서는 묘역식 지석묘가 세형동검문화(점토대토기문화) 영향하에 더욱 더 대형화된다는 것이다. 경남지역의 경우, 세형동검문화 유입시에 관련 이주민이 호남·호서에 비해 미약하여 토착문화에 동화된 것으로 보인다. 그 증거가 호남·호서에서 보이는 이주민의 주된 무덤인 적석목관묘가 영남지방에서는 거의 보이지 않는다는 점이다. 오히려 김해·창원 등 영남 동남부지역의 대규모 묘역식 지석묘에 세형동검(점토대토기) 관련 유물이 부장된다는 것은 기존 지석묘 축조 세력이 주도가 되어 세형동검문화를 수용하였다고 보는 것이 합리적이다. 기원전 4~2세기대에 대규모 이주민이 유입된 것으로 보이는 전북 서북부지역에는 타지역에 비해 지석묘가 적은 편이다. 이는 전북서부권의 경우, 새로운 문화를 가지고 온 다수 이주민이 지석묘를 축조하는 공동체 문화를 쇠퇴시키는 역할을 했다는 것이다. 반면, 영남지방과 같이 이주민의 영향이 미약하다면 다른 방향으로 진행될 것이다. 즉, 토착 공동체 문화를 유지한 채, 새로운 세형동검문화의 일부를 수용하면서 기존 문화를 강화하는 방향이다.

점토대토기(세형동검)문화가 늦게 나타난 영남 동남부지역, 특히 창원·김해 일대는 다른 지역에서 축조가 중단된 기념물적 성격의 지석묘 축조가 늦은 시기까지 지속된다(이성주 2018:91). 즉, 이 지역의 묘역식 지석묘가 극단적으로 확대되며 매장주체부도 대형화되고 지하화경향이 뚜렷하다. 송국리문화 만기로 이미 점토대토기문화와 접하고 있었던 시기이다. 김해 율하리, 창원 덕천리 유적 등이 대표적인 예이다(이상길 2006:74, 이동희 2019:56-57).

이와 같이, 청동기시대 말기와 초기철기시대에 묘역식 지석묘가 대형화하게 된 이유를 살펴볼 필요가 있는데, 이와 관련하여 다음의 견해는 주목된다. 즉, "초기철기시대에 다량의 청동제 위세품과 철기류를 부장한 (적석) 목관묘는 호서·호남 서부권에서 주로 발견되지만, 영남지방에서는 거의 보이지 않는다. 그리고, 대형 묘역식 지석묘와 묘역식 제단은 주로 원형점토대토기가 출토된 유적과 가까운 거리에서 발견된다. 지석묘를 축조했던 집단은 새로운 이질적인 문화요소와 만나게 되는데, 지역 수장들은 개인의 능력과 사적소유를 강조하는 새로운 이데올로기의 수용보다는 종래 사회 구조를 지탱했던 공동체유형을 강화하는 방향을 선택하면서 덕천리 유적과 같은 대규모 제단(묘역식 지석묘)을 축조한 것으로 보인다. 이러한 수장의 권위 강화는 개인적인 권력의 출현과는 그다지 상관이 없었을 것이다. 즉, 대형 묘역식 지석묘의 출현은 차별적 권력을 소유한 지배자의 등장을 의미하는 것이 아니라 개인을 강조하는 새로운 이데올로기의 유입에 대한 기존 질서를 유지하려는 자들의 방어적 기제로 작용했을 가능성이 높다."(박해운 2019:103-121)

이러한 측면에서 보면, 고 대산만에서 종래 거점 취락인 봉산리·용잠리 일대 세력이 원형점토대토기문화(세형동검문화) 유입기에 덕천리에 별도의 제의공간을 만들고 기존 질서를 유지하려는 전략을 택한 것으로 판단할 수 있다.

제단식 지석묘의 축조 배경에 대해 필자와 비슷한 견해가 이미 제시된 바 있다. 즉, "지석묘사회에서 목관묘사회로의 이행과정은 대단히 급격한 사회적 변동을 동반한다. 반영구적인 돌을 이용한 묘제에서 단순히 나무를 이용한 묘제의 변화가 그 중심에 있고, 세형동검이라는 청동기류의 등장은 사회적으로 큰 변화를 불러 일으켰다. 토착 지석묘인들은 정신적으로 큰 문화적 충격에 직면하여, 집단 구성원들을 보다 적극적으로 포용할 수 있는 구심점이 필요했을 것이다. 이러한 과정에서 집단내 거족적인 행사의 일환으로 제단식 지석묘와 같은 상징적인 기념물이 필요했을 것이다."(김광

명·서길한 2009:26)

김병섭도 유사한 견해를 제시한 바 있다. 즉, "기존 청동기시대사회의 지석묘 축조와는 다른 특대형의 외주(外周)형 묘역식 지석묘의 출현이나 제단으로 성격 변화된 지석묘의 출현은 초기철기시대로의 사회변동 속에서 살펴볼 수 있다. 제단식 지석묘는 초기국가로의 전환과정에서 사회적 갈등을 승화시키기 위해 신앙과 관련된 의례행위의 상징물이었던 것으로 보인다." (김병섭 2007:92)

요컨대, 영남지방에서 점토대토기(세형동검)문화 유입기부터 제단식 지석묘가 (초)대형화되고 그 역할이 강화되면서 제단을 관할하는 제사장의 권위가 상승한 것으로 볼 수 있다. 즉, 영남지방에서 대형 제단식 지석묘의 출현은 서남부지방으로부터 신문물이 유입되면서 기존 전통 체제를 유지하기 위해 제의를 중시한 토착세력의 산물로 볼 수 있다.

2) 삼각형점토대토기문화 단계

전술한 바와 같이, 김해 구산동, 경주 전촌리, 밀양 신안 유적의 공통점은 삼각구연점토대토기단계이면서, 원형점토대토기단계보다 제단 지석묘의 규모가 더 크거나(구산동) 군집되어 있다는(전촌리·신안) 것이다. 이처럼, 철기문화가 유입되는 삼각구연점토대토기단계에 제단식 지석묘의 규모가 더욱 더 대형화되거나 군집되면서 의례가 중시되는 이유는 무엇일까? 제단 지석묘 중에서도 최말기의 시대 배경을 살펴볼 필요가 있다.

삼각구연점토대토기 단계의 대형 제단식 지석묘가 확인되는 지역은 영남 동남부지역으로 초기 목관묘가 확인되는 지역이다. 이와 관련하여 문헌사와 고고자료를 통해 당시 시대 배경을 살펴볼 필요가 있다.

(1) 기원전 2~1세기대 영남지역의 이주민 관련 기사와 고고자료

기원전 2~1세기대에 영남지역으로의 이주세력과 관련하여 대표적인 기사를 정리하면 다음과 같다.

> ① 처음 右渠가 패하기 전에 朝鮮 相 歷谿卿이 右渠에게 간언하였는데 받아들여지지 않자 東쪽의 辰國으로 갔다. 이때 함께 따른 百姓이 2천여 호였다.[14] (『三國志』卷30, 魏書 烏丸鮮卑東夷傳 第30, 韓)
>
> ② (辰韓의) 老人들이 대대로 말하기를, "우리들은 옛날의 亡命人으로 秦의 苦役을 피해 韓國으로 왔는데, 馬韓이 東쪽의 땅을 떼어 주었다"라고 하였다.[15] (『三國志』卷30, 魏書 烏丸鮮卑東夷傳 第30, 韓)

사료①은 위만조선 멸망(기원전 108년) 직전에 漢과의 오랜 시간 지속되는 위기와 혼란 속에서, 많은 주민이 안정적인 삶의 터전을 찾아 동남쪽의 변방으로 이동하는 정황으로 볼 수 있다(전진국 2021:186).

사료②는 辰韓이 이주한 사람들에 의해 형성되었음을 의미한다. 燕·齊의 유민이 秦의 멸망과 漢·楚 전쟁으로 이어지는 혼란기에 古朝鮮으로 옮겨오는 정황은 『史記』·『漢書』 조선전에 전한다. 그들은 고조선 변방으로 이동한 뒤 위만조선의 지배층이 되었지만 얼마 지나지 않아 漢의 침공을 받는다. 그들은 위만조선이 멸망하는 시기 고조선 토착민과 함께 다시 한반도 중남부지역으로 옮겨간 것으로 추정된다. 위만조선의 유민이 한반도 중남부 지역으로 내려와 정착하는 모습은 『삼국사기』에 수록된 박혁거세 설화의 '조선 유민'으로도 나타난다. 위만조선 유민이 진한 지역으로 이동

---

14) 『三國志』卷30, 魏書 烏丸鮮卑東夷傳 第30, 韓, "魏略曰, 初右渠未破時 朝鮮相歷谿卿以諫右渠 不用 東之辰國 時民隨出居者二千餘戶"

15) 『三國志』卷30, 魏書 烏丸鮮卑東夷傳 第30, 韓, "其耆老老傳世自言, 古之亡人避秦役 來適韓國 馬韓割其東界地與之"

하였다고 전하는 중국 사료와 서기전 2~1세기 경주 등 영남 동남부지역의 목관묘 및 관련 유물로 뒷받침된다(전진국 2021:186-190).

삼각구연점토대토기문화와 관련되는 기원전 2-1세기대의 영남지역의 대표적인 목관묘유적은 대구 월성동·팔달동·학정동·신서동, 경산 임당동·양지리, 영천 용전리, 경주 북토리·조양동·죽동리·입실리·구정동, 울산 교동리·장현동, 기장 가동·방곡리, 부산 온천동·노포동, 김해 양동리·망덕리·시례리, 창원 다호리, 밀양 교동·제대리·전사포리 유적 등으로 영남 동남부지방에 치우쳐 있다. 이는 전기 와질토기문화권과 거의 동일하며, 또한 대형 제단식 지석묘 분포권과도 연결된다(김병섭 2009:49).

이러한 이른 단계의 목관묘 유적은 중국계·고조선계 이주민의 무덤으로 보아도 무리가 없다. 유물로 보아도 이러한 추정은 입증된다. 즉, 위만조선에서 변진한으로 전달된 청동기는 기장 가동 1호묘·경주 입실리 출토 철검·청동검파, 울산 교동리 1호 목관묘 출토 검파두식, 개궁모, 유문동과 등을 들 수 있다. 개궁모는 중원에서 제작되어 서북지역을 거쳐 유입된 것으로 동시기 마한에서는 확인되지 않는다. 분묘로 위만조선과 변진한의 관계를 보여주는 가장 중요한 무덤은 울산 교동리 1호 목관묘이다. 이는 위만조선에서 유입된 검파두식, 개궁모 등이 출토되었고 기원전 2세기대로 편년되기 때문이다. 또한 교동리 1호 목관묘에서는 전형적인 삼각형 점토대옹과 소호가 출토되어 주목된다. 소호는 대구 월성동 1-7호 출토품과 유사하다(이양수 2018:352-358).

영남 동남부지방을 중심으로 단조철기를 대거 수용하는 모습도 보인다. 즉, 서북한지역으로부터의 철제품의 수용에 그치지 않고 실제로 기술을 보유한 기술자가 이주한 사실이 확인된다. 예컨대, 대구 진천천유역의 월성동 목관묘 유적이다. 월성동 목관묘(19기)의 다수에서 철제 단검이 부장되고 있는데 기원전 2-1세기에 해당하며 서북한 계통

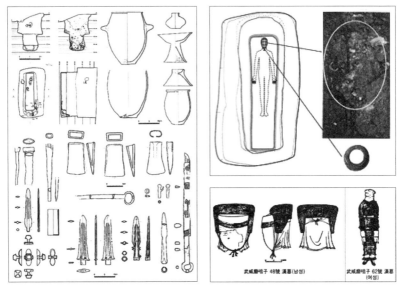

〈그림 22〉 울산 교동리 1호 목관묘와 출토유물(左), 교동리 1호 포대 복안 모식도(右上),
중국 漢墓 출토 포대 복안 모식도(右下) (오광섭·정현석 2015)

이다. 비슷한 시기의 대구 팔달동 목관묘군에서는 동검에 딸린 칼집의 부
속금구가 서북한지역의 전형적인 형식에 속하여 서북한에서 전래된 것이
확실하다(이청규 2015:335-336).

　그리고, 영남지방 목관묘의 두드러진 특징은 평면 크기에 비해 매우 깊
은 묘광을 굴착하였다는 점이다. 깊은 묘광을 팠다는 것은 중국의 사후관
에서 기인한다.[16] 영남지방에서 중국의 영향을 받아 깊은 굴광을 한 목관
묘는 영천 용전리 목관묘와 창원 다호리 1호묘를 들 수 있다. 용전리 목관

---

16) 중국에서는 전통적으로 영혼불사(靈魂不死)의 관념이 있다. 사람이 죽은 후 정혼(精魂)
　과 체백(體魄)이 분리되어 정혼은 천상 세계로 올라간다. 대지로 회귀하는 체백은 천계
　로 올라가지 못하고 떠도는 귀혼(鬼魂)에 의해 교란되지 않고 돌아가 쉬는 가장 이상적
　인 장소가 깊은 무덤이라고 보았다. 주검이 귀혼에 의해 교란되지 않기 위해서는 아주
　깊이 묻는 심매(深埋)이어야 한다고 여겼다. 이러한 관념에서 중국의 목관묘·목곽묘가
　매우 깊은 묘광에 설치된 것이다(김용성 2015:54).

묘는 묘광 길이 325cm, 깊이 275cm이고, 다호리 1호 목관묘는 묘광 길이 278cm, 깊이 205cm이다. 기원전 1세기 후반대 이후에 심매(深埋)의 원리가 퇴색되고 묘광의 넓이가 넓어지면서 깊이가 얕아진다. 이는 처음 유입된 중국식의 목관묘가 점차 토착화되면서 변화됨을 의미한다(김용성 2015:54-56).

한편, 울산 교동리 1호 목관묘(울산문화재연구원 2013)에서는 중국계의 포대복안(布袋覆顔)이 확인되었다. 동반된 소환두도, 세형동검(초현기), 원통형동기 등은 1호묘의 피장자가 중국계 또는 고조선과 관련지어 볼 수 있고 기원전 2세기 중엽까지 올려 볼 수 있다(오광섭·정현석 2015). 또한, 묘광 길이 315cm, 깊이 240cm인 교동리 1호 목관묘에서도 중국계 목관묘의 심매(深埋) 풍습이 강하게 보인다(그림 22).

상기한 양상들을 보면, 영남 동남부지역의 기원전 2~1세기대 초기 목관묘는 중국과 고조선의 영향을 강하게 받았기에 그 피장자의 상당수는 이주민으로 보아도 될 것이다.

(2) 제단식 지석묘의 축조 배경

전술한 바와 같이, 기원전 2~1세기대에 중국계 혹은 고조선계 이주민의 신문물이 고고자료로 확인되는 지역은 지금의 영남 동남부지역이다. 공교롭게도 영남동남부지역의 경주·김해·밀양 등지에서는 삼각구연점토대토기단계에 마지막 제단식 지석묘가 대형화되거나 군집화가 보인다. 이에 대한 해석이 필요하다. 이 단계의 대표적인 유적인 경주 전촌리와 김해 구산동 지석묘를 중심으로 살펴보기로 한다.

① 경주 전촌리 지석묘

경주는 중국계·고조선계 이주민의 목관묘가 많으면서 삼각구연점토대토기 단계의 제단식 지석묘가 마지막으로 성행한 지역이다.

경주지역의 목관묘는 기원전 2세기에 등장하는데, 이른 단계의 목관묘는 전촌리유적의 제단식 지석묘와 공존한다. 경주 하구리·복토리·문산리유적 등 초기 단계 목관묘에서는 삼각구연점토대토기, 두형토기, 흑도장경호 등이 출토된다. 경주지역에서 토착의 검단리문화가 해체되는 과정에서 유독 제단식 지석묘는 그 명맥을 유지하고 있다. 이에 대해 이수홍은 "경주에 들어온 초기 이주민들이 지역사회에 안정적으로 정착하기 위하여 재지민의 무덤을 의례용 제단으로 이용한 것이다. 이러한 관점에서 경주지역에 유독 제단식 지석묘가 많은 이유에 대한 해답이 될 수 있다."고 주장하였다 (이수홍 2020:122-127).

그런데, 보수적인 묘제를 이주민이 쉽게 수용한 것도 이해하기 어렵거니와, 이주민에 비해 절대 다수를 점하는 토착인들의 분묘 문화가 갑자기 사라지게 되는 불합리성이 도출된다. 상기한 관점이라면, 김해 구산동 제단식 지석묘도 이주민이 조영한 것으로 보아야 하는 문제가 발생한다. 오히려 역으로 보아야 한다.

② 김해 구산동 지석묘

전술한 바와 같이, 구산동 지석묘의 특징은 상석·묘역의 크기에 비해 매장주체부가 너무 소형이고, 매장주체부의 축조시기에 대한 논란이 있다. 이는 구산동지석묘의 매장주체부가 중심이 아니고 상석과 묘역이 더 큰 의미를 가지고 있음을 시사한다. 더구나, 상석을 이동한 것이 아닌 현지 것을 그대로 사용하고 유물도 빈약하다는 점에서 축조세력은 기원전 1세기경 목관묘문화의 유입속에서 약화된 토착세력의 마지막 거석기념물의 조영 양상을 보여주는 것으로 파악된다. 토기는 삼각구연점토대토기 양식 중에서도 변형품이어서 비교적 늦은 단계이다.

이 시기는 청동기문화에서 철기문화로 이행하는 격변기이다. 김해지역에서 기원전 1세기대는 목관묘와 철기문화가 확산되면서 집단지향적 사회구조에서 개인지향적 사회구조로의 전환과정임은 틀림없다. 이러한 과도기에 조영된 거대 기념물인 구산동 지석묘는 당시 시대 상황을 웅변하는 표상으로서 제단 지석묘로 볼 수 있다.

이 초대형 묘역식 지석묘에서는 전 시기인 원형점토대토기단계의 진천동·덕천리 유적과 달리 기단 외곽에 배장묘가 보이지 않는다. 이는 구산동 지석묘가 축조되는 무렵에 바로 철기문화를 가진 이주민계 목관묘 축조세력 중심으로 개인지향의 사회구조로의 전환이 급속히 이루어졌기 때문일 것이다. 이는 전통적인 거석문화의 조영과 관리가 어려운 시대 상황이었음을 시사한다. 아울러, 지석묘 축조 마지막 단계의 제의 공간은 곡간평지나 저지대에 해당하여 외부에서 잘 보이지 않는 다소 은폐된 곳이라는 점이다. 이 또한, 이주민세력의 직접적인 영향하에서 쇠퇴하고 있던 토착 지석묘 세력의 실상을 보여주는 것이라고 하겠다.

요컨대, 원형점토대토기단계의 창원 덕천리 1호 제단식 지석묘 뿐만 아니라, 매장주체부가 없는 삼각구연점토대토기단계의 경주 전촌리 묘역식 제단 등의 존재는 공동체 유지를 위해 의례를 중시한 것이지 개인 수장의 권력을 보여주는 상징물로 보기는 어렵다. 따라서, 거대 묘역식 제단이 있는 김해 구산동 지석묘를 일반적인 首長의 무덤으로 보기는 어렵다.

IV. 맺음말

김해 구산동 지석묘는 우리나라에서 지금까지 조사된 최대형의 상석(上

石)과 묘역(墓域)을 갖춘 특별한 존재이다. 지석묘 축조 마지막 단계에 이렇게 큰 상석과 묘역을 만들면서도 매장주체부와 유물은 매우 빈약하다. 구산동 지석묘를 토착 수장묘로 보는 견해가 있지만, 외형적인 규모와 매장주체부·유물이 일치하지 않는다는 점에서 제단식 지석묘로 보인다. 더구나, 매장주체부의 조성 시기에 대한 논란이 있다. 이러한 점에서, 구산동 지석묘는 청동기시대에서 철기시대로의 전환기의 사회상을 보여주는 유적이라고 볼 수 있다.

영남지방에서 대형 제단식 지석묘가 가장 활발하게 축조되는 시기는 점토대토기(세형동검)문화 단계이며, 창원·김해·경주 등 동남부권에 집중한다. 즉, 세형동검문화가 한반도 서남부지방보다 늦게 나타난 영남 동남부지역 일대는 기념물적 성격의 지석묘 축조가 늦은 시기까지 지속된다. 이렇듯 거대 종교적 기념물을 만든 시점은 세형동검문화 유입시기 이후이다. 이 시기에 지석묘를 축조했던 집단은 새로운 이질적인 문화 요소(세형동검문화 및 철기문화)와 만나게 되는데, 토착 우두머리들은 개인의 능력과 사적 소유를 강조하는 새로운 이데올로기를 수용하기보다는 종래 사회구조를 지탱했던 공동체 유형을 강화하는 방향을 선택하면서 제단 기능을 갖는 대규모 묘역식 지석묘를 축조한 것으로 보인다.

원형점토대토기 단계의 창원 덕천리 1호 지석묘 뿐만 아니라, 삼각구연점토대토기 단계의 경주 전촌리 묘역식 제단 등의 존재는 공동체 유지를 위해 의례를 중시한 것이지 개인 수장의 권력을 보여주는 상징물로 보기는 어렵다. 따라서, 거대 묘역식 제단이 있는 김해 구산동 지석묘를 수장(首長)의 무덤으로 추정하기보다는 제단식 지석묘로 파악해야 할 것이다.

참고문헌

경남고고학연구소, 2010, 『김해 구산동유적 IX』

경남대학교박물관, 2013, 『덕천리』

경남발전연구원 역사문화센터, 2007, 『밀양 신안 선사유적』

경북대학교박물관, 2000, 『진천동 선사유적』

경상북도문화재연구원, 2015, 『경주 전촌리 유적』

국립김해박물관, 2010, 『창원 봉산리유적』

권오영 2014, 「고대 한반도에 들어온 유리의 고고·역사학적 배경」, 『한국상고사학
　　　보』 85.

김광명 2015, 「대구지역 청동기시대 거석기념물과 무덤」, 『영남문화재연구』 28.

김광명·서길한 2009, 「영남지역의 제단식 지석묘 연구」, 『과기고고연구』 15호, 아주
　　　대학교박물관.

김권구 2011, 「무덤을 통해 본 청동기시대 사회구조의 변천」, 『무덤을 통해 본 청동
　　　기시대 사회와 문화』, 제5회 한국청동기학회 학술대회.

김병섭 2009, 「밀양지역 묘역식 지석묘에 대한 일고찰」, 『경남연구』 창간호, 경남발
　　　전연구원 역사문화센터.

김병섭, 2015, 「고찰」, 『밀양 살내유적 II』 경남발전연구원 역사문화센터.

김선기 2003, 「전북지방 지석묘의 현황과 고창 지석묘의 특징」, 『지석묘 조사의 새
　　　로운 성과』, 제30회 한국상고사학회 학술대회.

김용성 2015, 『신라 고분고고학의 탐색』, 진인진.

대성동고분박물관, 2013, 『김해 대성동고분군 -73～84호분-』

대성동고분박물관, 2020, 『김해 대성동고분군 -92～94호분, 지석묘-』

동아세아문화재연구원, 2007, 『진주 이곡리 I』

류지환, 2010, 「대구 진천천일대 청동기시대 취락 연구」, 경북대학교 대학원 석사학

위논문.

박진일 2015, 「구야국 성립기의 토기문화」, 『구야국과 고대 동아시아』(제21회 가야사 국제학술회의), 주류성.

박해운 2019, 「청동기사회에서 철기사회로의 진행과정—집단지향적인 사회구조에서 개인지향적인 사회구조로의 변화과정과 이데올로기의 전환—」, 『사림』 69, 수선사학회.

배진성, 2008, 「함안식 적색마연호의 분석」, 『한국민족문화』 32, 부산대학교 한국민 족문화연구소.

산티아고 우세타 카스티요, 2009, 「태양의 신전과 달의 신전 고대 유적」, 『태양의 아 들, 잉카』, 국립중앙박물관.

삼강문화재연구원, 2012, 『창원 용잠리 송국리문화유적』.

삼강문화재연구원, 2021, 「김해 구산동 지석묘 매장문화재 발굴조사 학술자문회의 자료」.

삼한문화재연구원, 2020, 『영천 반정리 부흥·영천 고지리 팔암·경주 도계리 지석 묘군 II 외 16개소 유적』.

안재호, 2020, 「경주의 청동기시대 문화와 사회」, 『경주의 청동기시대 사람과 문화, 삶과 죽음』, 국립경주문화재연구소·한국청동기학회.

오광섭·정현석, 2015, 「울산 교동리유적 1호 목관묘 출토 복안과 청동제유물의 재검 토」, 『야외고고학』 제22호, 한국매장문화재협회.

우리문화재연구원, 2011, 『산청 매촌리유적』.

울산문화재연구원, 2013, 『울산 교동리유적』.

유병록, 2019, 「영남지역 송국리문화 연구」, 부산대학교 대학원 박사학위논문.

윤호필, 2009, 「청동기시대 묘역지석묘에 관한 연구」, 『경남연구』 창간호, 경남발전 연구원 역사문화센터.

이동희, 2018, 「고고학을 통해 본 안라국의 형성과정과 영역 변화」, 『안라(아라가야)

　　의 위상과 국제관계」, 학연문화사.

이동희, 2019, 「고 김해만 정치체의 형성과정과 수장층의 출현」, 『영남고고학』 85.

이동희, 2021, 「고 대산만 지석묘 사회와 다호리 집단」, 『호남고고학보』 67.

이상길, 1996, 「청동기시대 무덤에 대한 일시각」, 『석오윤용진교수정년퇴임기념논총』.

이상길, 2003, 「경남의 지석묘」, 『지석묘 조사의 새로운 성과』, 제30회 한국상고사학
　　회 학술발표회.

이상길, 2006, 「구획묘와 그 사회」, 『금강: 송국리형문화의 형성과 발전』, 호남·호서
　　고고학회 합동 학술대회 발표요지.

이성주, 2018, 「국읍으로서의 봉황동유적」, 『김해 봉황동유적과 고대 동아시아』, 제
　　24회 가야사국제학술회의, 김해시·인제대학교 가야문화연구소.

이수홍, 2019, 「영남지방 무덤자료로 통해 본 계층화와 수장의 등장」, 『영남지역 수
　　장층의 출현과 전개』, 제28회 영남고고학회 정기학술발표회.

이수홍, 2020, 「경주지역 지석묘사회의 종말」, 『경주의 청동기시대 사람과 문화, 삶
　　과 죽음』, 국립경주문화재연구소·한국청동기학회.

이양수, 2004, 「다뉴세문경으로 본 한국과 일본」, 『영남고고학』 35.

이양수, 2018, 「변진한 지역에 영향을 준 위만조선의 문화」, 『한국학논총』 50, 국민대
　　학교 한국학연구소.

이융조·하문식 1989, 「한국 고인돌의 다른 유형에 관한 연구」, 『동방학지』 63.

이재현, 2003, 『변·진한사회의 고고학적 연구』, 부산대학교 대학원 박사학위논문.

이종철, 2015, 『송국리형문화의 취락체제와 발전』, 전북대학교대학원 박사학위논문.

이종철, 2016, 『청동기시대 송국리형문화의 전개와 취락 체계』, 진인진.

이청규, 2015, 「청동기~원삼국시대 사회적 변천」, 『금호강유역 초기사회의 형성』,
　　학연문화사.

장순자·천선행 2011, 「산청 매촌리유적 유구 및 출토유물에 대하여」, 『산청 매촌리
　　유적』, 우리문화재연구원.

전진국, 2021, 「위만조선 시기 조선 유민의 남하」, 『고조선단군학』 45호.

조진선, 2005, 『세형동검문화의 연구』, 학연문화사.

조진선, 2022, 「해남반도권 지석묘의 등장과 확산과정」, 『호남고고학보』 71.

중원문화재연구원, 2017, 『충주 종합스포츠타운 조성부지 내 충주 호암동유적』.

하문식, 1997, 「동북아세아 고인돌문화의 연구 - 중국 동북지방과 서북한지역을 중심으로」, 숭실대학교 대학원 박사학위논문.

賈鍾壽, 2016, 「東インドネシア·フローレス島の巨石遺構」, 『環太平洋文化』 第30号, 環太平洋学会.

許玉林, 1994, 『遼東半島 石棚』.

이동희, 「제단식 지석묘로 본 김해 구산동 유적」에 대한 토론문

김 권 구 (계명대학교)

─ 구산동지석묘의 피장자에 대한 서로 다른 견해가 있다. 이동희 선생은 김해 구산동지석묘를 제단식지석묘로 보고 수장의 무덤으로 추정하기보다는 공동체 유지를 위해 의례를 중시한 것이지 개인 수장의 권력의 상징물로 보기 어렵다고 말하고 있다(이동희 2019:171~172, 2022:263). 이에 대해 초기철기시대 1인을 위한 거대 지석묘로서 구산동 지석묘를 보고 그 피장자를 족장(이수홍 2020:45, 51)으로 보고 있다. 이번 발표에서도 이수홍 선생님은 '구산동유적 A2-1호 지석묘가 초기철기시시대 재지민이 축조한 최후의 지배자 무덤'으로 보고 있다. 구산동 지석묘의 피장자가 족장, 수장, 혹은 지배자의 무덤이 아니고 공동의례장소로서의 제단식지석묘로 보고 그 피장자도 족장, 수장, 지배자가 아니라는 견해에 대해서 이수홍 선생님의 견해를 말씀해 주시기 바란다. 이동희 선생은 지석묘 등의 지상거석 기념물이 무덤으로서의 기능, 의례장소로서의 기능, 기억저장장치로서의 기능, 집단의 지역에 대한 배타적 점유를 표시하는 기능 등 다양한 기능과 의미 그리고 상징을 가진 동태적 상징성을 가진 기념물로 보아야지 너무 공동체 의례의 한 측면에만 몰입한 느낌이 있는데 이에 대해 견해를 말씀해 주시고 이수홍 선생님의 견해에 코멘트 부탁드린다.

─ 대구-경주 일원에서 서기전 2세기말-서기전 1세기 전반대에 해당하는 이른 단계의 목관묘는 한사군 설치 후의 고조선 유이민과 관련지어 볼

수 있고 김해지역의 목관묘 피장자도 동일한 맥락에서 볼 수 있다고 한 견해(이동희 2019:176)의 연장선 상에서 고 대산만지역의 목관묘 피장자인 다호리 1호묘의 피장자도 유이민이라고 생각하고 있는 것으로 보이는데(이동희 2021:62) 다호리 1호 출토 칠기가 흑칠목심칠기 중심이며 한칠기와는 달리 무문양과 한문화 특징요소인 이배(耳杯)가 없고(이제현 2022:140)[17] 붓도 한나라 붓은 한쪽에만 붓필이 달려 있는데 비하여 다호리 붓은 양쪽에 달려있으며 통나무 목관도 화순 대곡리 적석목관묘 등에서도 확인되는 양상이며 오수전 등의 화폐는 교역의 신분증으로 사용될 수도 있는 점(李健茂 2020:38)[18] 등을 고려할 때 피장자는 유이민이라기보다는 한(韓)문화 전통을 기반으로 한(漢)문화를 주체적으로 수용한 지역화된 교역에 종사하던 소국의 수장과 같은 인물 즉 국가형성여명기에 전략적으로 선진물질문화와 이데올로기를 채택하며 활발한 움직임을 보이는 유력자는 아니었을까요? 즉 지석묘 하부구조 석관바닥에 징검다리처럼 놓인 관대 받침석 역할을 하는 관대 받침이 다수 보이는 점은 목관이 지석묘 축조인들에게도 수용되었음을 암시하고 다호리 1호보다 빠른 화순 대곡리 적석목관묘에서도 통나무편이 사용되어 한국식동검단계에도 목관이 있었으며 통나무목관은 낙랑지역에서도 아직 확인되지 않은 점을 종합적으로 고려할 때 토착유력

---

17) 창원 다호리 출토 칠기와 경산 양지리 1호분 출토 칠기의 경우 자귀와 같은 농공구류에도 옻칠을 한 유일한 사례인데 무기류에도 하기 어려웠던 옻칠을 농공구류까지 했던 것은 당시 다호리 집단과 양지리집단이 옻칠을 풍부하게 사용할 수 있었음을 보여준다(이제현 2022:145, 이제현 외 2019:180-181).

18) 특히 『漢書』王莽傳의 「吏民出入 持布錢以副符傳, 不持者廚傳勿舍, 關津苛留, 公卿皆持, 入宮殿門, 欲以重而行之」라는 기사(記事)가 보여주듯이 포전(布錢)과 같은 동전(銅錢)의 소유가 사람들의 출입시 통행증으로 사용되었음을 보여주며 이 통행증을 소유하는 자는 숙식처와 역사(驛舍)에 들어갈 때 또 수륙교통에서 꼭 통과해야 하는 중요요지에 있는 관문이나 선착장에서 심문하여 구류(拘留)하는 것과 같은 내용은 늑도나 하루노쯔지(原の辻)와 같은 교역의 주요 중계지와 관련하여 시사하는 바가 크다(李健茂 2020:38).

자가 지석묘단계부터 이미 유입되어 알고 있으면서 수용된 목관묘의 전통 속에서 낙랑 등 한계(漢系) 분묘문화 등의 자극도 받아 전통적 통나무 목관 문화요소와 한계(漢系) 분묘 문화요소(요갱, 돌로 충전하는 것에서 흙으로 충전한 것, 대나무 가구—죽협— 속에 물건을 넣은 것 등)를 결합하여(이건무 선생과의 개인적 대화 2023) 권력강화를 위한 사회문화적 전략으로 채택하여 창조적으로 만들어낸 무덤이 바로 다호리 1호라는 점에서 그 피장자를 유이민과 토착인 이분법적 틀로만 볼 수 없는 것은 아닌지요? 실제 부장품에 비하여 다호리 1호분의 무덤 규모는 그리 크지는 않다. 다호리 1호의 피장자를 유이민인가 아니면 토착인인가를 논의하는데 다호리 1호보다 빠른 (삼각형점토대토기, 흑도장경호, 철기 등이 나오는) 목관묘가 다호리고분군에 있다고 한다면(예: 다호리16호, 41호, 18호, 23호, 73호, 28호, 34호, 12호, 40호, 58호 등)(이양수 2019:111—112, 123) 삼각형점토대토기인에 의한 한계(漢系)문화요소 채택이라는 또 다른 생각을 해볼 수도 있다고 생각하는데 이에 대해 이동희 선생님의 답변 부탁드린다.[19] 진한지역에서는 소국형성과정에 이주민의 역할이 크고 변한지역에서는 이주민의 역할도 있지만 지석묘축조집단(토착민)의 역할도 경주지역보다 상대적으로 컸다는 견해에 대해 답변 바란다. 김해지역의 경우 고 김해만 지역과 다호리유적을 포함한 고 대산만 지역에서 지석묘 전통의 잔존양상이 어떻게 달랐다고 생각하시는지요? 다호리 1

---

19) '낙랑칠기는 원삼국시대에 큰 영향을 주지 못하다가 삼국시대부터 강하게 영향을 주는 양상임으로 영남지역 목관묘 단계의 옻칠 문화역시 낙랑군 설치 이후, 급증한 것이 아닌 낙랑군 설치 이전 고조선 옻칠 문화가 한반도 남부로 파급되면서 확산되었다고 할 수 있다고 보면서 적석목관묘 단계에 요령지역에서 해로를 거쳐 한반도 중서부로 파급되었던 것을 한반도 옻칠문화의 1차파급이라고 볼 수 있어서 적어도 옻칠문화 속에서 이러한 두 차례의 파급이 검초제작방식차이에서 확인된다는 주장'(이제현 2022:141)은 주목되며 이러한 양상을 고려할 때 유이민도 여러 차례 걸쳐 발생함으로 위만조선의 건국과 관련된 고조선 유이민의 남하, 위만조선 멸망후 한사군설치에 따른 위만조선 유이민 남하 등과 관련하여 좀 더 세부적으로 말하는 것이 필요하다고 생각된다.

호목관묘의 피장자가 유이민인지 토착인지의 문제와도 관련시키며 이동희 선생님의 답변 부탁드린다.[20]

---

20) 서기 1세기 중엽으로 편년되는 경주 탑동1호묘의 경우 외래계 청동기가 중심이 된다면 사라리 130호분은 재지계의 철기가 중심이 된다며 다양한 성격을 가진 세력의 연합체로 사로국이 구성되었다는 설명가능하다. 사라리 130호분 피장자는 판상철부를 만드는 집단의 우두머리 무덤으로서 청동기시대이래 정착한 재지민이라고 한다면 탑동 1호묘의 피장자는 위만조선 몰락이후 진한으로 남하하여 자리잡은 이주민적 성격이 강한 집단의 우두머리로 판상철부를 국외로 수출하는 교역집단의 우두머리인 것으로 본 연구가 있다(이양수 2022:56, 79). 이렇듯 유이민과 토착민의 비중과 역할은 아마도 소국(小國)별로 시기별로 다양했을 가능성이 크다.

이동희, 「제단식 지석묘로 본 김해 구산동 유적」에 대한 토론문

오 강 원 (한국학중앙연구원)

- 구산동 A2-1호 묘역식지석묘의 상석, 제단식 지석묘, 최후 제사장의 무덤

발표자는 구산동 A2-1호 묘역식지석묘를 경운산에서 자연 낙반된 거대 바위를 조금 이동한 뒤 묘역을 조성하여 제단식지석묘로 활용하다 고김해만 최후의 지석묘 제사장이 무덤을 조성하게 됨으로써 현재와 같은 물질 현상이 발현된 것으로 해석하였다.

상석은 지석묘를 상징하는 핵심적인 표상물이다. 이러한 점을 고려할 때, 자연 낙반된(사멸된) 암석을 고김해만 여러 집단을 대표하는 제단의 표상으로 사용하는 것이 무언가 부자연스럽다는 생각이 든다. 막대한 노동력과 경비가 소요된다 할지라도 암봉에서 (살아있는) 암반을 떼어내어 복수집단의 표상물로 삼았을 가능성은 없는지 질의드린다.

구산동 지석묘가 제단으로 사용되다 어느 시점 지석묘집단 최후의 제사장이 자신의 무덤을 상석 아래에 조성한 것으로 보았다. 구산동 A2-1호가 지석묘사회의 종말기 지석묘로서 제단식 지석묘의 상징성이 형해화된 시점의 것이라 할지라도, 제사장의 역할을 수행하였다면 자신의 존재 기반이자 집단의 상징물이자 신성물인 A2-1호 제단 중심부 상석 아래를 재굴착하여 자신의 무덤을 조성하였는지에 대한 설명이 필요할 듯하다.

구산동 A2-1호 묘역식지석묘의 목관묘에서는 옹 1점과 두 1점이 출토되었다. 피장자가 특수한 시대 분위기 또는 사회 분위기 속에서 자신의

무덤을 조성한 것이라면, 유물과 부장 양상 등에서 최후의 제사장이었음을 입증할만한 물질 현상이 확인되어야 하는데, 드러난 현상은 그렇지 못하다. 이에 대한 보완 설명이 필요할 듯하다.

- 울산 교동리 1호 통나무관묘, 위만조선 또는 중국계 이주민, 무덤 구조에 대한 이해

발표자는 기원전 2~1세기 준왕조선, 위만조선과 '중국계' 이주민이 경상도지역으로 이주하였고, 이러한 이주 과정의 이른 단계, 즉 기원전 2세기 말엽 위만조선 또는 중국계 이주민과 관련된 대표적인 유구로 울산 교동리 1호 통나무관묘를 들고 있다.

울산 교동리 1호묘는 이단굴광한 묘광에 통나무관을 목관으로 사용한 무덤이다. 묘광 상부에서 삼각형점토대토기, 기개, 무문토기편, 중나팔상대각두, 충전토 내에서 변이형 세형동검, 청동입주부검병두식, 초미금구, 동모, 동과, 개궁모, 원통형동기, 철제환두도, 철제환두도자, 철모, 장방형주조철부, 제형 주조철부, 단조철부, 철착, 원통형칠기, 칠기유개호, 주칠함, 편구호, 원형 토제품, 목관 내에서 유리구슬, 직물편이 출토되었다.

울산 교동리 1호묘는 주칠함, 개궁모, 철환두도 등으로 보아 평양 일대의 영향을 받은 것은 분명하다. 그러나 평양 일대에서는 통나무관을 장구로 사용한 무덤은 현재까지 전혀 확인되지 않는다. 이 무덤은 묘광 구조, 통나무관, 삼각형점토대토기 등으로 보아 교동리 일대 토착집단의 수장묘로 생각된다. 이에 대한 발표자의 의견을 듣고 싶다.

아울러 교동리 1호의 묘광을 중국 관곽묘의 '심매'에서 영향을 받은 것으로 보았다. 황하 중류역과 판재식 목관을 기준으로 할 때, 중국의 정형화된 목관묘는 신석기시대 후기에 출현하여 청동기시대를 거쳐 역사시대에 이르기까지 오랜 기간 중국적 특색을 발현하며 지속되었다. 이 과정에 수장

묘와 귀족묘, 왕묘로서 목곽묘가 출현하게 되는데, 다단굴광과 심광이 출현하는 것은 상위 등급의 목곽묘부터이다. 이 경우도 중국의 목곽묘는 심광일 뿐 묘광 구조는 교동리 1호 등과 다르다. 여러 점을 고려할 때, 교동리 1호 등의 다단굴광은 중국 관곽묘가 아닌 송국리기와 점토대토기문화기 남한지역 무덤의 전통적 맥락을 갖고 있는 것으로 판단된다. 이에 대한 발표자의 의견을 듣고 싶다.

- 울산 교동리 1호, 서북한 목곽묘의 연대

울산 교동리 1호 등 경상도지역 이른 시기 목관묘를 언급하면서 발표자가 그와 연동되어 있다고 인식하는 서북한 관곽묘의 연대를 기원전 2세기로 보았다. 교동리 1호에서는 주칠함 등의 칠기, 개궁모가 출토되었고, 발표자가 이를 유력한 근거로 서북한으로부터 이주한 위만조선 또는 중국계 이주민으로 해석하였다. 서북한에서 칠함과 개궁모 등이 출토되는 묘제는 목관묘가 아닌 목곽묘부터이므로, 발표자가 지칭한 서북한의 묘제는 정백동유형의 목곽묘일 것으로 판단된다.

서북한의 목곽묘에서 개별 유물에 칠을 한 유물이 아닌 칠함과 같은 보관용기 또는 납품용기가 부장되는 것은 정백동 1호분기가 상한이다. 정백동 1호분기는 정백동 37호 목곽묘의 '地節四年(기원전 66년)' 등의 기년명과 전후 단계와의 유물조합 비교를 고려할 때, 기원전 1세기 후반(50년 단위로 1개 세기를 2분기할 때의 후반) 무렵이다. 이렇게 볼 때, 그에 앞선 성운문경 등이 부장된 토성동 4호 등의 연대가 기원전 2세기 중엽 전후로 올라갈 가능성은 없다고 보는데, 이에 대한 발표자의 의견을 듣고 싶다.

이동희, 「제단식 지석묘로 본 김해 구산동 유적」에 대한 토론문

송 원 영 (김해시청)

  1. 이동희는 발표문에서 매장시설이 없는 묘역식 지석묘를 '제단 지석묘' 로 정의하면서 지석묘 범주에 포함시키는 김병섭의 견해에 동의하면서 대표적인 사례로 창원 덕천리 지석묘와 김해 구산동 지석묘를 들었다. 광대한 상석과 기단에 비해 매장주체부의 규모와 출토유물이 빈약하다는 점, 즉 외형적인 규모와 매장주체부·유물이 일치하지 않는다는 점에서 청동기시대에서 철기시대로의 전환기의 사회상을 보여주는 제단식지석묘라고 하였다.

  그런데 이 개념에 따르면 제단식지석묘는 '묘(墓), 무덤'이 아닌데 지석묘라는 용어를 쓸 수 있는지? 묘에 제사를 지내는 것은 너무도 당연한 행위로 가야시기 무덤을 봐도 일반적인 현상이다. 과연 구별해서 쓸 용어인지? 그냥 제단과 지석묘를 구분해서 검토하는 것이 더 합리적이라고 생각된다.

  2. 다음은 상석이 이동되었는지 제자리인지 여부일 것이다. 단순히 지석묘의 축조구조와 관련한 문제로 치부할 수도 있지만, 그 성격과 관련한 문제이기도 하고 다른 지석묘의 축조 프로세스와 관련한 문제이므로 이를 먼저 짚고 가야 할 것으로 보인다. 발굴조사자는 시종일관 송국리형 주거지 조성기의 문화층 상부에 정지층을 마련하고 그위에 박석을 비롯한 기단 설치 후 상부에 상석을 옮겨 놓은 것으로 이해하고 있다. 상석이 원위치라면 하부에서 확인된 박석과 문화층은 어떻게 설명할 수 있는지 궁금하다.

시기에 대해서는 아마 오늘 가장 핵심적인 내용인 동시에 정리가 힘들 것이라고 생각된다. 현재까지의 발굴 성과로 보는 한 상한은 중복된 송국리형 주거지로 보아 그보다는 늦은 시기의 것이라는 것만 확인된 상태이며 하한은 논란이 많은 상태이지만 오늘 발표자들은 대체로 초기철기시대=삼각형점토대토기시기=기원전 1~2세기 정도로 보는 것 같다.

그런데 지석묘 조성시기는 이를 축조한 집단과 반드시 연관시켜 볼 필요가 있다. 구산동지석묘의 서쪽 구릉에 있는 취락의 성격에 대해서는 많은 연구자들의 견해를 참고(이하는 이수홍의 발표문 참고)하면 야요이인의 집단 거주지(武末純一 2010), 교역을 담당한 왜인집단(이동희 2019), 구산동 출토 야요이계 토기는 무문토기 요소와 섞여 있는 무문토기로 보아도 무방하기 때문에 야요이인 밀집거주지 견해에 대한 재검토 필요(이재현 2019), 공적 무역 대표부로서 지금의 대사관—문화원과 같은 정치기구의 일원(이양수 2019), 북부구주에서 피난한 논농사를 하던 농경민(안재호 2022a)이라는 견해가 있다. 안재호(2022b)는 구산동취락의 수장은 야요이인이 아니라 재지인이며, 그중 1인이 구산동지석묘의 피장자일 것이라고 하였다.

반면 이재현(2019)은 구산동유적 취락에서 출토된 야요이 토기는 야요이 중기전반의 죠노코식과 수구 I 식으로 일본연구자의 역연대 견해는 대체로 기원전 350~200년이라고 하였다. 피장자가 누구든 지석묘를 축조한 집단은 근처 구릉에 취락이 있던 사람들이 될 수밖에 없을 것이다. 최초 발굴조사시에 기단하부에서 확인된 송국리형주거지와 최근 진행된 박석 하부 문화층 발굴조사로 확인된 송국리형주거지와 주혈 등을 고려하면 구산동지석묘가 있는 저평한 구역은 지석묘 축조 이전에는 주거 영역으로 사용되다가 이후 묘역으로 용도가 변경되었다. 반대로 구릉 상부는 송국리형 주거 단계에서는 묘역으로 사용되다가 이후 주거영역으로 변경되었다. 결론적으로 구산동지석묘 축조 세력은 구릉 상부의 주거 집단이 분명해진다. 구산동 지석묘 축조시기가 삼각점토대구연토기 단계 혹은 그 이후라면 이 시간적 괴리에 대해 답변이 필요하다. 만약 지석묘 축조 집단이 구산동 구릉 집단이 아니라면 어디로 볼 수 있는지 보충 설명이 있어야 한다.

구산동지석묘 축조 시기가 기원전 1세기후반 내지 기원전 1~2세기로 다른 지석묘에 비해 가장 늦은 것이라는 명확한 근거, 확실한 출토유물(삼각형점토대토기, 철기 등)이 있는지 궁금하다.

해반천 권역 목관묘의 출현시기가 인근 및 주변 지역보다 늦은 점을 들어 구산동 지석묘를 비롯한 대성동고분군 일대 지석묘 존속시기를 늦게 보는 시각이 있다. 주촌, 장유, 진례 지역 사례와 같이 이른 시기의 목관묘가 대성동고분군이 점유한 구릉 상부에 있었을 경우 밀집한 목곽묘와 석곽묘 등으로 거의 잔존하기 어려운 실정임을 감안할 필요가 있다. 또 다호리 입지를 고려하면 대성동고분군의 남동쪽 및 북동쪽 저평한 지역, 수로왕릉 북쪽 사면 등에 이른 시기 목관묘가 분포할 가능성이 높으므로 이른 시기 목관묘가 없었다고 단정하기 힘들지 않을까 한다.

古金海灣 支石墓文化와 外來系文物

윤 태 영*

Ⅰ. 머리말

낙동강 하구에는 삼각주 일대에 홍수조절과 원활한 농수 공급을 위해 1934년에 대동수문과 녹산하구둑을 설치하였고, 1987년에는 하단-명지를 잇는 하구둑으로 막아 염수의 역류를 방지하여, 식수와 용수를 공급하고자 하였다. 이로 인해 낙동강 하구역은 오늘날과 같은 지형으로 변모하였으며, 생태계 또한 바뀌었다. 특히 1933년 대동수문의 설치는 낙동강 하류의 물 흐름을 서낙동강에서 현재와 같이 부산 쪽으로 흐르게 하였다.

古金海灣은 신석기시대에 상승한 해수면이 청동기시대를 거쳐 삼국시대에 이르면서 서서히 상승과 하강을 거듭하던 낙동강 하구를 일컫는 용어

---

* 국립경주박물관

이며, 자연환경은 해수와 담수가 섞이는 기수역이기 때문에 풍부한 생물자원을 갖춘 지역이기도 하다.

지석묘 축조집단의 성격을 알아보기 위해 먼저 지금까지 밝혀진 고고자료 및 자연과학 분석을 바탕으로 당시 이 집단이 생활하였던 고김해만의 자연환경과 지형을 먼저 살펴 인간활동이 가능한 공간을 도출하고, 이런 환경 속에서 지석묘 축조집단의 성격은 어떠했는지, 그리고 이 집단들이 외래계문물을 어떤 관점에서 수용하였는지 등, 고고자료 해석에 대해 단순 차원에서 언급하고자 한다.

II. 靑銅器時代의 古金海灣

1. 자연환경

현재 낙동강 하구에는 우리나라에서 가장 규모가 큰 內灣三角洲가 있다. 낙동강 하류는 潮汐(근래 1.2m)의 영향으로 하천의 수위가 변하는 感潮區間[1])이며, 상류로부터 내려온 토사는 넓은 범위에 걸쳐 분포하는 干潟地가 되고, 이것은 다시 海退와 波浪으로 삼각주로 바뀌었다. 삼각주를 중심으로 낙동강 하구 연안에는 자연제방이 형성되고, 본류로 유입하는 하천에는 주변배후습지가 형성되었다(황상일 2017).

최근 이루어진 낙동강 하류역의 해수면 변화 분석에 따르면 규조분석과

---

1) 하천의 하구 또는 하류부에서 조석에 영향을 많은 받는 구간을 感潮區間이라고 하며, 하천 하류부의 상당 범위에서 감조구간이 나타나는 하천을 感潮河川(tidal river)이라고 한다(한국지리정보연구회, 2004, 『자연지리학 사전』, 한울아카데미).

퇴적물 분석을 종합한 결과 평균고조위 해수면은 3,200년 BP 경 1.9m 정도에서 서서히 하강하여 2,300년 BP에는 해발고도 1.5m 정도까지 낮아졌다. 그 이후 평균고조위는 다시 상승하여 기원 전후한 시기부터 1,800년 BP 경에는 해발고도 2.6m 정도에 있었다고 한다(황상일 2009). 이와 관련해 3,000-2,000 yr B.P.(기원전 11세기~기원전 1세기) 무렵 관동리 일대는 바다의 영향이 거의 없는 늪지를 형성하였고, 2,000~1,800 yr B.P.(기원전 1세기~기원후 2세기)에 해수준 0.9m 상승하고, 율하천 주변은 해발 5m 지역은 배후습지였다고 한다(삼강문화재연구원 2009).

고김해만 주변 산에는 참나무가 무성하게 자라고 있고, 습지주변에는 오리나무[2]와 서어나무 등 낙엽활엽수와 억새, 갈대 등 초본류가 자생하고 있었다. 특히 2,300 yr B.P.-1,800 yr B.P.(기원전 4세기~기원후 2세기) 사이에 율하리유적 일대는 해진 상승의 영향으로 갈대 등 초본이 우점하는 가운데, 참나무가 다시 증가하며, 오리나무 대신 소나무가 급증한 점으로 보아 당시 기후는 비교적 온난하였다. 소나무의 급증은 인간의 영향으로 파괴된 식생에 2차림으로 서식하였을 가능성이 크다고 보고 아마도 농경과 관련된 것으로 보았다.

2. 지형·공간구분

〈그림 1〉에서 보듯이 고대산만을 지나 밀양강과 합류한 낙동강 본류는 무척산과 천태산, 토곡산 사이의 좁은 협곡을 蛇行하면서 김해 대동면 소재 각성산(해발 136.6m)[3]에 부딪혀 右流한 다음 부산 금정산 서쪽 금곡동

---

2) 지하수위 변화에 밀접한 관련
3) 각성산이 방파제 역할을 하지만 홍수로 물이 불어났을 때는 각성산과 신어산 사이의 고개로 물이 넘칠 수 있다.

〈그림 1〉 낙동강하구 지형도(1910년 작도)

가락국, 청동기에서 철기로

일대의 산괴와 부산 강서구 대저동 일대 칠점산에 막혀 다시 西流한다. 이것이 서낙동강이다. 현재와는 다르게 서낙동강이 낙동강 하류의 본류였다. 서낙동강은 죽도와 덕산도 사이를 남류[4]하여 바다로 흘러든다.

반면에 동낙동강은 일제강점기 낙동강 직선화 사업으로 지금의 낙동강 본류가 되었지만, 이전에는 금곡동 산괴와 칠점산에 부딪혀 서류하던 물줄기 중 일부가 지금의 화명동과 구포구간에서 곡류한다. 그 아래에로는 물줄기의 폭이 좁게 갈라져 사행하는 것을 확인할 수 있다. 서낙동강 하구에는 간석지가 수면 위로 드러나지만, 동낙동강 하구에는 아직 수면 아래에 간석지가 형성되었음을 알 수 있다.

서낙동강으로 유입하는 潮滿江[5] 유역은 1910년 당시에도 현재 칠산 주변에 배후습지가 남아있음을 확인할 수 있다. 조만강 하류인 율하천 구역은 넓은 범위에 걸쳐 배후습지가 분포한다.

뒤에 다시 언급하겠지만, 청동기시대 주거지가 구릉 정상부나 산지 중턱에서 발견되는 점으로 보아 주거생활공간이 물가가 아니라 구릉이나 산록을 중심이었음을 추정할 수 있다. 그러므로 고김해만 공간(이동희 2019)도 주거공간 선정 조건으로 식수확보는 중요한 사항이므로 하천을 경계로 구릉이나 산록을 중심으로 구분하고자 한다.

고김해만으로 흘러드는 하천은 해반천(호계천 포함)유역, 원지천유역(조만강발원지·상류), 율하천유역, 대청천유역, 내삼천유역, 유하천유역, 대포천유역, 지사천유역, 신어천유역 등이 있다. 이 가운데 율하천, 대청천, 내삼천, 유하천, 원지천은 서낙동강의 지류인 조만강으로 흐른다. 청동기시대 주거지가 산사면이나 구릉지대에 분포하는 점으로 근거로 하천을 경계로

---

4) 김해 금병산(해발 242.6m)이 Headland 역할을 하며, 북쪽에 배후습지를 형성하게 한다.
5) 서낙동강으로 유입하는 조만강 西岸에는 대표적으로 율하천, 유하천, 대청천, 내삼천, 원지천(조만강발원지·상류)이 조만강으로 흘러든다.

하여 공간을 구획하고자 한다.

해반천 유역, 원지천 유적, 원지천과 내삼천 사이, 내삼천과 대청천 사이, 대청천과 율하천 사이, 율하천 남안구역 그리고 독립구릉인 칠산, 낙동강 본류와 접한 김해 대동지역, 지사천을 끼고 있는 범방지역 등 9개 공간으로 나눌 수 있다.

먼저 해반천(호계천 포함)유역을 들 수 있다.[6] 크게 2구역으로 나눌 수 있다. 해반천을 중심으로 西岸의 경운산 동쪽 기슭과 東岸의 분성산 서쪽 기슭으로 나눌 수 있다. 해반천 동안은 구지봉을 기점으로 다시 북쪽과 남쪽으로 세분할 수 있다. 경운산 동사면의 내동일대는 낮은 구릉이며, 대부분은 산사면이다. 구산동 A2-1호 지석묘(해발 10m 전후) 및 구산동 주거지군 내 지석묘(해발 43m 전후)(삼강문화재연구원 2010), 이와 인접한 내동 산 4-14번지(해발 38m 전후)(강산문화재연구원 2017), 내동 내동지석묘(15m 전후)(부산대학교박물관 1983; 임효택 외 1988, 2000)와 내동 1184번지(해발 41m 전후)(한반도문화재연구원 2019), 외동 779번지 지석묘(해발 60m 전후)(해동문화재연구원 2012)가 있다. 해반천 동안은 화정유적(해발 28m 전후)(복천박물관 2004, 2009), 대성동고분군 내 지석묘(대성동고분박물관 2016)와 석개토광묘(대성동고분박물관, 2013), 대성동 294번지(해발 20m 전후)(두류문화재연구원 2020), 서상동지석묘(해발 10~20m 전후) 등이 있다.

원지천유역은 조만강 상류지역에 해당한다. 경운산 서사면의 곡간을 중심으로 유적이 분포한다. 원지리 곡간부와 덕암리 곡간부로 구분할 수

---

6) 해반천은 삼계에서 발원하여 김해시내를 관통하여 고김해만으로 흘러드며, 호계천은 분산에서 발원하여 고김해만으로 유입된다. 호계천과 해반천은 조선시대에 유로를 변경하여 江洞(조선시대 江倉浦)에서 합류하여 조만강으로 흘러든다. 특히 호계천은 후대에 김해읍성을 쌓음으로써 물길이 읍성 주위를 흐르거나 관통하는 오늘날처럼 바뀌었다. 경운산 서사면 앞(현재 김해 내외동 일대)은 고김해만의 배후습지이었을 것이며, 현재 연지까지 그 범위이다.

있다. 주변 산록에는 원지리 국계지석묘, 원지리 석칠마을 지석묘, 내연지 석묘가 분포한다. 선지리 내선지석묘(해발 20m 전후)(강산문화재연구원 2022)와 김해 덕암리유적(해발고도 47~50m)(두류문화재연구원 2017)이 조사되었다. 한편, 김해 선지리유적 Ⅰ·Ⅱ·Ⅲ(경남문화재연구원, 2017, 2018, 2019)은 해발 20~30m 정도에 청동기시대 주거지를 확인할 수 있고, 그 아래에서 점토대토기문화단계의 주거지를 조사하였다.

원지천과 내삼천 사이에는 해발 272.9m의 황새봉에서 산자락이 서남향하여 농소리패총유적까지 이어진다. 천곡리 연지A·B 지석묘는 구릉의 말단부에 입지한다. 김해 망덕리유적(해발 50m 이하)(경남문화재연구원 2010; 동서문물연구원 2011)과 김해 연지지석묘(해발 10m)(동아세아문화재연구원 2011)가 있다.

내삼천과 대청천 사이는 3곳의 구릉이 있다. 내삼천과 유하천, 유하천과 대청천으로 다시 나눌 수 있다. 조만강유역에서 가장 넓은 공간이다.

유하천은 장유에서 진례로 넘어가는 고갯길인 냉정에서 발원한 소하천이다. 하천 우안에 양동리고분군과 유하패총, 김해 냉정유적(경남문화재연구원 2010)은 김해 유하에서 진례로 넘어가는 해발 93~94m의 고갯길에 입지한다. 지석묘 7기가 조사되었다.

유하천과 대청천 사이에는 해발 114.6m의 용두산으로 이어지는 구릉과 용지봉(744.7m)에서 西南向하는 구릉이 있다. 청동기시대부터 삼국시대까지 다양한 유구가 확인되었다. 무계리지석묘(박경원 1962; 김원룡 1963), 유하리 795-2번지·799번지 유적(해발 19m 전후)(두류문화재연구원 2015), 김해 유하리유적(경남발전연구원 2008)에서는 수혈에서 무문토기 개편과 미생계토기 구연부편이 출토되었다. 무계리 213-3번지 일원 유적(동서문물연구원 2018)에서는 주거지가 확인되었다.

대청천과 율하천 사이에는 반룡산(328.1m)이 있고, 반룡산의 산사면에 지석묘, 주거지 등이 분포한다. 신문리지석묘(해발 30m 전후)(한겨레문화재연구원 2015), 관동리지석묘 등이 있다.

　율하천 남안구역은 굴암산 북사면에 해당한다. 율하리지석묘군((경남발전연구원 2009)이 대표적이다. 무덤 106기. 주거지 51동, 수혈 33기, 굴립주건물지 6동, 구상유구 2기가 조사되었다. 이 가운데 무덤은 지석묘 33기, 석관묘 49기, 목관묘 14기, 토광묘 8기, 옹관묘 1기 등이 있다. 장유리유적(경남발전연구원 2011)에서는 삼각형토기문화단계 옹관이 확인되었다.

　조만강 동안에 섬처럼 있는 칠산을 따로 구분한다. 마치 조만강 좌안을 가리는 방파제처럼 입지한다. 산자락에 지석묘가 분포한다.

　대동면 구역은 김해 대동면 일대는 낙동강 본류와 직접 맞닿는 곳에 입지한다. 지석묘는 덕산리에서 있는 지석묘 1기를 제외하면 대부분 대감리 감내마을과 지라마을을 중심으로 분포한다. 이곳은 해발 354.3m인 백두산과 동쪽에 있는 해발 117.8m의 지라안산과 연결된 해발 20m 정도의 고개를 중심으로 북쪽과 남쪽 사면에 해당한다. 북쪽으로는 대감리 산23번지 유적(해발 48~56m 사이)(세종문화재연구원 2017)이 있고, 남쪽으로는 지라 지석묘가 있다. 덕산리에서는 해발 20m에서 지석묘 1기가 조사되었다.

　지사천 유역은 내만지형이다. 대표적으로 분절유적(부산박물관 2013)에서는 선지리 지석묘와 유사한 지석묘 상부에서 삼각형점토대토기와 장각 두형토기가 출토된 점으로 보아 지석묘 축조집단이 사라진 후 점토대토기 사용집단이 들어와 거주하였던 것 같다.

Ⅲ. 지석묘 축조집단의 성격

　이상으로 고김해만 지석묘에 대해 살펴보았다. 이를 정리하면 먼저 고김해만 일대에 생활한 청동기시대 사람들은 거주구역을 산사면 또는 낮은 독립구릉, 해발고도 20m–60m 사이에 입지함을 알 수 있다. 자연환경 역시 해퇴로 수면이 낮아지고 이후 낙동강 하류의 배후습지로 변하고 있으며, 이로 인해 이전 신석기시대나 삼국시대에 보이는 패총유적이 형성되지 않았을 것이다. 고고자료로는 주거유적은 해발고도 20–60m 정도의 산사면 또는 독립구릉에 입지하며, 고김해만 지역에서는 주거구역만으로 중심지를 추정하기는 어렵다. 일부 주거지는 해발 8m에서도 확인되지만, 전체적으로 출토유물이 적고, 농사와 관련된 도구는 거의 발견되지 않았다. 이는 고김해만 일대 청동기시대 사람들의 생계방식을 추정할 수 있게 하는 고고자료 현상일 것이다. 한편, 지석묘 유적이 다수 확인되었으며, 부장품은 적색마연토기, 석검, 석촉으로 단순한 구성이며, 특이하게 요령식동검을 재가공한 동검, 동촉이 있다. 묘의 형식은 상석과 매장주체부로 이루어진 지석묘, 부석을 갖춘 지석묘가 있으며, 매장주체부는 석관, 석곽, 목관, 토광 등 다양하다. 묘의 입지도 해발 60m까지 나타나며, 낮은 지역은 해발 10m에 조성되었다.

기존의 연구성과를 따르면, 청동기시대 지석묘는 이것의 축조와 農業集約化가 수반된 社會複合化로 요약할 수 있는 사회·정치·경제적 변화의 관련성 문제에 관심이 집중되었으며, 巨石記念物로서 지석묘가 사회·정치적 복합도의 상승에 기여했다고 이해하고 있다(김범철:2012). 즉, 정치·경제적 관점에서 지석묘 축조집단 또는 사회를 바라보는 경향이 강하다. 따라서 개인의 등장, 권력 및 불평등의 발생 등을 다루게 된다.

지금까지 우리는 농업 → 정착 → 사유재산 개념 발생 → 생산성 향상 → 잉여 생산물 → 소수 특권층 발생 → 인구증가+기술혁신 → 불평등(계급) 발생하였다고 배워 왔다. 즉, 원래 인류가 점점 더 큰 단위로 집중되고 불평등이 끊임없이 축적되지 않고는 존재할 수 없었다고 믿도록 배웠던 것이며, 우리는 불평등이 문명의 필수적인 대가라고 믿도록 배웠다.

이에 대해 David Werngrow(2022)는 불평등을 문명의 필연적인 대가가 아니라 불평등의 필연적인 효과일 뿐이며, 크고 복잡하며 도시적이고 기술적으로 정교한 사회에서 사는 필연적인 결과일 뿐이고, 농업은 사유재산의 시작을 의미하지도, 불평등을 향한 돌이킬 수 없는 발걸음을 나타내지도 않았으며, 심지어 최초의 농촌공동체 중 상당수는 상대적으로 계급과 계층구조가 없었다고 한다. 그는 "인류 역사의 궁극적인 문제는 물질적 자원(토지, 칼로리, 생산 수단)에 대한 평등한 접근이 아니라 함께 사는 방법에 대한 결정에 기여할 수 있는 우리의 동등한 능력이다"고 한다.

여기서 한 가지 더 살펴볼 문제는 집단보다는 개인 중심으로 사고하는 고고학 이론에 지대한 영향을 미치는 서구고고학 이론의 철학적 배경에 대해 간단하게 언급하고자 한다.

18세기 인간의 본성에 대한 계몽주의 사상은 현재에 이르기까지 영향을 미치고 있다. 루소(1753; 2018)는 인간을 순수한 자연상태에서 사유재산이 생김으로 인해 불평등이 발생하였고, 다시 자연상태인 우호와 조화로운 세상으로 다시 돌아가야 한다고 한다. 즉, 불평등의 기원을 사유재산의 발생으로 보았다. 그는 당시 알려진 북미 인디언 사회에 대한 민족지 자료를 바탕으로 인간사회를 평등사회에서 불평등사회로 진화하였다고 보았다. 하지만, 그 자신이 언급[7]하였듯이 순수한 자연상태[8], 즉 평등사회가 실제로

---

7) '우리가 하는 연구를 역사의 진리를 추구하는 것으로 받아들여서는 안 된다. 그러나 오로지 가상적이고 조건적인 추론으로서 사물의 실제 기원을 밝히기보다 사물의 본질을 명확히 하는 데 더 적합하다…'(p.11)에서 인용.

8) State of Nature: 홉스는 인간을 자기보존을 위해 '자기가 원하는 대로' 자연권을 행사하고 타인의 자연권의 침해를 금하는 법도 도덕도 아닌 그 필연으로서 '만인의 만인에 대한 투쟁'의 상태로 보았고, 루소는 자기보존을 위한 자연적인 감정으로서의 자기애와 같은 종류의 고통에 본능적으로 동정·공감하는 연민의 정을 갖는 자연인이 자유·평등한 존재로서 서로 고립한 상태로 생활하는 미개상태로 보았다.

있었다고는 결코 제안하지 않았다. 즉, 불평등이라는 용어를 도출하기 위해 상상의 자연상태(평등)이라는 개념을 상정한 것이다. 홉스는 만인의 만인에 대한 투쟁 상태를 해소하기 위해 각자의 자유로운 자연권을 상호양도하는 사회계약을 맺어야 한다고 주장한다. 루소의 사상은 사회주의로 이어지고, 홉스의 사상은 자본주의로 이어졌듯이 이러한 그들의 사상은 고고학 이론에 상당한 영향을 미치고 있다. 특히 홉스의 영향을 받은 경제사상은 인간을 기본적으로 다소 추악하고 이기적인 생물이며, 이타주의나 협력보다는 냉소적이고 이기적인 계산에 기반하여 결정을 내리는 존재로 가정한다.[9] 즉, 현재 경제시스템의 기본 가정이다.

이런 철학적 배경으로 고고학에서는 Clark(1952)가 선사시대에 대한 '경제적 접근'을 강조한 이후 1988년 2월 18일부터 22일까지 Timothy Earle이 주관하는 School of American Research에서 'Chiefdoms: their evolutionary significance'주제로 열린 세미나가 열렸고, 여기에서 참가자들은 권력의 본질, 즉 족장들이 다른 사람들에게 어떻게 그들의 지시를 따르도록 강요했는지에 대해 논의하였고, 사회의 경제와 이데올로기가 다양한 방식으로 정치적 지배를 발전시키기 위한 하부구조이자 정당화 수단이라고 주장하였다(Timothy Earle: 1991). 이후 Earle(2008)은 『족장사회의 정치권력』에서 모든 사회들에서 일부 개인들은 정치적 어드벤티지를 추구한다고 가정하고, 사회적 관계들, 경제 권력, 군사 권력, 이데올로기를 권력의 원천이라고 하였다. 다른 말로 하면, 농경이나 기타 경제적인 활동으로 막대한 부를 쌓은 '야심찬 개인(aggrandizer: aggrandize)' (김범철 2017), '관리자'(김장석 2014), '수장'(이청규 2019), '유력개인묘'(김승옥

(https://terms.naver.com/entry.naver?docId=729117&cid=42140&categoryId=42140)

9) Joshua D. Greene의 이중과정이론(Dual Process Theories)도 포함된다.

2006) 등의 출현을 다루고 있다.

다만 본고에서는 '경제'라는 용어 사용을 기피하고자 한다. 왜냐하면, 당시 경제라는 개념이 있었다고 보기 어렵기 때문이다. 오히려 '생계' 또는 '살림살이'라고 표현하는 것이 더 적합하다고 생각한다. 경제는 생계의 극히 일부라고 보아야 할 것이다.

이를 바탕으로 고김해만 청동기시대 지석묘 축조집단의 성격을 지석묘의 입지와 형식, 여기로 유입된 외래문물 중심으로 살펴보겠다. 지석묘 특히 묘역식지석묘 축조집단 성격에 대한 연구정리는 김범철(2012)와 박해운(2019)로 대체한다.

앞에서 살펴보았듯이 고김해만 청동기시대 유적은 하천을 경계로 8구역으로 나눌 수 있다. 주거지는 주로 구릉정상부나 산사면에 입지하며, 지석묘 역시 주거지 주변에 축조되었다. 율하리 D지구의 경우 해발 36~44m 사이에 주거지가 분포하며, 지석묘는 확인되지 않았다.[10] 이로 보아 당시 사람들은 식수를 확보할 수 있는 고김해만의 배후습지 주변의 구릉지대를 생활공간으로 이용하였음을 알 수 있다. 다만, 생산유적은 확인되지 않았다. 주거지의 경우 취락지 전체가 조사된 예가 없는 한계는 있지만, 현재까지 알려진 자료를 보는 한 특정개인이나 계층의 흔적을 확인할 수 없다. 이와 관련해 기존에 석검이라는 무기에 주목하여 개인의 등장을 설명하기도 하였지만, Corke(2005)나 이희준(2011)의 견해에 따르면, 청동기시대 무기인 석검은 엘리트의 정체성의 중요한 부분이나 권위의 상징나타내는 것은 아니다고 본다. 또한 해발고도가 낮은 곳에서도 지석묘와 주거지도 조성되었다. 예를 들면 율하리에서는 해발 8m 정도에 지석묘가 축조되며, 원형묘역을 갖춘 무계리지석묘도 대청천 북안에 낮은 미고지(해발 8m)에 입지한다. 김해 무계동 213-3번지에서는 청동기시대 장방형과 원형계 주

---

10) 인근 장유리유적(경발원)에서는 해발 40m 전후에서 지석묘가 축조되었다.

거지 8동이 해발 4m 정도에 입지한다. 심지어 흥동유적은 해발고도 2.8m 에 주거지를 조성하였다. 이는 해수면이 하강하면서 사람들의 활동공간도 점점 내려와 확대되었음을 알려주며, 아울러 생산범위도 확대되었음을 의미한다. 지석묘의 경우 산사면 축조의 경우 규모가 크지 않았으나, 아래로 내려오면서 규모가 점점 거대화되는 것과 관련이 있다. 거대지석묘 축조를 위한 자원생산이 확대되었음을 추정할 수 있다.

지석묘 역시 입지의 변화에 따라 변동하는 모습을 찾아 볼 수 있다. 즉, 구릉이나 산사면에 축조된 예[11]를 보면 매장주체부 위에 적석하고 상석을 얹는 비교적 단순한 구조이며, 규모 역시 큰 편이 아니다. 예로 매장주체부의 규모는 내부 규격으로 보아 길이 2m 전후로 큰 차이가 없다. 다만, 일부 구릉 정상에 축조한 사례가 있다. 구릉 정상부에 축조한 지석묘는 대성동고분군 1호 지석묘, 회현리패총 D구 지석묘[12], 장유 무계리지석묘[13]가 있다. 이 가운데 무계리지석묘는 현재에도 1기의 지석묘가 남아 있어 앞의 두 예와는 달리 여러 기의 지석묘가 있는 다른 경우라고 할 수 있다.

반면, 구릉 저변이나 하천변으로 내려오면서 지석묘는 외형상 거대화하는 경향이다. 즉, 묘역을 갖춘다든지, 깊은 수혈에 적석한 예가 증가한다.

---

11) 율하리유적은 해발고도 10m~30m사이에 분포한다. A~D지구는 한 구릉에 포함되며, D지구가 조사구역내 가장 높은 곳이다. E와 F지구는 독립구릉에 있다. E지구에서는 주거지가 해발고도 24~30m 사이에 분포하며, 지석묘는 해발고도 24m 이상 설상으로 형성된 구릉 정상부와 사면에 축조되었다. 감내유적은 해발 43~65m 사이 산사면에 입지하며, 산23번지 유적은 48~56m 사이 산사면에 입지한다. 구산동유적과 인접한 외동 779번지유적은 해발 60m 전후에 지석묘가 축조되었다.

12) 김해패총D지구 지석묘·옹관묘: 지석묘는 묘역이 있고, 묘역 내에 부석한 것으로 추정함. 묘역 내에 옹관묘 동시 매장 가능성(경남대학교박물관, 2013, 『德川里』「V. 유구 및 유물에 대한 고찰」, pp.150−151.)

13) 무계리지석묘는 현재 개발로 원래 지형을 잃어버렸지만, 현장을 답사하면 평지가 아니라 주변보다 지대가 약간 높은 것을 확인할 수 있다. 아마도 대청천 북안에 낮게 형성된 독립구릉이었을 것이다.

전자의 예로는 율하리 A구역[14], 구산동 A2-1호 묘역식지석묘가 대표적이며, 후자의 예로는 내동유적을 들 수 있다. 후자는 이전의 지석묘에 비해 외형상 규모가 더 커진 점은 인정되지만, 외형적 확대는 묘역식지석묘를 따라가지 못한다. 한편, 최근 조사된 선지리유적에서 해발 20m 전후의 고도에서 묘역을 갖추었지만, 부석하지 않은 묘역식지석묘 34기를 확인할 수 있다. 또한 12호묘와 같이 기존의 묘를 파괴하고 축조되는 경우도 있다. 이는 율하리 A2지구의 A2-25~A2-31호도 같은 양상이다. 이에 더하여 12호 주변이 묘의 특징은 내부에 2~3기의 매장주체부를 集葬한다는 점이다.

묘역의 길이 85m 이상, 너비 19m에 이르며, 상석의 무게는 350t에 달하는 구산동 A2-1호 묘역식지석묘를 축조한 배경은 무엇일까?

기존의 견해는 경제적인 측면을 강조하여 지석묘 축조배경을 설명하였다. 여기서는 다른 관점에서 보고자 한다.

고김해만 일대에 지석묘는 시간이 지날수록 산사면에서 평지로 내려오며, 목관, 토광, 석관(석곽?)을 포함하는 다양한 매장주체부를 갖는 면은 시간의 흐름과 관계없다. 다만 외형적으로 규모가 점점 확대되는 경향이 있다. 다양한 매장주체부의 사용은 집단 내 다양성을 반영하는 것으로 생각한다. 그리고 지석묘의 외형적 확대는 결론적으로 말해 외부와의 접촉과 관련이 있다고 본다.

---

14) 율하리 A2구역에서 묘역의 평면형태가 원형(A2-19, 25)과 장방형(A2-17)이 있다. A2-19호의 경우 A2-18호와 중복 상황을 다시 검토해 보아야 한다. A2-25~A2-31호 역시 중복되었다. A2-19호는 묘역의 형태가 원형과 장방형이 중복된 모습이고, 매장주체부 역시 A2-18호로 보기에는 다른 원형과 장방형 묘역식지석묘와 큰 차이가 있다. 즉, 부석을 깐 묘역식지석묘의 경우 매장주체부는 거의 지상에 가깝게 설치되는 반면, A2-18은 오히려 묘역이 없는 대형 지석묘이다. A2-25호의 매장주체부는 유실되었고, 묘역의 부석은 A2-34호를 덮었기 때문에 A2-18호 역시 묘역과 별도의 지석묘로 보아야 할 것이다. B-7, 8호도 중복되었다.

그러면 구산동지석묘를 대표로 하는 거대 묘역식지석묘가 출현하게 된 배경은 무엇인가 하는 궁금점이 생긴다. 출현배경을 이해하기 위해 당시 고김해만을 둘러싼 당시 상황을 살펴볼 필요가 있다. 뒤에서 언급하겠지만, 율하리 B-9호 내동지석묘 출토 세형동검 및 신문리 3호 출토 변형비파형동검, 무계리지석묘 출토 청동화살촉, 김해 화정Ⅱ지구와 율하리 F-2호 옹관, 김해 장유리 옹관묘처럼 삼각형점토대토기로 구성된 옹관이 출토되었으며, 구산동주거유적 및 구산동 소성유구, 흥동주거지에서 야요이계 토기가 출토되었다. 그리고 김해 회현리 패총 D지구 지석묘에서는 야요이계옹관이 출토되는 등 외래계문물이 고김해만에 등장하는 것을 확인할 수 있다. 김해 대성동 84호묘[15]에서는 유리구슬이 출토되었다.

이런 고고학 증거는 고김해만 일대 지석묘축조 집단이 그 사회를 그대로 유지하면서 외부로부터의 충격을 견뎌내고 이를 수용하였음을 알 수 있다. 외래계문물 출토양상을 살펴보면 먼저 김해 무계리와 율하리 B-9호는 내부에 부장되었고, 신문리지석묘는 개석과 벽석 사이에 부장하였고, 내동 1호지석묘는 부석 사이에서 세형동검이 출토되었다. 그리고 내동 2·3호 지석묘는 흑도장경호와 늦은 시기이지만 야요이계 옹이 출토되었다. 하지만 삼각형점토대토기 문화단계에는 지석묘 축조가 사라지고, 김해 화정유적, 김해 율하리 F-2호 옹관, 김해 장유리 옹관묘처럼 삼각형점토대토기로 조성된 옹관묘 축조집단이 등장한다. 김해 화정유적 Ⅰ지구에서는 삼각형점토대토기를 사용한 옹관묘 11기가 조사되었다. 옹관의 형식은 단옹, 합구식, 3옹식이 있다. 또한 집석유구에서는 원형점토대토기편이 검출되었다고 한다. 양산 신평유적(부산대학교박물관 2000)의 예로 보아 시기는 기원전 1세기 후반부터 기원후 1세기 전반 사이로 편년된다.

---

15) 석검, 석촉과 함께 개석 사이에서 1,000여 점의 유리구슬을 매납하였다. 유리구슬은 포타쉬유리이다.

이처럼 당시 고김해만의 상황은 외부 집단과 연결되어 있으며, 이들의 출현이 빈번하였을 것이다. 이는 고김해만 일대 지석묘 축조집단에게는 위협이 될 수도 있었을 것이고, 또는 우호적인 관계를 맺었을 것이다.[16] 즉 고김해만 지석묘 축조 집단은 외부 유입집단과 대등하거나 우월한 위치에 있었다고 볼 수 있다. 이 과정에서 재지집단의 능력을 과시하기 위해 거대한 묘역식지석묘를 축조하지 않았나 생각한다. 즉 외지인에게 자신을 과시하여 집단을 보호하는 행위[17]이다. 즉 어떤 목적을 위해 비생산적인 부분에 축적된 부를 소모[18]하는 행위이다. 이는 복어가 천적의 위협으로부터 자신의 몸집을 부풀려 자신을 보호한다든지, 작은 물고기가 무리를 지어 천적으로부터 자신을 지키는 행위와 유사하다. 즉 몸집부풀리기를 하여 외부집단으로 자기자신이나 집단을 보호하였던 것이다. 하지만, 시간이 지나면서 몸집부풀리기의 효과는 점점 약해졌을 것이다. 왜냐하면, 이후 구산동지

---

16) "이질적인 외래기원의 문화요소가 유입되고 있던, 공동체유형으로 운영되던 수장사회에서 지도자가 어떤 방식으로 사회체계를 유지하고 권위를 획득했는지 알아볼 필요가 있다"고 한 박해운(2019, 「청동기사회에서 철기사회로의 진행과정」, 『사림』 69호, 성균관대학교 동아시아역사연구소)의 지적에 동의한다.

17) potlatch로 볼 수 있다. 당시 청동기시대 집단 사이에서 집단 간 부를 과시하는, 즉 비생산적인 부분에 소모하는 행위가 경쟁적으로 일어났을 것이다. 중국에서 이루어지던 조공역시 포틀래치의 일종으로 볼 수 있다. 왜냐하면, 가져온 것보다 더 많은 양을 돌려주기 때문이다. 중국 황제의 권위를 인정받기 위해 이루어졌던 조공은 청나라의 경우 재정이 부족할 정도였다고 한다. 중국 한나라의 경우 서역까지 나아가 조공집단을 호위하고, 비용을 부담하면서까지 조공이라는 형식의 행위를 진행하였다. kula 역시 이와 유사한 소모행위로 볼 수 있다.

18) 소모는 순수한 비생산적 소비(사치, 장례, 전쟁, 종교예식, 기념물, 도박, 공연, 예술 등)를 지칭하는 용어이며, 대규모 소모로 진정한 의미를 갖는 개념이다.(p.32) 또한 생산과 획득은 소모에 종속된 수단에 불과하다. 교환은 표면적으로는 획득의 과정이지만 근본적으로는 소모의 과정이다. 소모라는 행위는 지위를 획득하고 유지하게 해주는 수단으로 영광, 명예가 권력과 한 몸이 되는 것은 오로지 전적인 상실에 의해서 이루어진다. 그리고 사회적 지위와 재산의 소유가 다소 밀접한 관련이 있다면 재산이 축제, 연극, 도박과 같은 비생산적 소모에 바쳐지는 조건에서 이루어질 때일 것이다.(p 35~36.) (조르주 바타이유(Georges Bataille) 지음/조한경 옮김, 2000, 『저주의 몫』, 문학동네.)

석묘보다 더 큰 지석묘 축조가 이루어지지 않았으며, 오히려 선지리지석묘나 분절유적처럼 규모가 축소된다. 특히 김해 회현리패총 D지구 지석묘는 정식발굴조사가 이루어지지 않아 불확실하지만, 드러난 상황으로 보아 최근 조사된 분절지석묘나 선지리유적과 같은 구조로 생각한다. 그리고 특이점은 지석묘 주변에 소형 석관묘가 축조되었고, 묘역 내에는 야요이용관이 매납된 사실이다. 아마도 집단 차원의 몸집부풀리기가 효과가 없어지게 되자 집단 내에서 분열이 일어났고, 사회체계에도 변화가 나타났던 것이다. 즉, 집단에서 혈연(?)관계 중심으로 재편성된 것이다. 이는 하나의 묘역 내에 2~3개의 매장주체부가 있는 集葬인 점으로 추정할 수 있다. 특이점은 김해 회현리 패총 D지구 지석묘 주변의 석관묘 존재이다. 이는 매장주체부 피장자와 혈연적 관계가 있었다고 볼 수도 있지만, 비록 몸집부풀리기가 사라졌지만, 여전히 부를 축적할 수 있었고[19], 이를 비생산적 행위에 투입하지만, 이전처럼 부를 축적할 수 없었거나 아니면 과잉으로 투입하지 않았고, 다만, 개인이 소유한 노예를 매장한 것으로 보인다. 석관묘의 규모가 소형이고, 묘역 내에 축조되지 못한 것이 그 근거이다. 또한 이런 행위로 피장자와 관련된 개인 또는 혈연집단의 과시를 나타낸 것이다. 이로 보아 고김해만 지석묘 축조집단은 집단 그 자체에서 집단 내 혈연 중심의 소집단으로 분열되고 있었고, 이들이 서로 융합하여 새로운 질서를 창조하는 분열생성과정에 있었다고 볼 수 있다.

이와 더불어 일부 집단은 점토대토기와 기존 무문토기를 결합한 야요이계토기를 만들었다고 판단한다. 이는 구산동 주거유적에서 출토된 야요이계토기가 무문토기 제작기법+야요이토기 외형인 점, 김해 흥동유적에서 야요이시대 전기말의 토기와 원형점토대토기가 공반된 점, 구산동소성

---

19) 이 점은 지석묘가 계속 축조되고 있기 때문에 연속성을 인정할 수 있다.

유구에서 토기가 제작된 점 등을 고려하면, 고김해만의 지석묘 축조집단이 외부로부터 알게 된 토기를 전통방법을 기반으로 제작한 것으로 보고자 한다. 이와 관련해 비슷한 유형의 집단이 같은 공간 다른 장소에서 共存, 共住하면서 교류하였다는 나누어살기(habitat segregation)으로 보지만, 필자는 Wu's Triangle(종의 합성)으로 보고자 한다. 즉 제작기법은 무문토기와 차이가 없고 토기소성 또한 차이가 없는 점, 일본 내에서도 이른 시기에 속한다는 점, 그리고 일본의 야요이토기처럼 전형적인 형태를 갖추지 못한 점 등으로 보아 '종의 합성(Wu's Triangle)'과 같은 현상을 나타낸 것으로 보인다. 대체로 야요이토기의 영향을 받아 제작되었다고 보고 있지만, 반대의 상황도 설정할 수 있다고 생각한다. 이처럼 고김해만 지석묘 축조집단은 나름대로의 변화를 도모하면서 외부에 대항하려고 하였지만, 점토대토기문화집단이 고김해만에 등장함으로써 고김해만 일대에서 야요이계토기 제작은 맥이 끊어지고, 일본으로 전파된 것으로 볼 수 있다.

Ⅳ. 마무리글

지금까지 고김해만 일대의 청동기시대 지석묘축조집단의 성격에 대해 살펴보았다. 그 내용을 정리하면 다음과 같다.

고김해만의 지석묘축조집단은 해수면 변동에 따른 자연환경의 변화에 적응하였다. 주거공간을 산사면 중심으로 입지하며, 이후 평지로 내려와 배후습지 주변의 환경을 이용하여 생계를 유지하였다. 축적한 부를 지석묘 출조와 같은 비생산적 행위에 소모하도록 하는 사회통제가 강하였다. 이런 행위는 외부와의 접촉에서도 적용되었으며, 자신 또는 집단의 우월성을 과시하는 행위로 해석할 수 있다. 또한 야요이계토기 출현과 같이 외부로부터의 문화를 적극적으로 수용한 점도 확인할 수 있다. 그러나 지석묘의 규모는 구산동 A2-1호묘를 정점으로 점점 축소되어 선지리 지석묘가 등장한다. 이것은 외부에 대응하기 위해 기존의 지역집단 중심에서 혈연중심으로 바꾸는 새로운 방법을 모색하였으나, 결국은 극복하지 못하고 지석묘 축조는 종말을 고하게 된다.

참고문헌

논문 및 단행본

김범철, 2012, 「巨石記念物과 社會政治的 發達에 대한 고고학적 이해 – 남한지역 지석묘의 사회적 역할에 대한 이론화를 위하여 – 」『한국상고사학보』 75, 한국상고사학회.

김범철, 2017, 「貯藏, 剩餘, 指導權: 湖西地域 靑銅器時代 集團貯藏施設의 考古學的 理解」『한국상고사학보』 95호.

김승옥, 2006, 「墓域式(용담식) 支石墓의 展開過程과 性格」『한국상고사학보』 53.

김원룡, 1963, 「김해무계리지석묘 출토품」『동아문화』 1.

김장석, 2014, 「청동기시대 정치경제학과 권력의 재원조달 재론」『한국상고사학보』 제86호.

박경원, 1962, 「경상남도내의 최근 출토유물」『고고미술』 3-8.

박해운, 2019, 「청동기사회에서 철기사회로의 진행과정 – 집단지향적인 사회구조에서 개인지향적인 사회구조로의 변화과정과 이데올로기의 전환 – 」『사림』 69. 수선사학회.

박해운, 2019, 「청동기사회에서 철기사회로의 진행과정」『사림』 69호, 성균관대학교 동아시아역사연구소

이동희, 2019, 「고김해만 정치체의 형성과정과 수장층의 출현」『영남지역 수장층의 출현과 전개』, 영남고고학회, p 58.

이청규, 2019, 「수장의 개념과 변천: 영남지역을 중심으로」『영남지역 수장층의 출현과 전개』, 제28회 영남고고학회 정기학술대회 발표집, 영남고고학회.

이희준, 2011, 「한반도 남부 청동기~원삼국시대 수장과 권력 기반의 변천」『영남고고학』 58, 영남고고학회.

임효택, 하인수, 1988, 「김해 내동 제2호 큰돌무덤」『동의사학』 8, 동의대학교 사학회.

임효택, 곽동철, 2000, 「김해 내동 제3호 큰돌무덤」, 『한국 고대사와 고고학』, 학연문화사.

황상일 외2인, 2009, 「고김해만 북서지역의 홀로세 후기 환경변화와 지형발달」, 『한국지형학회지』 제16권 제4호, pp.85-99.

황상일 외 2인, 2017, 「김해 율하 지역 화분분석을 통한 홀로세 중기 이래 고환경 복원」, 『한국지형학회지』 제24권 제2호, pp.52-53.

티모시 얼 지음, 김경택 옮김, 2008, 『족장사회의 정치권력』, 도서출판 고고.

조르주 바타이유(Georges Bataille) 지음/조한경 옮김, 2000, 『저주의 몫』, 문학동네.

Jean-Jacques Reusseau, 1753, 『인류의 불평등과 기원에 관한 담론 Discourse on the Origin and the Foundation of Inequality Among Mankind』; 이재형 옮김, 2018, 『인간 불평등 기원론』, 문예출판사.

보고서

강산문화연구원, 2017, 『김해 내동유적』.

황미진, 2020, 『김해 대성동 294번지유적』, 강산문화연구원 학술총서 21.

강산문화연구원, 2022, 『경남 김해 선지리 218-2번지 일원 아파트 신축부지 내 매장문화재 발굴(정밀)조사매장문화재 발굴(정밀)조사 현장공개 설명회 자료집』.

경남대학교박물관, 2013, 『德川里』「Ⅴ. 유구 및 유물에 대한 고찰」.

경남문화재연구원, 2017, 『김해 선지리유적 Ⅰ』.

경남문화재연구원, 2018, 『김해 선지리유적 Ⅱ』.

경남문화재연구원, 2019, 『김해 선지리유적 Ⅲ』.

경남문화재연구원, 2010, 『김해 망덕리 공장신축부지내 김해 망덕리고분군』.

경남문화재연구원, 2010, 『김해 냉정유적』, 학술조사연구총서 제86집.

경남발전연구원 역사문화센터, 2008, 『기장 좌천리유적, 김해 유하리유적, 김해 송현리유적』, 경남발전연구원 역사문화센터 조사연구보고서 제64책.

경남발전연구원 역사문화센터, 2009, 『김해 율하리유적』.

대성동고분박물관, 2013, 『김해 대성동고분군 – 73호분~84호분 – 』, 박물관 학술총
　　　　서 제13책.

대성동고분박물관, 2016, 『김해 대성동고분군 – 92~94, 지석묘 – 』.

동서문물연구원, 2011, 『김해 망덕리고분군』.

동서문물연구원, 2018, 『김해 무계동 213–3번지 일원 유적』.

동아세아문화재연구원, 2011, 『김해 연지지석묘』, 동아세아문화재연구원 발굴조사
　　　　보고서 제56집.

두류문화연구원, 2017, 『김해 덕암리유적 – 김해 이노비즈벨리 일반산업단지 조성부
　　　　지 내 유적 – 』, 발굴조사보고서 제30집.

두류문화재연구원, 2015, 『김해 유하동유적』, 1호 지석묘 대형.

복천박물관, 2004, 『김해화정유적Ⅰ』, 복천박물관 학술연구총서 제12책.

복천박물관, 2009, 『김해화정유적Ⅱ』, 복천박물관 학술연구총서 제26책.

부산대학교박물관, 1983, 『김해 내동지석묘』.

부산대학교박물관, 2000, 『양산신평유적』, 부산대학교박물관 연구총서 제24집.

부산박물관, 2013, 『분절유적』, 부산박물관 학술연구총서 제36집.

삼강문화재연구원(구 경남고고학연구소), 2009, 『김해관동리진지유적』, pp.585–589.

삼강문화재연구원(구 경남고고학연구소), 2010, 『김해 구산동유적 Ⅸ – 무문시대 집
　　　　락 – 』.

한반도문화재연구원, 2019, 『김해 내동 1184번지 유적』.

한겨레문화재연구원, 2015, 『김해 신문리유적』, 학술조사보고서 제32책.

해동문화재연구원, 2012, 『김해 외동 779번지 유적』.

영문본

David Werngrow, 2021, The Dawn of Everything—a new history of Humanity, FARRAR, STRAUS AND GIROUX, NEW YORK, pp. 4-8.

Clark, J.G.D., 1952, Prehistoric Europe, The Economic Basis, London, Methuen.

Corke, Edward. 2005, 'Peaceful Harappans? Reviewing the evidence for the absence of warfare in the Indus Civilization of north-west India and Pakistan (c. 2500-1900BC).' *Antiquitey* 79(304): 411-23.

Timothy Earle, 1991, CHIEFDOMS: POWER, ECONOMY,AND IDEOLOGY, Cambridge University Press, p.xi.

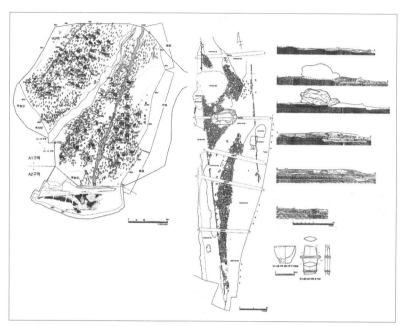

〈그림 2〉

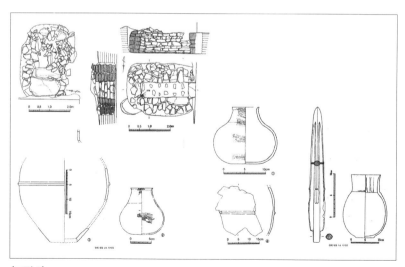

〈그림 3〉

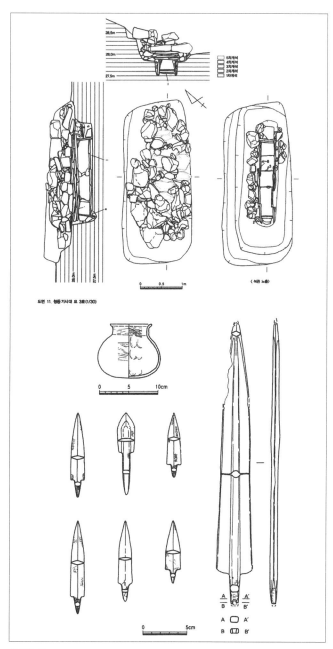

도면 11. 청동기시대 요 3호(1/30)

〈그림 4〉

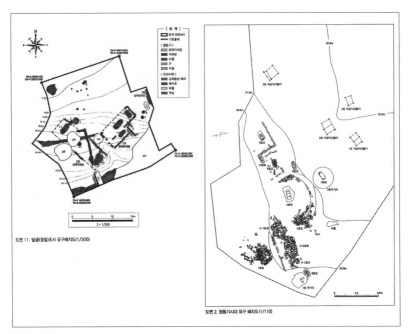

도면 11. 발굴(정밀)조사 유구배치도(1/300)

도면 2. 청동기시대 유구 배치도(1/110)

〈그림 5〉

윤태영, 「고김해만 지석묘문화와 외래계문물」에 대한 토론문

김 권 구 (계명대학교)

　- 연구시각과 연구방법론의 문제이다. 가락국성립과 성장에 대한 고고학적 연구의 관점으로 김해지역에 대한 장기지속적 문화변동의 관점에서 시간적으로 접근하고 공간적으로 중심 지역 혹은 핵심지역(heartland)의 문화양상뿐만 아니라 배후지역(hinterland)의 문화양상도 함께 변화양상을 고려하며 분묘연구와 더불어 취락 연구도 함께 연계하는(소배경 선생님의 오늘 발표) 가락국의 사회 내부구조와 네트워크 등의 변화양상추적이 이루어져야 한다고 생각한다. 그리고 이와 더불어 다양한 이론적 방법들이 적용되어야 하고 그런 점에서 우선적으로 고대사 연구와 고고학 연구의 융합적 연구로 각각의 분야 연구에서의 성과와 당면과제도 공유하며 고고학자료와 역사기록을 함께 보아야 한다고 생각되는데 이것을 포함한 연구방법론의 개선방안에 대해서 과거 발표한 논문(이성주 2017;27-62, 2022:55-72)[20] 을 토대로 개략적으로 개선된 미래 연구 방향에 대해 이성주 선생님의 견해를 말해 주시기 바란다. 그리고 윤태영 선생님은 '끝으로 우리는 역사를 복원하기 위해 숨은그림찾기 판을 다른 것으로 바꿀 필요가 있다'고 발표문을 마무리했는데 현재의 판의 문제점과 새로운 다른 판으로 무엇을 생각하시는지 말해주시기 바란다.

---

20) 소국의 중심지, 주변, 관계망, 정치체의 영역과 정체성, 중심지의 형성과 성격, 위계화와 관계망 그리고 권력의 성격 등에 대하여 논의한 바 있다(이성주 2017).

윤태영, 「고김해만 지석묘문화와 외래계문물」에 대한 토론문

오 강 원 (한국학중앙연구원)

　- 고김해만 후기 지석묘집단의 청동기, 야요이계 토기 부장 등에 대한 해석

　발표자는 구산동 A2-1호 묘역식지석묘가 청동기, 야요이계 토기, 유리 구슬 등 발표자가 외래계 유물로 규정한 유물의 부장을 근거로, 고김해만 지석묘집단이 '외부로부터의 충격을 견뎌내고 이를 수용'하였고, 그에 대한 대응의 결과 출현하게 된 것으로 보았다. '외부로부터의 충격을 수용'한 사례로는 내동 지석묘 세형동검, 신문리 3호 동검, 장유리 삼각형점토대토기 옹관, 구산동 주거지 등의 야요이계 토기, 회현리 패총의 야요이계 옹관 등을 들고 있다. 이와 관련하여 이러한 유물군이 어떠한 이유에서 '외부로부터의 충격을 견뎌낸' 물질적 발현인지에 대해 구체적인 설명을 듣고 싶다.

　- 구산동 A2-1호 묘역식지석묘와 선지리 묘역식지석묘의 선후 관계

　발표자는 고김해만의 지석묘집단이 외부 유입집단과 대등 또는 우월한 위치에 있는 가운데 외부 유입집단에 대한 집단 능력 과시를 위해 지석묘의 규모를 대규모화하였고, 그 결과 구산동 A2-1호 묘역식지석묘가 출현하게 된 것으로 보았다. 그러나 이러한 대응의 효과가 약화되면서 다시 묘역이 축소되었고, 그 과정에 선지리 묘역식지석묘 등과 같은 상대적으로 축소된 묘역식지석묘가 출현하게 된 것으로 해석하였다. 고김해만의 지석묘가 묘역 등을 기준으로 할 때, 구산동 A2-1호기에 정점을 찍은 뒤 선지

리기로 축소된 것으로 본 것인데, 이와 관련하여 구산동 A2-1호 지석묘와 선지리 지석묘의 단계적 선후 관계를 왜 그렇게 보았는지에 대한 발표자의 의견을 듣고 싶다.

　– 김해 회현동 D지구 옹관, 묘역식지석묘, 석관, 노예

　발표자는 김해 회현동 D지구 석관을 묘역식지석묘에 연접하여 있는 노예묘로 정의하였다. 회현동 D지구 옹관과 석관은 묘역의 내와 묘역 외 부속, 유물 부장 수준 등을 고려할 때, 차등이 있는 것은 분명하지만, 청동기시대 묘역식지석묘의 기단석열의 외곽 또는 근접 지점에 석관묘가 부속적인 양상을 보이며 배치되어 있는 양상 등을 고려할 때, 오히려 그러한 전통과 연관된 것으로 볼 수는 없는지 의견을 듣고 싶다. 또한 낮은 사회적 위계자와 노예는 사회적 의미가 분명한 차이를 보이므로, 이를 노예로 규정할 수밖에는 없는 특별한 이유가 있는지 듣고 싶다.

지석묘 사회에서 목관묘 사회로
- 영남지역을 중심으로 -

이 성 주*

Ⅰ. 문제의 제기

지석묘 사회의 물질적 양상은 대규모 농경취락, 주로 평지에 축조된 기념물적 분묘와 의례 유구, 마제석검과 단도마연토기의 부장, 흔치는 않으나 비파형동검과 같은 청동유물과 재가공품의 의례적 사용과 같은 것을 통해 파악된다. 이에 비해 목관묘 사회의 물질적 양상은 이전과 크게 달라진다. 충적대지와 저평한 구릉상의 대규모 농경취락은 해체되고 규모가 축소된 취락이 보통 구릉 위에서 발견되기도 하지만, 형태가 뚜렷한 주거로

---

* 경북대학교

구성된 일정 규모의 평지 취락은 찾아지지 않는다. 샤만적 전사의 인격성을 물질화하기 위해 청동기 생산과 분배가 광범하게 조직되지만, 평지에 기념물적 분묘나 의례유구의 축조는 더이상 보기 어려워진다. 이전의 아이디어를 변환하여 고지성 환구와 경관에 배치된 검파형 암각화와 같은 것을 고안해내고 그것으로 이전의 의례를 대체한다. 이러한 의례의 방식이 정치 권력, 혹은 지도자의 정체성과 연결되어 있다는 의견이 있다(김권구 2012; 이수홍 2020a; 이종철 2015; 이성주 2017a). 목관묘 시기에는 점토대토기 유물군이 마을에서 사용되고 그중 일부가 흑도장경호와 함께 부장용토기로 선별되기도 하며 세형동검이 준비되지 않아도 매장의례에 마제석검을 사용하는 일은 거의 없다. 이전 오랫동안 볼 수 없었던 해안을 점유한 취락이 등장하는 것은 육상의 네트워크보다는 거침과 제제가 적은 해상의 네트워크를 이용하여 먼 지역과의 접촉, 교역, 여행, 이주가 필요했고 장려되는 사회였을 것이라는 짐작을 해 볼 수 있다(이양수 2011; 이창희 2015; 이성주 2021).

지석묘와 목관묘 사회의 물질적 양상은 그처럼 뚜렷한 차이를 보인다. 그렇다면 '지석묘 사회에서 목관묘 사회로'라는 그 교체의 과정도 명석하게 파악되고 설명할 수 있어야 한다. 하지만 그 교체의 시−공간적 과정은 그리 분명하지 않다. 그 가장 큰 이유는 교체과정의 지역차 때문이 아닐까 여겨진다. 첫째, 지석묘 사회의 존속 혹은 해체의 시기와 과정이 지역에 따라 큰 차이를 보인다는 것이다. 둘째, 목관묘−점토대토기 사회의 등장과 공존, 문화접변, 교체의 시기와 과정, 그리고 그 양상이 지리적으로 무척 다르게 진행된다는 점이다(박순발 1993; 이형원 2005, 2015, 2016; 이양수 2006; 이수홍 2007; 신영애 2011; 이정은 2011; 박진일 2013, 2021; 이희진 2016; 이성주 2017a). 남한지역에 한정하여 보아도 이전 지석묘 사회의 지속이나 해체 혹은 소멸의 과정은 지역에 따라 큰 차이를 보이는 듯하다. 목관묘를 축조하는 새로운 사회의 출현과 확산 및 교체에 초점을 맞추어도 지역에 따라 양상이 다르고 해당 시기의 자료가 파악되지 않는 지역도 있다. 변화의 양상이 지역에 따라 차이가 있기도 하거니와 해당 시기 자료가 확인되지 않거나 자료가 보여주는 해상도가 너무 희미한 것도 설명을 어렵게 한다.

주지하다시피 목관묘 축조사회의 앞부분은 초기철기시대, 뒷부분은 원삼국시대 전기로 시대가 나뉜다. 현재 고고학 시대구분에 따르면 초기철기시대와 원삼국시대의 경계는 서기전 100년이다. 그러나 한반도 전 지역에서 시대를 갈라야 할 만큼의 변화가 서기전 100년을 전후로 파악되는가 하는 데 의문이 제기되기도 한다. 청동기, 초기철기, 원삼국이라는 시대구분이 과연 타당한가 하는데 의문을 품은 연구자 중에는 이 기간에 연이어 발생하는 고고학적 사건 가운데 어느 것이 시대구분의 경계가 될 만큼의 중대한 변화인가 하는 문제를 검토하기도 한다(조진선 2020; 박진일 2020). 이른바 초기철기시대가 시작되면서 이어지는 물질문화의 변동, 점토대토기 등장, 한국식동검유물군의 출현, 전국계 철기의 유입과 목관묘의 군집, 국산 철기의 제작, 토착사회의 와질토기 생산 등과 같은 물질적 변동 가운데 어디에 초점을 맞추어 시대구분의 분절점으로 삼을 것인가 하는 문제를 제기하면서 박진일은 철기의 유입, 서남한지역의 목관묘군집화를 중대한 변화로 간주한다(박진일 2022:32-33). 그리고 짧고 과도적 양상만 보인다고 생각되는 시대명, 즉 초기철기시대를 폐기하고 목관묘의 군집화와 주조철기의 유입 시점인 BC 250을 기점으로 청동기시대적 사회가 막을 내리고 원사시대적 사회가 시작되는 것으로 보는 것이 옳다고 제안한 바 있다(박진일 2022:34-36).

이러한 설명은 상당히 설득력 있고 타당한 점이 있다고 생각하지만 그럼에도 필자는 서기전 100년의 고고학적 사건에 비중을 두고자 한다. 왜냐하면 전국계 주조철기의 초기 유입은 종전 청동기 유통의 관계망이 이용되었을 가능성이 크고(이성주 1996, 1998) 청동기의 교환과 유사한 의미로 전달되고 수용되었으리라 추측되며, 아무래도 서기전 1세기로 추측되는 주조 및 단조철기의 토착 생산에(김상민 2020:437) 비하면 중요성이 덜하기 때문이다. 한편 집단화된 서남한 지역 목관묘군의 등장은 주목해야 하지만, 이후 마한 소국의 물질적 양상과 연결될 만큼 장기지속적 면모를 보이지 못하기 때문에 새로운 시대의 기점으로 삼을 수 있을까 한다. 서기전 200년을 전후한 시점부터 영남, 특히 그 동남부지역은 다른 어느 지역과 비교해 보아도 고고학 자료가 촘촘하게 배열된다. 그래서 진변한 지역에 초점을 맞출 수밖에 없는데, 영남-중심적 해석임을 피하기는 어렵겠지만, 이 지역 고고학적 자료를 종합하면 중요한 물질문화 변동들이 이 BC 100을 전후해서 집중된다는 것을 알 수 있다. 주조 및 단조 철기의 자체생산, 와질토기 타날문단경호의 제작, 뒤에 진변한의 주요집단으로 파악되는 목관묘군의 집단화 등이 이 BC 100년을 전후로 앞서거니 뒤서거니 발생한다. 영남지역의 주요한 기술혁신과 정치사회적 변동은 문명지역과의 직접적 관계망 형성이 무엇보다 중요한 계기가 되었다는 점을 전제한다면(이성주 1996, 2015), 서기전 108년이라는 시점도 중요하게 고려해야 한다. 이때 위만조선의 정벌에 이어 한 제국이 그 고지에 설치한 군현이 관계망의 형성에서 어떤 역할을 했는지 서남해안의 교역 거점과 진변한 수장묘의 물질적 증거를 통해 분명하게 파악되기 때문이다. 무엇보다 BC 100년의 변동에 초점을 맞추지 않을 수 없는 가장 큰 이유는 진변한 국읍이 시작되는 것과 연관된 물질적 양상을 이 무렵부터 확인할 수 있기 때문이다. 모든 국에 해당하는 것은 아니지만, 뒤에 국읍으로서의 물질적 양상이 나타나는 장소에 집주가 시작된다거나 목관묘군의 군집이 개시한다는 점을 간과할 수는 없다고 생각된다. 다만 청동기, 초기철기, 원삼국으로 시대구분을 정식화한 당사자도 처음에는 초기철기시대를 청동기 후기라고 병칭했었기에(김원용

1973) 청동기시대로 편입하는 데 큰 문제는 없어 보인다.

  이 발표문은 영남지역을 중심으로 지석묘가 축조되어간 청동기시대로부터 원삼국 개시기에 이르는 사회문화변동의 일 단면을 살피는 것이 목적이다. 이를 위해 물질문화의 다양한 측면들이 거론될 수 있지만, 이 발표문에서는 점유의 역사에 초점을 맞추기로 한다. 일정한 경관 안에 주거와 분묘군이 각 시기에 걸쳐 어떻게 자리 잡는가? 일정 유적, 혹은 유적군에 장기간 어떤 성격의 유구가 들어서며 어떻게 점유되어왔는가? 첫째, 영남 안에서도 대구—경산의 금호강 분지와 그리고 김해분지 두 지역을 중심으로 청동기~원삼국시대 주거와 분묘의 장기적 분포변화를 살펴 일정 경관의 점유 역사에 관한 간단한 논의를 시도해 보고자 한다. 둘째, 서로 다른 시기의 주거와 분묘가 누세대적으로 집중된 몇몇 유적의 변화를 살피면서 그것이 국읍의 형성과 어떤 연관성이 있는가 살피고자 한다. 이를 통해 금호강 유역의 분지와 김해지역의 상사점과 상이점을 드러내고자 한다.

II. 청동기~원삼국시대 사회변동 논의의 관점

  사회집단의 분포와 그들 사이의 조직을 살피기 위해 일정 경관 내의 주거와 분묘군의 분포 변동을 검토했던 연구는 헤아릴 수 없이 많다. 특히 삼한 형성과정의 연구 대다수는 일정 지역 안에 읍락의 분포와 그보다 상위 위계에 해당하는 국읍에 의한 통합을 모델로 삼아 취락유형의 관점에서 접근하는 방식을 따랐다(이현혜 1984; 권오영 1995, 1996; 이희준 2000a·b; 김권구 2016). 여기서 발표자는 약간 다른 관점의 접근을 시도하려 하며 이는 다음과 같은 네 가지 전제를 토대로 한다.

첫째, 한 시기의 문화적 양상을 파악하는 관점에 대해서이다. 고고학에서는 일정 지역, 일정 시기의 물질문화의 양상을 묶어서 지칭하는데 유물복합체라는 개념을 사용해왔다. 어느 한 시기에 축조되고 제작되고 사용된 구조물과 물건들의 집합체와 같은 개념이다. 하지만 어느 한 지역, 어느 한 시기의 개인이나 공동체에게 주어지고 상호작용한 물건과 유물을 개념화하려면 유물복합체는 적절한 개념이라고 말하기 어렵다. 물론 당시 사람들이 개발하고 제작한 물질적인 세트가 어떤 것인가 하는 것을 파악하는 것도 중요하지만, 당시 사람들이 상대하고 사고하고 상호작용한 물질적 양상들에는 역사적으로 이전 시기에 주어진 것들을 포함하고 있기 때문이다(이성주 2022). 이를테면 청동기시대 수백 년에 걸쳐 축조된 지석묘가 열 지어 있다면 다음 시기의 사람들이 목관묘라는 새로운 무덤을 축조할 때 그 이전 기념물적 분묘의 존재를 의식하지 않을 수 없을 것이다. 무덤이란 어떤 것이어야 한다는 생각이나 지적묘에 묻힌 인물들에 대한 기억들이 다음 시대의 사람에게 어떤 영향력을 행사하였을 것이라는 점은 어렵지 않게 짐작할 수 있는 일이다(이성주·김태희·이수정 2022).

한편 유물복합체의 개념에는 생업도구, 가재도구, 가옥, 분묘와 같은 물질적인 것, 그리고 사람이 제작하고 건축해낸 것만 포함한다. 가령 지석묘를 포함시키더라도 그것을 경관에서 떼어내어 건축물 그 자체로만 생각하고 지석묘를 통해 혹은 지석묘가 환기하는 역사적 기억과 같은 것은 유물복합체의 개념에 포함되어 있지 않다. 따라서 어느 한 시기의 개인이나 공동체가 상대하고 상호작용해왔던 것을 개념화하려면 주거지나 분묘, 환경이나 생산도구와 같은 물질적인 것과 사고나 경관에 부여된 의미와 같이 비물질적인을 포괄하고 당시에 만들어지거나 축조된 것만 아니라 과거로부터 물려받은 것도 함께 포함하는 어떤 패키지, 혹은 꾸러미라고 보는 것이 어떨까 한다. 문화를 이처럼 어떤 패키지, 혹은 꾸러미와 같은 것이라고 본다면 일정 시기 진변한의 한 지역에서 점유의 역사를 통해 사회가 변해가는 모습을 서술하는 데 큰 도움이 되리라 생각된다.

둘째, 진변한의 '國'과 '國邑'의 형성을 어떻게 볼 것인가 하는 문제이다. 사실 고고학적으로 국의 규모와 성격은 국읍의 존재와 그것의 통합 범위를 통해 가늠할 수밖에 없다(이성주 2017b). 그래서 국읍 형성의 물질적 증거를 찾는 것이 중요하다. 하지만 진변한 국의 성립을 이전에 볼 수 없었던 어떤 특출한 거점적 유적으로서 국읍의 형성에서 찾으려 한다면 아마 그러한 시도는 성공적이기 어렵다. 왜냐하면, 국읍의 형성은 상당한 시간적 과정을 거치기 때문이다. 가야 소국의 경우 왕성과 최고지배집단의 분묘군, 특출한 건축물 등을 포함한 국읍의 모습은 5세기에 들어서 갖추어지는 것으로 알려져 있다(이성주 2018). 국읍이 소재한 한 장소가 오랜 점유의 역사를 거치면서 중심지적 혹은 거점적인 역할이 물질적으로 쌓여 5세기경에 그러한 모습으로 나타난 것이다. 그래서 국의 기원과 관련된 국읍의 원초적 형태를 파악하려 한다면 뒤에 국읍으로 발전한 장소에 최초의 점유가 어떻게 시작되는가 하는 점에 초점을 맞추어야 한다. 특히 『삼국지』 위서 동이전 한조에 "國邑에는 主帥가 있지만 읍락에 섞여 살아 제어가 잘 되지 않는다"라는 기록처럼 초기 국읍은 중심지적 성격을 뚜렷하게 지니지 못했다고 보아야 할 것 같다.

사실 진변한의 국읍과 같은 거점적인 유적 혹은 중심취락과 같은 것은 이미 청동기시대 중기에 발생한다. 이 중심취락은 흔히 집주를 통해 규모가 커지고, 생산과 저장(김장석, 2008, 2011), 혹은 의례 등의 거점적 역할이나(이상길 2007; 정치영 2007; 손준호 2018; 김경택 2020; 이형원 2021) 전쟁의 방어를 위해(손준호 2007, 2011; 배덕환 2022) 형성되었다고 생각된다. 하지만 이 시기의 사회를 움직여간 생계와 인구, 그밖에 경제적 기반과 사회의 조직적 특성, 혹은 관념들이 중심취락의 유지를 뒷받침해주지 못하면 해체될 수밖에 없었을 것이다(이희진 2016). 이어지는 목관묘 사회 초기에는 거점적 유적이 과연 무엇인지 잘 알기 어려우며 대규모 집주에 의한 중심취락의 존재도 찾아지지 않는다. 국읍의 원초적 형태가 등장한다는 것은 일정 지역의 공동체들이 연결된 정치사회적 조직체가 형성되고 그 중심지적 역할을 하는 장소에 집주가 이루어지거나 거점적 역할이 물질화되어 축적되기 시작했음을 의미한다. 하지만 진변한 소국의 형성 즉 정치사회 조직체의 등장과 함께 그 중심지인 국읍이 형성되고 그것이 반드시 물질적으로 확인될 수 있다는 뜻은 아니다. 일정 지역 내의 여러 공동체를 느슨하게 통합한 정치조직체가 등장했다 하더라도 일정 시기가 지난 다음 중심지적 유적이 형성될 수 있기 때문이다.

삼한 소국의 형성과정을 설명하는데 사회진화의 관점에서 장기적인 과정으로 접근하려는 연구가 일반적이라고 생각된다. 가령 청동기시대에는 읍락과 같은 수준의 정치조직체가 형성되고 원삼국시대에 접어들어 여러 읍락을 통합한 국이 형성된다고 하는 진화적 설명이 대표적이다. 하지만 장기적, 진화론적 설명은 고고학 자료가 뒷받침해주지 않는 듯하다. 사실 진변한의 국이 청동기시대 정치체에 비교해 더 큰 규모와 더 위계적인 방식으로 통합을 이루었다는 증거도 고고학 자료를 통해 찾기는 어려울 듯하다. 지석묘 축조사회로부터 목관묘 사회에 이르기까지 서로 다른 요인에 의해 집주가 이루어지고 거점적 유적이 형성되었다가는 해체되고 다시 재조직되는 과정이 반복되어왔다고 보는 것이 옳을 듯하다(이성주 2012). 송국리적 생계와 사회시스템이 형성해내고 유지했던 거대취락이 해체되고 난 후 목관묘 사회에서는 한동안 집주의 증거를 찾기 어려운 것이 사실이다. 진변한 국의 성립기에 새로운 거점이 형성되고 집주가 시작되었다면 그것은 이전 시기와는 다른 경제적, 정치사회적, 혹은 관념적인 요인이 있었을 것이다. 우리는 그것을 설명해야 한다.

셋째로는 진변한 국의 형성기에 사회문화 변동을 이끌었던 요인 가운데 하나가 원거리 관계망의 형성이고 그에 참여하는 방식의 차이에 따라 물질 문화의 변동에도 지역차가 생겨났으리라는 점이다. 진변한 형성기에 내륙과 해양의 관계, 혹은 교역망이 함께 작동하였다는 점에 대해서는 그동안 여러 연구자가 지적한 바 있다(이재현 2000; 최종규 2001; 이양수 2011; 이창희 2011; 박경신 2018; 고일홍 2021; 박장호 2021). 과연 내륙과 해안의 관계망의 차이가 실제로 어떤 사회문화적 차이를 만들어 냈는지는 앞으로 깊이 있는 고찰이 필요하겠지만, 일차적으로 생각해 볼 수 있는 것은 여행과 교역을 위한 방문과 체류, 이주와 정착과 같은 인간(집단)의 이동 패턴의 차이를 만들어 냈던 것이 아닐까 한다. 이 발표에서 비교의 대상으로 삼은 대구―경산의 금호강 분지와 김해 해안 분지는 교역망에 참여하는 방식이 당연히 달랐을 것이다. 김해분지는 해양의 관계망에서 관문사회적 역할을 했을 것이며(이현혜 1988) 금호강 분지들은 내륙의 관계망 쪽으로 연결되었을 것이고 그에 더 의존했을 것이다. 주로 연안 항로를 따라 형성된 해양의 관계망에서는 교역과 여행을 위해 상대적으로 소수의 인원이 체류하거나 방문하는 이동의 패턴을 보여줄 것이라 여겨진다. 하지만 내륙의 관계망을 통해서는 집단의 이주와 정착과 같은 것도 생각해 볼 수 있다. 신기술을 가진 도공이나 야장이 단순히 체류하는 것이 아니라 정착하게 되면 기술의 전수와 기술혁신의 확산을 통한 문화변동은 더욱 철저히 진행되었을 것이다. 서로 다른 문화지역에서 이주해 온 집단과의 조우는 문화적 혼종을 만들어 내거나 새로운 주거방식과 매장의례의 도입을 가져오기도 했을 것이다. 이러한 이동 패턴의 차이는 점유의 역사를 서술하는 데 중요하게 고려해야 할 사안으로 생각된다.

넷째, 목관묘가 주묘제 되는 시기가 호서와 호남지역에 비해 상대적으로 늦고 축조집단은 단일하지 않다는 점이다. 금호강 분지와 김해지역에서는 점토대토기나 세형동검이 발견되는 석관묘, 지석묘, 묘역식지석묘가 발굴된 사례들이 많아서 목관묘 축조 시기에 이 영남 동남부에서는 지석묘의 전통이 지속되는 것으로 파악된다. 물론 김천 문당동 목관묘와 같이 이른 사례가 있긴 하지만 목관묘가 주묘제로 되고 집단화 되어 분묘군이 형성되

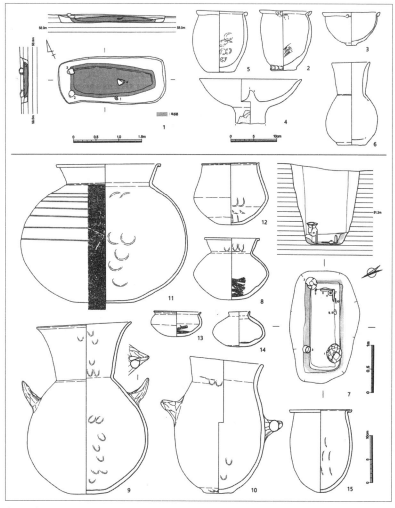

〈그림 1〉 대구 신서동 분묘군 제1·2유형 목관묘 출토유물: 1~4. 2호, 5. 1호, 6. 4호(이상 B-3 남구역), 7·14. 11호, 8~10. 14호, 11~13. 15호, 15. 6호(이상 B-3 북구역)

는 시기는 상대적으로 늦다. 목관묘군이 형성되기 시작하는 시점을 서기전 2세기 전반까지 이르게 보는 관점도 있지만 타 지역의 유물군과의 비교와 이후 시기의 목관묘 편년과 정합하는 연대추정이 필요할 것 같다.

영남지역의 목관묘군은 그 형성기부터 분묘의 구조 몇 가지 유형으로 구분되고 그것이 계통적으로 구분된다는 논의가 있었다(박진일 2020). 본 발표자의 관찰에 따르면 크게 세 가지 유형으로 구분될 수 있다고 본다. 이 세 가지 유형은 목관을 사용했을 것이라는 공통점 말고는 매장의례의 방식과 부장유물 목록이 완전히 다르다. 금호강 분지와 경주지역의 목관묘군을 살피면 한 가지 유형의 목관묘로 군집을 형성하는 것이 보통이지만, 한 분묘

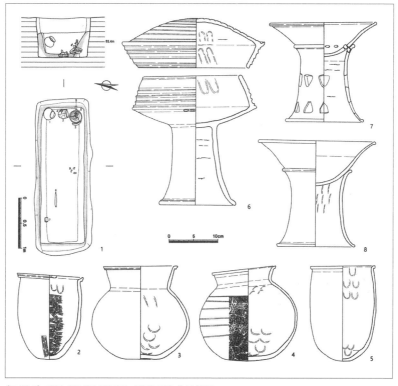

〈그림 2〉 대구 신서동 분묘군, 목곽묘와 출토유물

군에 서로 다른 유형의 목관묘가 공존하기도 한다. 서로 다른 유형의 목관묘가 공존하는 경우 대구 신서동 목관묘군처럼 큰 분묘군의 분포 영역 안에서 서로 구역을 달리하여 군집되기도 하고, 대구 달성 국가과학산업단지의 화산리유적과 같이 한 유형의 목관묘군이 조성되고 난 장소에 다른 유형의 목관묘가 빈 공간에 배치되는 사례도 있다.

하나의 유형이 군집되어 목관묘군을 형성하는 것이 보통인데 예를 들면 제1유형에 속하는 사례로 대구 월성동유적을 든다면 제2유형의 목관묘군은 팔달동유적이고 경주 덕천리유적은 목곽묘군으로 유명하지만 그것이 들어서기 전 제3유형의 목관묘군이 형성되어 있었다. 이 가운데 제3유형은 목관묘 축조기에 해당하고 목관묘의 구조를 많이 닮긴 했지만, 토기, 즉 용기류를 담는 장구를 사용했기에 목곽묘로 분류하는 것이 옳다. 그러나 이 3유형과 계통적으로 관련이 있다고 생각되는 비슷한 시기 중서부지역과 한강유역의 사례 중에는 매장시설이 목곽묘도 있지만, 최근 남양주 금남리유적에서 발견된 것과 같이(한강문화재연구원 2022) 목관묘로 분류되는 것도 있다(포영초 2021).

대구 신서동 목관묘군은 이 세 가지 유형의 목관묘가 인접한 위치에 각각의 군을 이루는 양상을 살필 수 있다. 이 대구 신서동유적에서 파악된 세 가지 유형의 목관묘에 대해 간략히 기술하면 다음과 같다.

1유형의 목관묘는 묘광의 깊이가 얕고 말각의 세장방형에 속하는 경우가 많다. 1유형의 목관은 흑도장경호와 점토대토기 발과 옹, 그리고 고배 등 새 기종이 주로 부장되고 원삼국시대 목관묘의 부장토기로 흔히 보이는 주머니호와 파수부장경호는 아주 드물게 발견된다. 전국계 주조철부, 장방형 판상철부, 철검 그리고 철모 등이 동반되며 단조 철부도 보인다. 와질토기가 포함되지 않으므로 1유형 목관은 대체로 와질토기 이전 시기에 해당되어 분묘군 내 가장 이른 단계에 속하는 매장시설이다. 제2유형 목관묘는 말각의 세장방형에 속하고 묘광이 1유형에 비해 훨씬 깊다. 부장토기로는 주머니호, 파수부장경호, 완, 타날문단경호, 소문단경호, 옹과 발, 그리고 파수부 옹 등이 포함되며 부장철기로는 주조철부도 보이나 단조철기의 다양한 형식들이 포함된다. 목곽묘는 평면이 세장방형도 있지만 대체로 장방형에 속하고 토기류를 감싼 목곽의 설치가 뚜렷하게 확인된다. 부장토기의 기종구성도 목관묘와 비교하면 판이한데 화분형토기와 회색 배부른 단지의 세트가 연상되는 원저소옹과 소문단경호의 조합이 눈에 띄고 여기에 유개대부호와 臺附杯가 추가되기도 한다. 부장 철기는 상대적으로 적은 편이고 2유형의 목관묘에 부장되는 철기들과 다르지 않다.

Ⅲ. 청동기~원삼국 점유의 역사

1. 금호강 중하류 대구-경산 분지

원삼국시대의 문화적 패키지 안에는 이 시대의 시작을 전후해서 새로 등장한 목관묘, 청동기와 철기, 와질토기, 한경 등도 있지만, 그 이전부터 존속해 온 청동기시대 지석묘와 초기 철기시대의 석관묘, 혹은 목관묘군, 환호로 둘러싸인 공간 등도 포함된다. 무엇보다 청동기시대 이래 이 지역에 살면서 의미가 부여되어 온 장소와 집단들 사이의 관계망과 교통로 등은 원삼국시대 소국과 중심지 형성에 절대적인 영향을 주었을 것이다. 이런 점에서 지석묘 축조시기부터 대구와 경산을 중심으로 한 금호강 중하류 분지에서 인간집단의 점유와 기념물 축조, 그리고 목관묘와 의례유구 조성의 역사를 살펴볼 필요가 있다.

대구지역은 금호강 하류역의 가장 넓은 분지이며 경산 및 영천지역과 특별한 지형적 장애 없이 연결되어 있다. 지석묘의 군집상 가운데 가장 흔한 형태는 소하천을 따라 배열되는 방식이다. 대구와 경산지역의 지석묘군도 너른 선상지 지형에 하천을 따라 열상으로 축조되어간 특징을 보인다. 하천과 그것을 따라 형성된 곡저 평지별로 지석묘의 분포를 살펴볼 필요가 있는데 현재 대구의 도심을 흐르는 하천은 신천과 같은 꽤 큰 하천을 제외하면 3~4개의 주요하천이 복개되어 버렸다. 도시개발로 인해 조사가 이루어지기 전, 이미 천변의 지석묘들이 제거되고 지금은 분포를 확인할 수 없게 되어 있다. 대구시 동쪽으로부터 범어천, 방촌천, 불로천, 동화천, 신천,

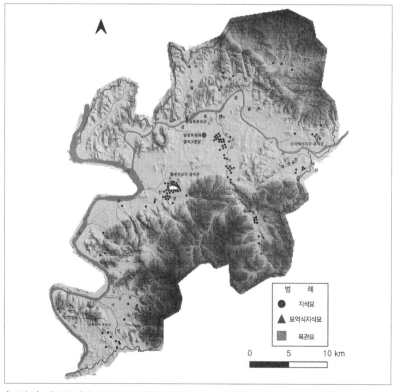

〈그림 3〉 대구분지의 지석묘, 묘역식지석묘, 그리고 목관묘군의 분포와 주요 유적군

팔거천, 반포천, 달서천까지는 대구 분지를 흘러 금호강에 합류하고 대명천 진천천, 그리고 현풍분지를 가로지르는 현풍천과 차천은 낙동강에 합류된다.

대구분지의 중심지이며 달서고분군과 달성토성을 가깝게 지나가는 달서천과 함께 대구분지 남쪽을 동에서 서로 흐르는 대명천은 지석묘군의 목관묘군이 집중 분포했던 지역으로 추측되지만 일찍부터 도심지로 개발되고 하천 복개가 이루어져 분포를 확인할 방법이 없다. 대구시역의 확장과 신도시 건설로 하천유역의 소분지나 곡저평지가 전면 발굴된 사례가 적지않다. 불로천변의 봉무지구, 동화천변의 연경지구, 동서변동지구, 팔거천이 가로지르는 칠곡분지, 진천천변의 월배 선상지, 그리고 현풍읍 일원은 신도시 개발로 장기 혹은 단기에 걸쳐 대규모의 발굴조사가 이루어진 지역으로 분포도상에도 유적의 밀도가 높게 나온다. 다만 신도시 개발로 발굴이 빈번히 이루어진 율하천변의 안심·신서지구와 매호천과 욱수천 일원의 선상지는 현재 대구시에 포함되어 있지만, 경산쪽의 점유역사에서 다루어야 할 지역이다.

지석묘 축조사회로부터 목관묘 사회에 이르기까지 그 이행의 전 과정이 전면 발굴을 통해 파악된 지역은 진천천 유역의 월배 선상지이다. 이 월배 선상지의 청동기시대 취락유형이 변해가는 양상을 추적한 류지환의 연구에 따르면 변동과정은 3단계로 요약된다고 한다(류지환 2010). 최초의 농경취락의 점유는 Ⅰ청동기시대 전기 전반에 시작되지만 제Ⅱ기가 시작되는 전기 후반 늦은 단계가 되어야 비로소 분묘군이 축조되기 시작한다고 한다. 제Ⅱ기에는 취락이 장기지속형이 되고 매장시설이 대둔집을 이루는 지석묘군의 형성도 이 시기로 보고 있다. 송국리문화가 확산되어 들어오면서 시작되는 제Ⅲ기가 되면 취락과 분묘군이 분포하는 범위가 대체로 축소되는 경향을 보이고 지석묘의 개별 군집 규모도 위축되는 양상을 보인다고 한다. 하지만 이 시기에 흥미로운 진천 입석과 같은 기념물적인 의례유구가 축조되는 것으로 파악되는데 주변에서 유사한 사례를 발견하기 어렵기에 월배선상지의 범위를 넘어 의례 중심지로서 알려질 만한 유구로 이해된다.

이 진천천 유적군에 월성동 목관묘군이 조성된다. 월성동형 목관묘의 부장토기는 이 지역 토착사회의 삼각형점토대토기군 가운데서 선택되며 승문타날단경호는 물론 조합식우각형파수나 주머니호와 같은 목관묘의 기본 기종이 결여되었다. 세형동검을 청동기를 부장한 사례를 다른 지역에 조성된 월성동형목관묘에서도 알려지지 않았기에 피장자들은 대체로 세형동검 유물군의 관계망에 연결된 인물이라고 보기는 어렵다. 토착 지석묘나 토광묘 가운데에도 김해 내동지석묘 피장자와 같이 세형동검을 입수한 인물이 존재한다는 점을 고려하면 주목해 두어야 할 만한 현상이다.

남에서 북을 흘러 금호강과 합류하는 신천 유역은 열상의 분포를 보이는 지석묘 최대의 군집지역이다. 청동기시대 주거지의 분포도 대구 분지 안에서는 신천 유역에서 집중 조사 되고 있다. 신천변을 따라 지석묘가 집중 분포하는 곳에는 목관묘가 거의 발견되지 않고 신천동—만촌동 인근에 분포가 그친다. 다음으로 가장 집중적인 지석묘의 분포지는 진천천변이다. 진천천 북편 월배 선상지 선단부 가까이에 해당되는 상인동, 월성동, 진천동, 대천동 일원에 누세대적으로 지석묘가 축조되고 그 가운데 묘역식 지석묘의 형태를 지닌 의례의 중심지 진천입석이 자리 잡고 있다. 하천을 따라 지석묘가 축조되어 갔다고 보기 어렵지만, 일정한 군집상을 형성하면서 선상지 일원에 배치되어 있다. 신천변의 지석묘군 분포구역에 목관묘가 배치되지 않는 것에 비하면 이 진천천변의 대규모 청동기시대 주거와 지석묘 분포구역에는 월성동 모관묘군이 들어선다.

경산지역에서 시대별 점유와 문화경관 구축의 과정을 살피기에 앞서 각시대 시간적 범위에 대해 생각해 볼 필요가 있다. 흔히 지석묘는 청동기시대의 구축물이고 초기 철기시대는 세형동검묘 혹은 목관묘의 축조 시기로 이해되고 있다. 하지만 영남의 동남부 특히 검단리 문화권으로 갈수록 점토대토기 문화와 세형동검묘의 등장은 지체되고 무문토기 문화와 지석묘 축조는 늦은 시기까지 지속한 것으로 파악된다. 특히 영남 동남부 권역에서는 초기 철기시대가 되어서야 기념물적인 묘역식 지석묘가 축조된다(이수홍 2007, 2020b; 우명하 2016). 그래서 이 지역 초기 철기시대 수장묘를 묘역식지석묘와 세형동검묘로 구분해 보아야 한다는 지적도 있다(이수홍

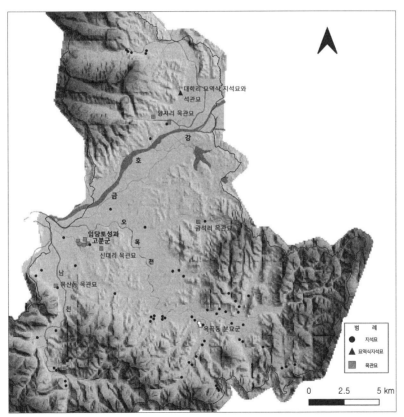

〈그림 4〉 경산지역 지석묘, 묘역식지석묘, 그리고 목관묘군의 분포

2020a). 경산지역은 검단리문화권 안에 포함되지 않지만, 무문토기 문화가 늦은 시기까지 존속하다 점토대토기가 유입되는 것으로 보이며, 이점을 고려하면 경산지역의 초기 철기시대도 상당히 압축적으로 전개되었을 가능성이 크다.

사실 경산지역 늦은 시기에 해당하는 지석묘 특히 묘역식 지석묘는 시대적으로는 초기철기시대에 해당된다. 그간 초기 철기시대 주거와 분묘가 들어서는 장소는 이전 청동기시대 유적의 분포와는 아주 판이하다는 의견이 많았다. 그러나 이 지역의 청동기시대 점유가 밀집된 곳에 초기 철기시대 주거나 분묘가 반드시 들어서는 것은 아니지만 이전의 점유지역을 피하지도 않았던 것 같다.

청동기시대 주거와 기념물이 밀집된 진천천 일대 월배 선상지에는 초기 철기시대 분묘가 들어서고 역시 이전 시기의 유구가 밀집 분포하는 신서동과 현풍읍 일원에도 점토대토기 주거와 분묘가 들어선다. 물론 금호강 하류의 신천 일원의 청동기시대 유적 집중 분포구간에는 초기 철기시대 유적이 들어서지 않는 것은 눈여겨 볼만하다. 금호강 유역에서 초기 철기시대 유적은 청동기시대 이른 단계와는 잘 겹쳐지지 않지만 늦은 시기 유적의 분포와는 아주 높은 빈도로 겹쳐지는 양상을 보인다. 특히 의례의 장소에서 그러한 연결성을 발견할 수 있는 듯하다. 예컨대 경산 대학리유적에서는 청동기시대 늦은 시기의 묘역식지석묘 주변에 청동기시대 매장시설을 그대로 유지한 석관묘가 축조되고 부장토기로 점토대토기가 출토된다(동북아문화재연구원 2018).

한편 원삼국시대 주거와 분묘는 이전 초기 철기시대 유적의 분포와는 비교적 높은 상관성을 가진다. 원삼국시대 점유구역이 확대되어 새로운 입지를 선택한 주거와 분묘군도 있지만, 앞에서 보는 것처럼 초기 철기시대 점유구역에는 원삼국시대 유적이 반드시 들어서는 편이다. 임당유적은 초기

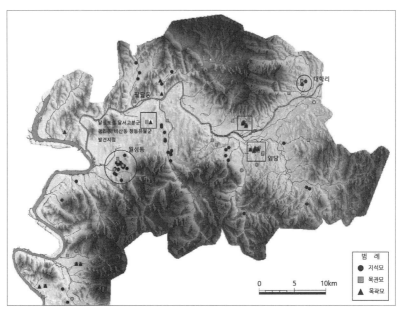

〈그림 5〉 대구—경산 분지 지석묘, 목관묘, 목곽묘의 분포(목관묘에서 목곽묘로 이어지는 원삼국시대 주요거점은 청동기시대 지석묘의 집중분포권과 다른 장소에 배치된다.)

철기시대에 의례적 성격의 이중환호가 들어서면서 점유가 시작된 유적인데(김민철 2010, 2011) 이후 원삼국시대 유구가 집중적으로 분포하는 경우에 속한다.

　이상과 같은 금호강 유역에서 진행된 점유의 역사를 통해 다음과 같은 논의가 가능하다. 청동기시대 가장 현저한 문화경관인 지석묘는 처음 월배 지역과 같은 넓은 선상지의 선단부나 천변 범람원의 자연제방을 따라 축조되는(황상일 2017) 매우 뚜렷한 경향을 보인다. 오랜 세월 축조가 진행되면서 지석묘군은 일정한 방향으로 열을 지어 분포하는 양상을 보이게 된다. 흔히 선형배치, 혹은 열상배치라고 하는 분포를 보이는데 1열로 단조롭게 배치되는 듯해도 그렇지 않다. 발굴을 통해 상석 아래 드러난 석관 혹은 석곽과 같은 매장시설의 분포를 보면 일정한 방식의 배열로 군집되어 있음을 알 수 있다(우명하 2017). 소규모로 매장시설의 군집이 형성되어 있으며(이때 모든 매장시설 위에 상석이 얹혀 있는 것은 아니다), 일정 거리를 두고 다시 군집이 만들어지는 방식으로 긴 지석묘 열이 형성되는 것이다.

대구 신천변의 지석묘분포에서 전형적인 배치유형을 파악할 수 있지만, 경산 용성면 곡신리에 형성된 지석묘 상석 열과 발굴조사가 이루어진 시지동 제1지석묘군의 상석과 매장시설의 분포를 통해 지석묘의 배열에 관해 간략히 살펴보고자 한다. 지표조사와 발굴 노출된 매장시설을 함께 살피면 지석묘 하나하나가 열상으로 배치된 것은 아니라는 점을 알 수 있다. 여러 매장시설과 상석 몇 개로 구성된 지석묘 소군집이 일정 거리를 두고 배치됨으로써 일정 경관에 열상의 기념물이 조성되었다고 보는 것이 옳다. 지석묘군 형성과정에서 하나의 군집이 완성되고 다음 군집으로 넘어가는 방식으로 긴 선상의 기념물이 축조된 것이 아니다. 하나의 소공동체가 꽤 오랜 세월 동안 하나의 소군집을 만들어 냈다고 본다면 여러 공동체가 참여한 지석묘 건축의례의 반복을 통해 서로 다른 군집에서의 축조가 산발적으로 이어졌다고 보아야 한다. 그와 같은 축조의례의 장기적 과정의 결과가 천변 자연제방을 따라 길게 배열된 금호강유역의 지석묘군인 셈이다.

지석묘의 긴 열에는 축조에 참여한 여러 공동체의 기억이 장기간 퇴적되어 있다고 보아야 한다. 공동체의 구성원이었다가 묻힌 사람에 대한 기억을 소환해 낼 수 있는 장치이기도 했을 것이다. 이러한 점에서 지석묘를 공동체적 의례의 결과물이라고 보는 견해는 타당한 듯하다. 장기간 축조의 반복을 통해 형성된 지석묘의 긴 열은 당시 교통로와 일치한다는 의견이 있다(김춘영 2015). 사실 과거나 지금이나 하천 변 자연제방은 교통로로 활용되는 지형이다. 열상의 지석묘군은 일상적인 교통로를 따라 걷는 주민들의 이동을 안내하고 그들에게 공동체의 역사를 반복적으로 기억하게 했을 것이다. 지석묘군은 사회적 기억의 장치이며 공동체의 역사와 정체성이 물질화되어 주민들의 사고를 안내하는 문화경관이었다(이성주·김태희·이수정 2022).

청동기시대 늦은 단계, 혹은 초기철기시대가 시작되어서도 지석묘와 석관묘와 같은 청동기시대 매장시설이 계속 축조되지만 입지는 변화하는 것으로 보인다. 저평한 구릉이나 구릉가까이 곡저면과 같은 지형을 이용하여 축조되었기 때문에 이 시기 지석묘나 석관묘는 청동기시대 전형적인 지석묘 경관과는 차이가 있다. 경산 대학리의 묘역식지석묘군이 그러한 늦은 시기의 사례로 보인다. 입지는 변했지만, 공동체적 의례의 반복과 문화경관으로서의 물질성은 주민들에게 영향력을 잃지 않았다고 여겨진다. 이 묘역식지석묘군에 인접하여, 혹은 그것과 밀접한 관련성을 가지면서 점토대토기 단계의 석관묘가 배열된다. 점토대토기 단계의 매장시설이라면 토광에 목관을 쓰거나 해야 하지만, 대학리의 것은 변형된 석관묘라고 해두어야 할 것 같다.

이처럼 점토대토기 단계의 주민이 묘역식지석묘 주변에 청동기시대적 석관묘를 배치하고 지석묘적 의례를 시도한 것으로 이해된다. 이는 묘역식지석묘가 반복해 온 공동체적 의례를 점토대토기 단계에도 지속해 갔다는 의미로 이해해야 한다. 청동기시대 중기의 송국리문화에서 후기 점토대토기문화로의 전환을 문화접변의 과정으로 설명한 연구에서 접변의 유형을 4가지 구분한 바 있는데(신영애 2011) 그에 따르면 이 변화는 융합형에 해당한다. 융합형이란 토착 집단이 외래 집단의 문화요소를 수용하는 과정이 되풀이되면서 토착문화의 성격이 크게 변화되는 과정을 뜻한다.

지석묘 축조사회의 종언과 점토대토기 사회의 형성에 대해 기초적 검토를 한 연구(鄭仁盛 1999)에서는 유물의 변화에 한정하지 않고 첫째, 두 집단의 공존과 상호관계, 둘째, 유적 입지패턴의 상이, 그리고 셋째, 대외교역망의 확장, 이 세 가지를 이 시기 변화의 중요 연구주제로 논의한 바 있다

(鄭仁盛 1999). 두 집단의 공존과 상호작용, 그리고 입지패턴의 차이는 지역마다 다른 양상으로 나타나는 것 같지만, 대외교역망의 확장은 점토대토기 단계의 거스를 수 없는 대세로 보인다.

　흔히 점토대토기 단계의 세형동검묘는 개인-지향 혹은 네트워크-모드로 작동되는 사회의 산물이고 지석묘는 공동체적 의례의 결과물이라고 한다. 점토대토기 사회는 엘리트 개인이 관계망을 넓혀 자신의 명성과 권위를 높이는 방식으로 정치권력을 확보하는 사회이며 세형동검유물군의 매장의례와 부장양상은 그러한 사회의 권력을 물질화한 결과이다. 이에 비해 지석묘의 축조는 양호한 농경지를 배경으로 하여 오랜 점유를 통해 형성된 역사와 기억을 일정 경관 안에 물질화한 것이며 지석묘라는 물

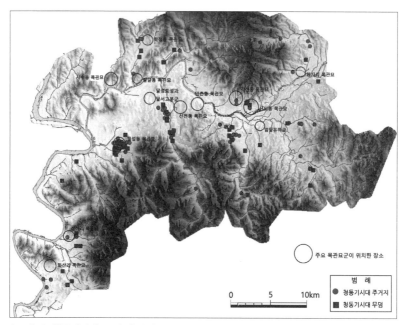

〈그림 6〉 청동기시대 주거지(●)와 무덤(■)의 분포와 원삼국시대 목관묘가 들어서는 장소(○): 특히 성하리, 월성동, 신서동, 각산동 등의 목관묘군처럼 인접한 곳에 청동기시대 취락혹은 무덤이 분포하는 사례도 있지만, 청동기시대에 집중적으로 이용한 공간에는 원삼국시대 목관묘군이 배치되지 않는다.

질적 양상을 통해 역사적 사건과 기억을 지속하게 된다(이성주·김태희·이수정 2022). 대학리의 점토대토기 분묘 축조자들은 지석묘의 공동체적 기억과 역사를 존중하면서 변화를 시도해 갔던 것으로 보인다.

　이후 원삼국시대가 되어 목관묘군이 들어서는 장소는 이전 청동기시대 취락과 지석묘가 집중분포하는 구역과는 다른 장소가 선택되는 경향을 보인다. 점토대토기가 석관묘와 지석묘에서 발견되는 것으로 보아 대구―경산분지에는 초기철기시대까지 청동기시대 분묘의 축조가 지속된다. 하지만 묘역식 지석묘를 포함한 초기철기시대 지석묘와 석관묘는 이전 시기의 입지, 혹은 경관의 이용방식과는 차이가 있음은 앞서 말한 바와 같다. 그림 6에서 보는 것 처럼 원삼국시대의 목관묘군은 청동기시대 기념물적 분묘 축조와는 완전히 다른 장소를 선택하는 것으로 보인다. 목관묘군의 입지가

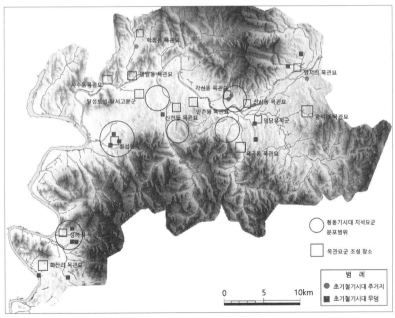

〈그림 7〉 초기철기시대 주거와 분묘의 분포와 청동기시대 지석묘군 집중분포구역(○) 및 목관묘군 조성 장소(□)의 대비

초기철기시대 분묘 혹은 의례유구와 어떤 관계가 있는지는 그리 명확하지 않다. 일부는 초기철기시대의 유적과 관련을 가지고 축조되지만 일부 목관묘군은 그림 7에서 보는 바와 같이 초기철기시대 주거지나 분묘군과 무관한 장소에 배치되는 양상을 보인다.

요컨대 점토대토기 단계가 되어도 매장시설과 축조의례는 청동기시대의 그것을 이어갔지만, 입지와 경관에는 큰 변화가 있었다. 입지와 경관이 변했다는 것은 기념물로서 당대의 사람들이나 후속 세대의 의식에 다른 방식으로 영향력을 행사했을 가능성이 크다. 이후 목관묘군은 점토대토기집단의 거주지나 분묘역과 관계하면서 조성되기도 하고 이전 사회의 기념물적 분묘의 장소와는 무관한 곳에 축조되기도 한다. 금호강 중하류역 분지 지역의 목관묘군 가운데는 이주민집단에 의해 조성되기 시작한 것이 여럿 있으리라고 생각된다. 여러모로 이 목관묘 의례는 서남한 지역의 그것과 유사하기 때문에 기원지도 그렇게 볼 수 있다고 생각된다. 하지만 토착집단이 목관묘 의례를 수용하여 조성한 것도 있을 것이다. 이전 점토대토기 단계의 주거나 분묘역과 관계가 깊은 곳에 조성되기 시작한 목관묘군이 그러한 사례에 속할 가능성이 클 것으로 보인다. 월성동 목관묘군과 같은 예가 그러한 사례에 속한다고 생각되는데 비록 부장용토기가 모두 점토대토기만으로 구성되고 철기의 형식이 이르다는 평가도 있지만, 반드시 이주집단에 의해 조성된 목관묘군보다 먼저 시작했다고 보기는 어려울 듯하다.

원삼국시대 개시기를 전후하여 조성되는 목관묘군은 이전 초기철기시대 주거나 분묘역과 관련이 있기도 하고 없기도 하다. 이는 목관묘군을 조성한 집단이 토착집단인가 아니면 서남한 지역으로부터 이주집단인가에 따른 차이일 수 있다고 생각된다. 제3유형의 목관묘군(목관계목곽묘)은 중서부와 한강유역의 목관·목곽묘와 연결된 분묘군으로 이 목관묘군은 서북지역과 연결된 집단에 의해 조성된 것으로 보인다. 내륙의 관계망과 연결된 금호강유역의 분지에는 이주 정착민에 의해 조성된 목관묘군과 토착민의 목관묘군이 혼재하였던 것으로 보인다. 추론을 확장한다면 월성동 목관묘군은 초기철기시대 주거와 분묘가 집중분포하는 월배선상지의 토착집단에 의해 조성된 것으로 이해되며 팔달동 목관묘군은 이전 시기에 점유가 없던 장소에 이주정착집단에 의해 조성된 분묘군이 아닐까 한다. 신서동 목관묘군은 초기철기시대 주거역에 토착집단이 목관묘를 수용하여 축조를 시작했지만, 이주집단의 목관묘와 동일한 구조를 받아들이는 가운데 서북한지역과 연결된 집단에 의해 가까운 곳에 구역을 달리하여 또 다른 목관묘군이 조성된다. 임당 구릉은 초기 이주민집단에 의해 목관묘군의 조성이 시작되었는데, 이 장소가 선택된 가장 큰 이유는 이전 점토대토기집단에 의해 구축된 이중환호 의례유구가 자리잡고 있었기 때문이 아닐까 한다. 이처럼 이주민 집단의 정착과 토착집단의 목관묘 의례 수용의 과정이 차후 여러 유적에서 밝혀질 수 있으리라 예상해 볼 따름이다.

2. 김해 분지

현 행정구역상으로 김해는 김해읍, 대동, 장유, 주촌, 진례, 그리고 한림 등 몇 개의 작은 분지를 포함하고 있다. 청동기시대 농경사회의 유적들은 해안의 작은 분지에 집중되고 낙동강변에 면한 평지에서는 유적이 매우 드물거나 확인되지 않는다. 해반천을 끼고 있는 김해읍, 조만강 상류의 주촌, 대청천과 율하천을 끼고 있는 장유 분지 등은 해수면 변동으로 추정되는 고김해만의 환경에서 한쪽이 바다로 열려 있었으리라 추측된다. 김해 일원에서 확인된 지석묘와 목관묘의 분포를 살피면 소규모 해안분지에 집중되어 있음을 살필 수 있다. 전반적으로 선상지성 평지에 하천을 따라 배치되는 양상이 해반천변과 율하천변, 그리고 조만강 상류에서 파악되기는 하지만 그리 뚜렷하지 않다. 평지가 아니라 낮은 구릉지가 지석묘 입지에 더 선호된다는 점도 분포상의 특징이다. 이에 비해 목관묘의 분포는 김해읍의 대성동 구릉 주변, 그리고 주촌면 양동리 일원의 구릉 등 크게 두 장소에 집중된다. 물론 지석묘 축조 시기에는 지형적으로 분리되는 4~5개의 지석묘군이 확인되어 상호독립적인 사회집단으로 파악되고 목관묘 단계에는 통합이 진행되어 2개의 집단으로 구분된다고 볼 수도 있다. 그러나 해반천 일원의 김해읍 분지 내에 축조된 지석묘의 규모, 입지의 상징성 등을 감안하면 지석묘 축조 시기의 한 정치조직체의 범위, 혹은 사회집단의 통합이 목관묘 시기보다 세분되어어야 한다는 의견을 내기는 쉽지 않다.

여기서는 금관가야의 핵심영역이라 할 수 있는 고김해만의 해안분지와 인접 구릉지의 점유사를 서술하고자 한다. 금관가야의 중심지는 대성동고분군과 봉황동유적을 연결하는 낮은 구릉지대이다. 이 일대를 중심으로 평지와 낮은 구릉이 교대되는 현재의 김해시 중심권역은 고김해만의 언저리

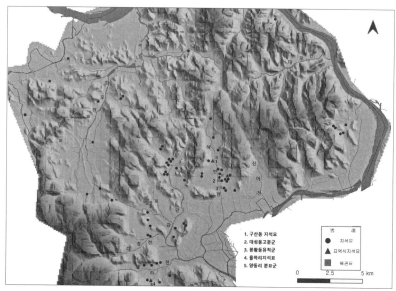

〈그림 8〉 김해지역 청동기·초기철기시대 지석묘와 목관묘의 분포

에 있던 일종의 해안 분지라고 할 수 있다. 경운산, 분성산, 그리고 임호산으로 둘러싸인 평지와 낮은 구릉 그리고 산록사면에 점유가 시작된 것은 청동기시대 중기 송국리문화기부터 라고 생각된다.

김해분지에 농경취락이 처음 들어선 것은 청동기시대 전기부터이다. 전기의 주민들은 김해분지 내의 평지나 낮은 구릉을 점유하지는 않았던 것으로 보인다. 당시 분지 내의 평지에서는 경작지의 확보가 여의치 않았던 것으로 짐작된다. 청동기시대 전기에 해당하는 거의 유일한 주거유적은 김해 어방동의 고지성취락이다(경남고고학연구소 2006). 취락의 주민들은 산정부 평탄대지에 조성된 마을에 기거하면서 가까운 곳에 경작지를 조성했을 것으로 보인다. 이 시기 김해 분지 중심권역의 좁은 완사면과 평지, 및 구릉에는 전기의 농경민이 거주했던 흔적을 찾을 수 없다. 이 지형들이 점유되기 시작한 것은 송국리문화기에 들어와서인 듯하다.

취락이 처음 들어설 때 구산동 곡부의 사면부터 시작한 것을 보면 분지 내 해반천 일대 평지는 여전히 넓게 하구환경이 아니었을까 한다. 김해분지를 에워싼 산지 사면 끝자락에 송국리 주거지 발견되고(경남고고학연구소 2010), 대성동 구릉 가까이에서는 확실한 거주의 흔적은 확인되지 않으나 소규모 환호가 발견된 바 있다(동의대학교박물관 2013, 김성진·김문철·김시환 2007). 그리고 이 거주민들에 의해 봉황대 동남부, 그리고 부원동의 낮은 구릉지에 지석묘가 축조된다. 김해분지 북편 곡저면을 사이에 두고 마주 보는 사면에 형성된 청동기시대 취락은 송국리시기에 시작되지만, 점토대토기 단계에 주거지의 수가 훨씬 늘어난다(최종규 2010). 그리고 봉황대와 그 동남쪽 구릉 일대와 그것이 어떤 성격이든 점유가 본격화되는 것도 점토대토기 단계로 이해된다.

고김해만을 둘러싼 분지의 중심이며 국읍의 공간으로 추정되는 대성동 고분군과 봉황동유적 일대에서 청동기시대 중기 이전에 속하는 점유의 증

거는 찾아지지 않는다. 송국리문화기의 늦은 단계로 추측되지만 이때 상당
한 외관을 지닌 기념물적 구획묘를 포함하여 지석묘가 산자락과 낮은 구릉
지대에 축조되기 시작한 것으로 보인다. 김해분지의 중심에 해당하는 대
성동 구릉 위에 1기가 배치되고(대성동고분박물관 2016) 그 북쪽으로 구산동
(경남고고학연구소 2010), 서쪽으로 내동, 동쪽으로 대성동 294번지 지석묘
와 서상동 지석묘가 분포한다. 남쪽으로는 봉황대에서 동쪽으로 뻗어나
간 구릉에 지석묘가 축조되어 있으며 분산성에서 남쪽으로 뻗은 능선 끝자
락 부원동 패총 주변에도 지석묘로 추정되는 유구가 발견된 바 있다(심봉근
1981).

이 지석묘 중에는 내동1호(김정학 1983)와 2호와 3호(임효택·하인수 2000,
임효택·곽동철 2000), 그리고 대성동 지석묘(대성동고분박물관 2016)와 같이 묘
광을 깊이 파고 내부에 석곽을 축조한 다음 석곽 상부의 공간을 다중 개석
혹은 적석을 채우는 방식으로 축조되어 있다. 후대의 교란으로 지금은 불
확실한 상태로 남아 있지만 구산동지석묘는 초대형의 묘역을 가졌다(경남

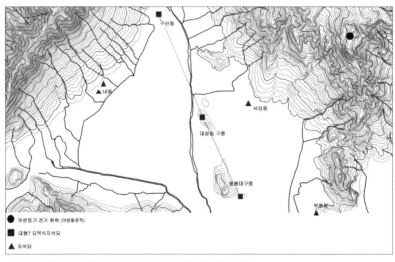

〈그림 9〉 김해 중심권역의 지석묘 및 묘역식지석묘의 배치

고고학연구소 2010). 봉황대에서 남동쪽으로 뻗어나간 구릉 상의 지석묘도 묘역시설을 가진 구획묘라는 의견이 제시된 바 있다(이상길 1996). 그렇다면 봉황대 지석묘(국립김해박물관 2014)는 묘역식 지석묘이며 묘역 주위에는 석관이 배장되고 묘역 안에는 옹관이 추가되었음을 의미한다. 대성동 구릉 상의 지석묘의 경우도 깊은 묘광에 석곽상부를 적석하여 채운 다음 상석을 얹어놓은 형식인데 목곽묘의 축조가 반복되어 묘역이 제거되었을 가능성을 생각하면 역시 대형의 묘역식지석묘로 추정해 볼만하다. 최근 대성동 294번지, 수로왕릉 동편에서도 봉황동 구릉의 지석묘와 유사한 구조의 묘역식 지석묘가 확인되었다(강산문화연구원 2018).

　김해 중심권역 평지와 낮은 구릉지대에 기념물적 분묘를 포함한 지석묘가 배치된 시기는 언제인가? 연대를 추정할만한 자료로서 내동 1호 지석묘에서 출토된 세형동검과 흑도로 보면 목관묘 단계까지 축조되었음은 확실하다. 내동 2호 지석묘의 경우도 단도마연토기의 형식으로 보아 서기전 4~3세기경으로 추정 한 바 있는데(임효택·하인수 1988) 동반 출토된 야요이식토기의 연대를 고려한다면 목관묘 이른 시기, 즉 초기철기시대로 볼 수 있으며 내동 3호 지석묘도 같은 부장양상을 보인다(임효택·곽동철 2000). 대성동 구릉상의 1호 지석묘에 출토된 마제석촉과 단도마연토기의 형식으로 보면 역시 늦은 형식이며 서기전 4세기 이전으로 보기 어렵다. 김해 중심권역에 지석묘가 배치되어간 시기는 전반적으로 지석묘 축조시기 중 늦은 단계이다. 해안분지의 기념물적 분묘복합이었던 진동유적, 율하유적 등과 유사한 성격을 가지며 지석묘 축조의 늦은 시기에 볼 수 있는 독특한 의미를 가진 문화경관이었다고 생각된다.

　구산동 묘역식지석묘와 취락의 조합은 특별한 것으로 보인다. 구산동 취락은 구릉 하단부터 시작되었을 가능성이 큰데 취락이 들어서고 난 뒤 일정기간이 경과 한 다음 사면 하단에 대지를 조성하고 초대형 묘역을 가진

〈그림 10〉 김해분지 중심권역의 지석묘 축조(1. 구산동 초대형 묘역식 지석묘; 2. 대성동 구릉 정상부에 입지한 지석묘 하부 매장시설; 3·4. 김해 회현리 패총 구릉 정상부의 상석과 매장시설)

지석묘를 축조했다. 그리고 이로부터 상당한 거리를 두고 사면 위쪽에 취락이 지속된 듯하다. 이시기 지석묘와 취락이 대부분의 점유유적에서 조합을 이루고 있었는지는 불분명하다. 하지만 초대형 묘역식지석묘와 같은 기념물적인 분묘는 조상으로서 특정인에 대한 기억을 위해 축조되었던 것은 분명하다. 취락과 지석묘가 조합될 경우 개별집단이 지석묘를 축조했다는 것이고 각자 기억해야할 지도자가 존재했다는 이야기가 된다. 김해 중심권역에서 지석묘축조의 전성기는 이미 목관묘단계로 넘어간 초기철기시대일 가능성이 크다. 이 시기에는 지역적 통합이 상당한 수준으로 이루어졌다고 보기 때문에(이희준 2000a·b) 그러한 소규모 집단의 분화는 생각하기 어렵다. 김해 중심권역의 집단들이 분지 전체를 대상으로 문화경관을 조성해 나갔다고 보는 것이 옳을 듯하다. 그렇다면 그 중심지가 어디인지 검토해 볼만한데 현재로서는 대성동고분군 동편 다중환호가 발견된 저평한 대지

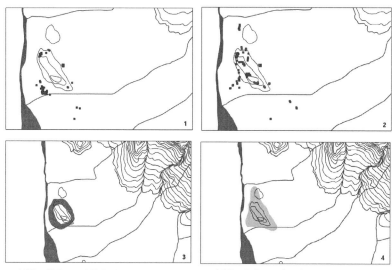

1. 대성동 구릉과 그 주변 목관묘 분포
3. 목관묘의 분포범위

2. 대성동 구릉과 그 주변 목곽묘 분포
4. 목곽묘의 분포범위

〈그림 11〉 대성동 구릉을 중심으로 한 목관묘의 분포 및 그 영역과 목곽묘의 분포 및 그 영역 비교

는(김성진·김문철·김시환 2007, 노재헌·윤성현 2015) 지석묘 축조 성행기의 중심 취락지였을 가능성이 크다.

　김해분지 내의 지석묘 중에서 어느 것이 가장 이른 시기의 것인지 구역별 지석묘의 축조연대는 언제인지 명확히 알 수 없다. 단도마연토기의 기형이나 석촉의 형식으로 보아 연대의 차이를 크게 두기는 어렵다. 구획시설을 가진 지석묘로서 대성동 294번지 지석묘와 봉황동 구릉의 것은 비슷한 연대를 보인다. 내동지석묘와 대성동고분군 구릉 위에 축조된 지석묘는 축조 방식이 서로 유사하다. 구산동 2A-1호 지석묘의 축조 시기는 발굴조사가 이루어지기 전까지 알 수 있는 방법이 없다.

　김해 분지 내에 지석묘의 평면적 분포로 보았을 때 한 가지 눈에 띄는 현상은 가장 북쪽 사면에 위치한 구산동 2A-1호 지석묘로부터 대성동 구릉의 지석묘 그리고 봉황대 지석묘는 거의 일직선상에 배치되어 있다. 그리고 이 지점들은 김해 분지 내에서 지형적으로 돋보이는 지점들이다. 김해 분지 내에 권력은 다소 분산되어 있었지만 상호간에 관계망을 형성하고 있던 집단들이 문화경관을 구축해 나가는 과정에서 중심지로서 선택했다면 일직선상의 세 지점이었을 것이다. 이 세 지점 중 어디가 먼저라고는 말할 수 없지만 초기철기시대에 축조되었던 것은 틀리지 않을 듯하다. 김해 분지 내 제집단의 사람들에게 그 세 지점의 지석묘 피장자들은 그들의 장엄했던 매장의례 및 축조의례와 함께 기억되었을 것임에 틀림없다. 그 이후 세 지점의 지석묘에서는 반복적으로 기념의 의식이 이루어졌을 가능성이 크고 그들의 존재는 분지 내에서 이루어지는 정치사회적, 문화적 실천에 영향을 주었을 것이다. 가령 새로운 묘제인 토광목관묘가 도입된 이후에 매장의례를 거행할 때도 대성동 구릉 둘레에 거리를 두고 배치되지 가깝게 접근하지 못하는 현상을 살필 수 있기 때문이다.

회현리패총 최하층에서 출토되는 유물로 보아 뒤에 국읍이 되는 국읍의 중심지구에 점유가 시작된 것은 원형점토대토기 단계일 것으로 여겨진다. 하지만 중심지구에 대한 주거의 점유뿐만 아니라 대성동 애꾸지 구릉의 주변 저지에 목관묘가 조성되는 것과 연동하여 국읍으로 집주가 본격화된 것은 원삼국시대 전기부터이다. 특히 송국리문화 후기부터 초기철기시대까지 기념물적 분묘는 대성동과 봉황대 구릉에도 배치되지만 주로 김해 분지 중심권역 외곽에 분포한다고 보아도 틀린 말은 아니다. 그러나 원삼국시대 들어서면 국읍의 중심지구 즉 대성동 구릉 주변저지에 분묘군을 배치하고 봉황대 구릉 하단을 에워싸는 환호를 축조한다. 아울러 분지의 외곽에서는 주거가 발견되지 않으므로 봉황대 중심지구로 이주했을 가능성이 크다.

김해분지 주위 사면과 대성동 및 봉황대 구릉의 경관을 지배했던 지석묘는 적어도 원삼국시대 전기까지는 경관을 지배하고 있었다고 본다. 그에 묻힌 조상에 대한 기억도 간직하고 있었으리라 추측된다. 대성동 구릉 정상부에 자리 잡은 기념물적 지석묘와 그 동편 저지에 대규모 토량작업으로 축조된 다중환호는 서로 긴밀한 관련성을 가지고 있었을 것이며 이 일대 송국리문화기부터 의례의 중심지였을 가능성이 크다. 묘역식지석묘로 추정되는 대성동 1호지석묘는 지배적 입지로 경관을 지배하고 있어서 이 피장자와 관련된 기억은 적어도 원삼국 전기까지 전승되었을 것으로 생각되며 수백 년 후의 목관묘의 배치와 입지에 큰 영향을 주었을 것이다(이성주 2017). 하지만 원삼국시대 전기에 봉황대 주변으로 주거의 이동은 분명한 추세였고 적어도 삼각형점토대토기 단계부터는 봉황대가 주거의 중심권역이 되었을 것으로 보인다. 대성동유적의 분묘역 조성, 그리고 봉황대 일원의 집주가 본격화된 것은 원삼국시대 초기부터이며 이것을 국읍 형성의 기점으로 잡아도 문제없을 듯하다.

Ⅳ. '國' 형성의 지역차

금호강 분지와 김해지역 지석묘~목관묘 시기의 인간집단의 점유사를 비교 검토한 결과 다음과 같은 지역 간의 유사점과 차이점을 읽을 수 있었다.

첫째, 양 지역은 지석묘 및 석관묘라는 청동기시대적인 묘제가 초기철기시대까지 지속적으로 사용되었던 것으로 보인다. 그런데 청동기시대와 초기철기시대, 그리고 초기철기시대에서 원삼국시대로 전환할 때, 이전 시기에 조성된 문화경관 내에서 다음 시기의 집단이 과연 어떠한 선택을 했는가는 지역에 따라 차이가 있는 듯하다.

양 지역에서는 초기철기시대에 접어들어 전통적 묘제인 지석묘 혹은 석관묘를 축조할 때 청동기시대 기념물적 분묘군의 조성 구역 안에 배치하기도 하고 새로운 장소가 선택되기도 한다. 다만 금호강 분지에서 새로운 장소가 선택되는 사례가 많은 것은 사실이다. 다음 원삼국시대 목관묘군 조성집단이 어떤 선택을 하는가가 문제인데 이는 청동기~초기철기시대 지석묘 축조 시기에 조성된 의례 및 정치사회적 중심지를 목관묘 조성집단이 계승하느냐 하는 선택과 관련이 있다. 금호강 분지 일원에서는 청동기시대 지석묘 사회의 의례중심지와 무관하게 목관묘군이 조성되지만 초기철기시대의 주거나 분묘역에 들어선 목관묘군도 있다. 이는 목관묘군의 조성이 이주집단인가 아니면 토착집단에 의한 것인가에 따라 다른 것이 아닐까 한다. 경산 임당유적에서는 점토대토기 집단의 의례중심지가 조성되고 얼마 되지 않아 목관묘군이 들어서면서 후대의 국읍이 조성되어 간다. 의례중심지 조성은 지석묘 축조 시기 마지막 단계로 추측되지만 목관묘군의 형성이 이중환호로 구획된 의례의 장소는 의식했지만, 지석묘의 경관을 계승하고자 하는 의도를 보였다고 말하긴 어렵다. 다만 월성동유형의 목관묘가 조성된 대구월성동유적과 같은 목관묘군은 청동기시대의 지석묘군 조성 이래 초기철기시대의 취락과 의례유구가 밀집된 장소에 들어선 사례가 된다. 이는 토착사회가 목관묘의례를 수용한 것으로 파악되고 철기 생산기술을 매우 일찍 수용한 집단으로 이해된다. 하지만 이후 시기에 소국의 주요집단으로 성장하는 모습을 보이지 않는다.

금호강 분지와는 달리 김해의 중심권역에서는 목관묘군이 조성될 때 청동기시대 말부터 초기철기시대에 걸쳐 기념물적 지석묘의 배치를 통해 조성된 문화경관을 계승하고 전해지는 역사적 기억을 존중하는 양상을 보인다. 같은 영남권역 안에서도 상대적으로 늦게 시작하는 목관묘는(이창희 2016; 이동희 2019) 이전 시기의 경관과 기억을 계승하고 존중하는 방식으로 축조된다는 것이다. 이미 김해지역 중심권역에는 구산동―대성동 구릉―김해패총 구릉으로 이어지는 지석묘가 배치된 지배적인 경관을 고려하여 그 중심지인 대성동 구릉 둘러싸듯 목관묘가 배치된 것은 목관묘 조성집단이 대성동 구릉에 묻힌 인물에 대한 역사적 기억을 보유하고 있었기 때문일 것이다.

둘째, 내륙의 교역망과 연결된 금호강 분지와 해상의 관계망을 연결하는 김해분지 사이에 목관묘 축조집단의 형성에 어떤 차이가 있는가 하는 문제에 대해서이다. 김해분지에서는 목관묘의 매장의례가 여러 유형으로 구분되는 것이 아니라 시종 단일한 방식으로 지속되었다. 김해 분지의 중심권역 대성동유적의 목관묘군도 그러하거니와 주변에서 산발적으로 확인되는 목관묘들도 서로 동일한 매장의례의 유형이라고 할만하다. 묘광이 깊고 와질토기 단경호, 주머니호와 조합식파수부장경호의 조합을 지키고 사례가 많지 않으나 상위 위계의 분묘에는 청동기가 출토된다. 다소 늦게 시작하는 듯하지만, 김해 분지의 목관묘의 매장의례는 금호강 분지의 2유형에 가깝다. 이에 비해 내륙의 관계망에 연접된 금호강분지에는 목관묘의 전통이 3가지 유형으로 구분된다. 이러한 양상은 이 지역 목관묘 사회 형성에서 다음과 같은 역사적 과정에 관해 추론할 수 있게 한다. 이 지역에는 방문이나 체류에서 그치는 것이 아니라 집단적 이주와 정착이 이루어질 수 있어서 토착사회의 목관묘의례 수용도 있었지만, 이주집단에 의한 목관묘 축조도 있었다고 여겨진다. 적어도 2유형과 3유형의 목관묘군은 서로 다른 시기, 서로 다른 지역으로부터 이주하여 몇몇 지역에 정착한 집단에 의해 조성되었을 가능성이 크다고 본다. 이처럼 이주집단에 의해 조성된 목관묘군은 같은 유형의 다른 목관묘군에 비해 상한 연대가 훨씬 이를 것이라고 추측된다. 특히 제2유형의 가운데 이른 연대를 보이는 목관묘군은 다른 지역의 토착집단에게 목관묘의례를 확산시키는 역할을 하였을 것으로 추측된다.

V. 맺음말

청동기시대부터 한반도 남부지역에는 기념물적 분묘인 지석묘가 축조되고 문화경관이 누세대적으로 조성되어 갔다. 특히 한반도 동남부에 해당하는 영남지역, 그 안에서도 그 동남부에 해당되는 금호강 분지와 김해 분지에서는 지석묘와 석관묘와 같은 청동기시대의 묘제가 초기철기시대에도 지속적으로 구축되어 갔다. 원삼국시대에 접어들면 이 지역에 목관묘축조집단이 이주 정착하거나 토착집단이 목관묘 의례를 수용하여 목관묘군이 조성되기 시작한다. 이 연구에서는 우선 청동기~원삼국시대에 걸친 기간의 장기적 점유역사를 통해 시대가 바뀌고 새로운 기념물 혹은 분묘 축조 의례가 도입될 때 주어진 경관과 역사적 기억에서 어떤 선택을 하는가 하는 문제를 다루고자 했다.

점유의 역사를 통해 인간집단의 선택을 살피려면 유물복합체의 개념과 같이 당대 물질문화의 조합을 통해서만 접근할 수는 없다고 본 연구는 전제했다. 그보다는 그 이전 시기에 주어진 문화경관과 역사적 기억과 같이 과거와 현재, 물질적, 혹은 비물질적 요소들의 패키지와 같은 것을 상정할 필요가 있고 이러한 개념을 통해 일정 시기 인간집단이 경관이나 장소를 선택하고 의미 있는 유구를 조성하는 방식을 이해할 수 있다고 보았다.

다음으로 이 논문에서는 해상의 관계망에서 관문사회로서의 입지를 지닌 김해 분지와 내륙의 관계망에서 중요 거점이었던 대구 및 경산과 같은 금호강 분지의 점유역사를 비교해 보았다. 특히 원삼국시대 개시기를 즈음하여 금호강유역의 분지에서는 내륙의 관계망을 따라 이주 정착한 집단들과 토착 주민집단이 청동기~초기철기시대를 거쳐 구축된 주어진 경관을 서로 다른 방식으로 이용하는 양상이 뚜렷했다. 그러나 김해 중심권역 분지에서는 토착 집단이 상대적으로 늦게 관묘의 매장의례를 수용하여 목관 묘군을 조성하는데 기존의 기념물적 지석묘의 축조를 통해 조성한 경관을 최대한 존중하는 것을 살필 수 있었다.

참고문헌

강산문화연구원, 2018, https://gscul.modoo.at/?link=150gk95i&messageNo=2
 8&mode=view&quer y=&queryType=0&myList=0&page=1

경남고고학연구소, 2005, 『鳳凰土城』, 慶南考古學研究所.

경남고고학연구소, 2006, 『金海 漁防洞 無文時代 高地性聚落遺蹟』, 慶南考古學
 研究所.

경남고고학연구소, 2010, 『金海 龜山洞遺蹟Ⅸ』, 慶南考古學研究所.

경남대학교박물관, 2013, 『德川里』, 慶南大學校博物館.

경상북도문화재연구원, 2018, 『경산 대학리 51-1번지 유적』, 경상북도문화재연구원.

고일홍, 2021, 「고고학 자료의 네트워크 분석을 통한 외래유물 유통망 검토: 영남지
 역 무덤 출토 오수전의 해석을 위한 융복합적 시도」, 『아시아리뷰』 11(1), pp.
 49-78.

국립김해박물관, 2014, 『김해 회현리패총』, 日帝强占期 資料調査 報告 9輯.

권오영, 1995, 「三韓 社會 '國'의 구성에 관한 고찰」, 『韓國古代史學報』 10, pp.
 1-53.

권오영, 1996, 「三韓의 '國'에 대한 研究」, 서울大學校大學院文學博士學位論
 文.기준으로」, 『韓國靑銅器學報』, pp. 20-52.

김경택, 2020, 「부여 송국리 유적 성격 재고」, 『고고학』 19(2), pp. 5-23.

김경환, 2015, 「원삼국~삼국시대 경산 임당 Ⅰ지구 주거지 연구」, 『嶺南文化財研究』
 28, 영남문화재연구원, pp. 171-207.

김광명, 2005, 「청동기시대 영남지역의 무덤과 祭祀」, 『영남의 청동기시대 문화』, 第
 14回 嶺南考古學會 學術發表會, pp. 47-70.

김광명, 2015, 「청동기시대 묘제」, 『금호강유역 초기사회의 형성』, 경상북도문화재연
 구원 학술총서1, 서울: 학연문화사.

김권구, 2012, 「청동기시대-초기철기시대 고지성 환구(高地性 環溝)에 관한 고찰」, 『韓國上古史學報』 76, pp. 51-76.

김권구, 2016, 「영남지역 읍락의 형성과 변화」, 『韓國古代史研究』 82, pp. 159-192.

김대환, 2016, 「진한 '國'의 형성과 발전」, 『辰·弁韓 國의 形成과 發展』 제25회 영남고고학회 정기학술발표회, pp. 43-60.

김민철, 2010, 「출토유물에 대한 검토」, 『慶山 林堂洞 環濠遺蹟』, 영남문화재연구원, pp. 187-211.

김민철, 2011, 「林堂丘陵 環濠의 年代와 性格」, 『慶北大學校考古人類學科30周年紀念考古學論叢』, 大邱: 慶北大學校出版部, pp. 211-246.

김상민, 2020, 『동북아 초기철기문화의 성립과 고조선』, 서울: 서경문화사.

김성진·김문철·김시환, 2007, 『金海 大成洞·東上洞 遺蹟』, 慶南文化財研究院.

김승옥, 2007, 「분묘 자료를 통해 본 청동기시대 사회조직과 변천」, 한국고고학회 편, 『계층사회와 지배자의 출현』, 서울: 사회평론, pp. 61-139.

김승옥, 2016, 「만경강유역의 점토대토기문화의 전개과정과 특징」, 『한국고고학보』 99, pp. 40-77.

김용성, 2000, 「임당유적 분묘와 축조집단」, 『압독 사람들의 삶과 죽음』, 국립대구박물관, pp. 140-153.

김원용, 1973, 『韓國考古學槪說』, 서울: 일지사.

김장석, 2008, 「송국리단계 저장시설의 사회경제적 의미」, 『한국고고학보』 67, pp. 4-39.

김장석, 2011, 「청동기시대 취락과 사회복합화과정연구에 대한 검토」, 『湖西考古學』 17, pp. 4-25.

김춘영, 2015, 「支石墓 分布를 통해 본 南海岸 各 地域의 交通路」, 『牛行 李相吉 敎授 追慕論文集』, 이상길교수추모논문집간행위원회, 서울: 진인진, pp. 174-95.

노재헌·윤성현, 2015, 『김해 대성동 91-8번지 유적』, 동양문물연구원.

동북아문화재연구원, 2019, 『경산 대학리·교리유적』, 동북아문화재연구원.

동의대학교박물관, 2013, 『金海 龜山洞 遺蹟』, 東義大學校博物館.

류지환, 2010, 「대구 진천천 일대 청동기시대 취락 연구」, 경북대학교 대학원 석사학
　　　위논문.

武末純一, 2002, 「遼寧式銅劍墓와 國의 形成」, 『淸溪史學』 16·17, pp. 27–39.

박경신, 2018, 「原三國時代 中部地域과 嶺南地域의 內陸 交通」, 『考古廣場』 23,
　　　pp. 1–31.

박순발, 1993, 「우리나라 初期鐵器文化의 展開過程에 대한 약간의 考察」, 『考古
　　　美術史論』 3, 忠北大學校考古美術史學科, pp. 37–62.

박장호, 2021, 「진·변한인의 중서부지역 이주와 그 역사적 함의」, 『嶺南考古學』 90,
　　　pp. 109–140.

박진일, 2021, 「점토대토기문화기 요동~서남한 지역 묘제의 전통과 변형」, 오강원
　　　외, 『철기문화 수용 시기의 분묘와 매장』, 성남: 한국학중앙연구원 출판부,
　　　pp. 45–82.

박진일, 2022, 『삼한의 고고학적 시공간』, 서울: 진인진.

배덕환, 2022, 「대평리 방어취락의 성립과 해체」, 『한국고고학보』 2022(2), pp. 317–338.

손준호, 2007, 「松菊里遺蹟 再考」, 『古文化』 70, pp. 35–62.

손준호, 2011, 「청동기시대 전쟁의 성격」, 『고고학』 10–1, pp. 5–26.

손준호, 2018, 「울산의 청동기시대 취락과 창평동 환호유적」, 『先史와 古代』 58, pp.
　　　279–307.

신영애, 2011, 「嶺南地方 粘土帶土器 段階 文化接變」, 경북대학교 대학원 석사학
　　　위논문.

우명하, 2016, 「영남지역 묘역지석묘 축조사회의 전개」, 『嶺南考古學』 75, pp. 5–36.

우명하, 2017, 「금호강 하류역 지석묘의 변천과 성격」, 『대구·경북의 지석묘 문화』,
　　　영남문화재연구원, pp. 31–47.

이동희, 2019, 「고김해만 정치체의 형성과정과 수장층의 출현」, 『嶺南考古學』 85, pp. 147-193.

이상길, 2007, 「祭祀를 통해 본 權力의 發生」, 한국고고학회 편, 『계층사회와 지배자의 출현』, 서울: 사회평론, pp. 179-220.

이성주, 1996, 「青銅器時代 東아시아世界體系와 韓半島의 文化變動」, 『韓國上古史學報』 23, pp. 7-78.

이성주, 1998, 「韓半島 鐵器時代 概念化의 試圖」, 『東아시아의 鐵器文化』, 제7회 문화재연구 국제학술회의 발표논문집, 文化財研究所, pp. 45-80.

이성주, 2012, 「都市와 마을(村落)에 대한 고고학적 논의」, 『考古學』 11-3, pp. 5-31.

이성주, 2015, 「총설: 초기철기·원삼국시대」, 영남고고학회 편, 『영남의 고고학』, 서울: 사회평론, pp. 221-227.

이성주, 2016, 「경북지역의 청동기시대 분묘와 부장품」, 『경북지역 청동기시대 무덤』, 경상북도문화재연구원 연구총서 2, 서울: 학연문화사, pp. 483-497.

이성주, 2017a, 「支石墓의 축조중단과 初期鐵器時代」, 『嶺南文化財研究』 30, pp. 127-62.

이성주, 2017b, 「辰弁韓 國의 形成과 變動」, 『嶺南考古學報』 79, pp. 27-62.

이성주, 2018, 「국읍으로서의 봉황동유적」, 『김해 봉황동유적과 고대 동아시아: 가야 왕성을 탐구하다』, 인제대학교 가야문화연구소, pp. 179-224.

이성주, 2021, 「이문화의 접촉과 물질문화의 혼종」, 오강원 외, 『철기문화수용 시기의 분묘와 매장』, 성남: 한국학중앙연구원 출판부, pp. 147-176.

이성주, 2022, 「경산지역의 원삼국시대 문화: 소국 형성과정에 관하여」, 『경산지역 청동기~원삼국시대 문화 전개양상』, 경산시립박물관, pp. 77-101.

이성주·김태희·이수정, 2022, 「지석묘의 축조와 경관의 역사」, 『韓國青銅器學報』 31, pp. 124-150.

이수홍, 2007, 「東南部地域 青銅器時代 後期의 編年 및 地域性」, 『嶺南考古學

報』40, pp. 27–50.

이수홍, 2017, 「대구지역 청동기시대 취락에서의 무덤 축조 변화」, 『대구·경북의 지석묘 문화』, 영남문화재연구원, pp. 99–126.

이수홍, 2019, 「대구 월배지역 송국리문화 유입 시점 검토」, 『考古廣場』 24, pp. 1–23.

이수홍, 2020a, 「영남지역 수장묘의 등장과 사회상」, 『嶺南考古學』 86, pp. 259–276.

이수홍, 2020b, 「경주지역 지석묘 사회의 종말」, 『경주의 청동기시대 사람과 문화, 삶과 죽음』, 국립경주문화재연구소, pp. 114–129.

이양수, 2006, 「동검으로 본 한반도 남부의 사회변화」, 『石軒 鄭澄元敎授 停年退任記念論叢』, 釜山考古學硏究會, pp. 375–392.

이양수, 2011, 「弁韓의 對外交易」, 『考古廣場』 8, pp. 27–63.

이재현, 2000, 「加耶地域出土 銅鏡과 交易體系」, 『韓國古代史論叢』 9, pp. 37–83.

이정은, 2011, 「영남 동남해안지역 점토대토기 문화의 변천」, 慶北大學校 大學院 碩士學位論文.

이종철, 2015, 「청동기시대 立大木 祭儀에 대한 고고학적 접근」, 『한국고고학보』 96, pp. 36–63.

이창희, 2011, 「토기로 본 가야 성립 이전의 한일교류」, 『가야의 포구와 해상활동』, 제17회 가야사 학술회의, 김해시, pp. 29–62.

이창희, 2015, 「勒島交易論」, 『嶺南考古學』 73, pp. 4–27.

이창희, 2016, 「弁韓社會의 中心地移動論: 다호리집단의 이주와 김해지역의 성장」, 『嶺南考古學』 76, pp. 39–64.

이현혜, 1984, 『三韓社會形成過程硏究』, 서울: 一潮閣.

이현혜, 1988, 「4세기 加耶社會의 交易體系의 변천」, 『韓國古代史硏究』 1, pp. 157–179.

이형원, 2005, 「松菊里類型과 水石里類型의 接觸樣相」, 『湖西考古學』 12, pp.

15–33.

이형원, 2015, 「住居文化로 본 粘土帶土器文化의 流入과 文化變動」, 『韓國靑銅器學報』 16, pp. 92–120.

이형원, 2016, 「忠淸西海岸地域의 粘土帶土器文化 流入과 文化接變」, 『湖西考古學』 34, pp. 4–29.

이형원, 2018, 「삼한 소도의 공간 구성에 대한 고고학적 접근: 중부지역의 환구 유적을 중심으로」, 『百濟學報』 24, pp. 239–265.

이형원, 2021, 「청동기시대 중심취락의 지역적 양상: 송국리유형 시기의 대규모 기념물을 중심으로」, 『湖西考古學』 49, pp. 4–28.

이희준, 2000a, 「삼한 소국 형성 과정에 대한 고고학적 접근의 틀」, 『韓國考古學報』 43, pp. 113–38.

이희준, 2000b, 「대구 지역 古代 政治體의 형성과 변천」, 『嶺南考古學報』 26, pp. 79–112.

이희준, 2004, 「경산 지역 고대 정치체의 성립과 변천」, 『嶺南考古學』 34, pp. 5–34.

이희준, 2011, 「한반도 남부 청동기~원삼국시대 수장의 권력기반과 그 변천」, 『嶺南考古學』 58, pp. 81–119.

이희진, 2016, 「환위계적 적응순환 모델로 본 송국리문화의 성쇠」, 『韓國靑銅器學報』 18, pp. 24–53.

임효택·곽동철, 2000, 「金海 內洞3호 큰돌무덤」, 『金海 興洞遺蹟』, 東義大學校博物館. pp. 91–129.

임효택·하인수, 1988, 「金海 內洞2호 큰돌무덤」, 『金海 興洞遺蹟』, 東義大學校博物館. pp. 59–88.

장용석, 2007, 「임당 유적을 통해 본 경산지역 고대 정치체제의 형성과 변천」, 『야외고고학』 3, pp. 43–85.

전옥연, 2013, 「고고자료로 본 봉황동유적의 성격」, 인제대학교 가야문화연구소 편,

『봉황동유적』, 서울: 주류성, pp. 109–128.

정 민, 2012, 「임당유적 목관묘 축조집단의 성격」, 『嶺南文化財研究』 25, 영남문화
　　　재연구원, pp. 72–37.

정인성, 1998, 「낙동강 유역권의 細形銅劍 文化」, 『嶺南考古學報』 22, pp. 1–74.

정치영, 2009, 「송국리취락 '특수공간'의 구조와 성격」, 『韓國靑銅器學報』 4, pp.
　　　50–74.

조진선, 2020, 「한국 청동기–초기철기시대의 시기구분: 금속기의 출현과 정치체의
　　　등장을 기준으로」, 『韓國靑銅器學報』 27, pp. 20–52.

최종규, 2001, 「談論 瓦質社會」, 『古代研究』 8, pp. 27–37.

최종규, 2010, 「龜山洞集落의 構造」, 『金海 龜山洞遺蹟 X』, 慶南考古學研究所.

최종규, 2014, 『鐵箱集 I : 葬送』, 진주: 도서출판 考古.

包永超, 2021, 「북한강유역 원삼국시대 서북한계 분묘: 묘제 및 구조」, 『북한강유역
　　　원삼국시대 서북한계 분묘』, 제18회 매산기념강좌, pp. 7–21.

하진호, 2012, 「林堂遺蹟 聚落의 形成과 展開」, 『嶺南文化財研究』 25, 嶺南文化
　　　財研究院, pp. 103–131.

하진호, 2015, 「청동기시대 촌락의 형성과 발전」, 『금호강유역 초기사회의 형성』, 경
　　　상북도문화재연구원 학술총서1, 서울: 학연문화사.

한빛문화재연구원, 2018, 『임당토성』, 한빛문화재연구원.

한수영, 2011, 「만경강유역 점토대토기문화기 목관묘 연구」, 『湖南考古學報』 39,
　　　pp. 5–25.

한수영, 2017, 「완주 신풍유적을 중심으로 본 초기철기문화의 전개양상」, 『湖南考古
　　　學報』 56, pp. 4–23.

황상일, 2015, 「청동~원삼국시대 지형 및 지질」, 『금호강유역 초기사회의 형성』, 경
　　　상북도문화재연구원 학술총서1, 서울: 학연문화사, pp. 17–44.

이성주,「지석묘 사회에서 목관묘 사회로 -영남지역을 중심으로-」에 대한 토론문

김 권 구 (계명대학교)

　- 연구시각과 연구방법론의 문제이다. 가락국성립과 성장에 대한 고고학적 연구의 관점으로 김해지역에 대한 장기지속적 문화변동의 관점에서 시간적으로 접근하고 공간적으로 중심 지역 혹은 핵심지역(heartland)의 문화양상뿐만 아니라 배후지역(hinterland)의 문화양상도 함께 변화양상을 고려하며 분묘연구와 더불어 취락 연구도 함께 연계하는(소배경 선생님의 오늘 발표) 가락국의 사회 내부구조와 네트워크 등의 변화양상추적이 이루어져야 한다고 생각한다. 그리고 이와 더불어 다양한 이론적 방법들이 적용되어야 하고 그런 점에서 우선적으로 고대사 연구와 고고학 연구의 융합적 연구로 각각의 분야 연구에서의 성과와 당면과제도 공유하며 고고학자료와 역사기록을 함께 보아야 한다고 생각되는데 이것을 포함한 연구방법론의 개선방안에 대해서 과거 발표한 논문(이성주 2017;27-62, 2022:55-72)[1]을 토대로 개략적으로 개선된 미래 연구 방향에 대해 이성주 선생님의 견해를 말해 주시기 바란다. 그리고 윤태영 선생님은 '끝으로 우리는 역사를 복원하기 위해 숨은그림찾기 판을 다른 것으로 바꿀 필요가 있다'고 발표문을 마무리했는데 현재의 판의 문제점과 새로운 다른 판으로 무엇을 생각하시는지 말해주시기 바란다.

---

1) 소국의 중심지, 주변, 관계망, 정치체의 영역과 정체성, 중심지의 형성과 성격, 위계화와 관계망 그리고 권력의 성격 등에 대하여 논의한 바 있다(이성주 2017).

- 초기철기시대 무문토기만 출토되는 단계- 와질토기와 무문토기가 공반하는 단계-와질토기만 출토되는 단계로 단계를 구분하여 현재의 알려진 자료를 토대로 할 때 대구 월성동유적의 사례를 토대로 대구지역의 와질토기 출현이 빠르고 경주지역이나 김해지역은 특히 김해지역은 그보다 늦게 와질토기가 출현한다는 박진일 선생님의 견해에 대해 이성주 선생님의 견해가 있으시면 알려주시고 박진일 선생님의 견해에 대해 평가해주시기 바란다. 그리고 영남지방 목관묘 출토 전기와질토기의 편년을 종합적으로 검토한 연구(이원태 2020:5-37)에서 대구, 경주, 울산, 부산, 김해, 창원, 함안 모두에서 I-1기의 서기전 1세기 전엽에 와질토기가 출현하는 모습은 박진일 선생님의 와질토기발생지 대구지역 가설과 약간 차이가 나는데 박진일 선생님의 답변을 부탁드린다.

- 서기전 1세기대가 한(韓)이 서로 문화적으로 분화가 시작되는 시점이며 이는 다호리, 늑도, 신창동, 팔달동, 경주일대의 물질문화가 거의 유사한 점에서도 암시되며 흑도장경호, 삼각형점토대토기, 무문토기 주머니호, 칸막이형(구절판)토기, 옹관묘, 칠초동검과 철검의 물질문화이며 아직 와질토기로 넘어가기 전의 전반적 양상이다. 그런데 승문타날토기가 나오기 시작하고 환원염토기인 와질토기가 나오는 단계가 삼한의 물질문화가 분립되기 시작하는 단계로 보면서 다호리 시기는 바로 한(韓)에서 삼한으로 분화되기 시작하는 시기라고 보는 견해가 있는데(이건무 선생과의 개인적 대화 2023) 이에 대해서도 권오영 선생님과 이성주 선생님 그리고 박진일 선생님의 의견 부탁드린다.

이성주, 「지석묘 사회에서 목관묘 사회로 −영남지역을 중심으로−」에 대한 토론문

오 강 원 (한국학중앙연구원)

 − 해반천 유역 김해분지의 지배적 경관, 대성동 1호 지석묘와 구산동 A2−1호 묘역식지석묘의 관계

 발표자는 청동기시대 후기~초기 철기시대 해반천 유역의 김해분지에 구산동 A2−1호 묘역식지석묘를 북쪽 종축선의 북단, 대성동 1호 지석묘를 중심, 봉황대 지석묘를 남단으로 하는 중심적 문화경관이 구현되어 있었고, 이러한 정치사회적, 문화적 경관이 대성동 고분군의 목관묘기까지 지속된 것으로 보았다. 또한 이 가운데 경관의 압도성, 대성동 고분군 내 목관묘군의 1호 지석묘 입지 회피, 해반천 유역 내 공간적 중심성 등을 근거로 대성동 1호 지석묘가 지배적 입지가 구현될만한 피장자의 무덤인 것으로 보았다. 이와 함께 오늘 학술회의의 주 대상인 구산동 A2−1호 묘역식지석묘는 대성동 1호 지석묘와 같은 초기철기시대 유사한 시간대에 조성된 지석묘이면서 장엄한 매장의례와 축조의례를 통해 기억되어야만 하는 역시 중요한 지배적 인물의 무덤인 것으로 보았다.

 발표자의 해석은 해반천 유역 주요 지석묘와 그를 둘러싸고 있는 정치사회적 분위기의 이면을 해석하는데 참고할 수 있는 시각을 주고 있다는 것은 분명하다. 다만 이와 관련하여 같은 시기 지배적 인물의 무덤으로 조성된 것이라면, 첫째 구산동 A2−1호 묘역식지석묘와 대성동 1호 지석묘의 상석, 묘역, 매장주체부, 유물의 차이가 무엇을 의미하는 것인지, 둘째 상석과 묘역 규모에서 압도성을 보이고 있는 구산동 A2−1호 묘역식지석묘

와 상대적으로 그렇지 않은 대성동 1호 지석묘가 정치사회적 실행의 주체 (조성자)들로부터 어떠한 의미가 부여된 유구인지, 셋째 만약 발표자가 세 지석묘를 같은 단계로 편년하는 연대관을 갖고 있다면, 구산동 A2-1호 묘역식지석묘와 대성동 1호 묘역식지석묘가 아닌 내동 1호 지석묘에 동검과 흑색마연장경호가 부장되어 있는 것을 어떻게 해석할 것인지 등에 대한 답변을 듣고 싶다.

김해지역 목관묘 문화의 이원적(二元的) 이해

박 진 일*

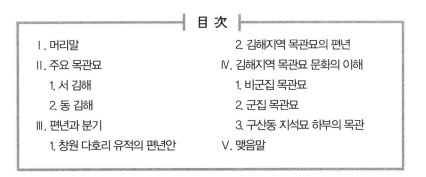

Ⅰ. 머리말

진·변한에서 특히 유행한 원삼국시대 군집(群集) 목관묘는 경기 남부나 호서지역에서 원형점토대토기와 한국식 청동기의 조합과 함께 등장한 비군집(非群集) 목관묘에서 유래한 것이다. 대개 서기전 5세기 무렵에 등장한 것으로 추정되는 비군집 목관묘는 상자모양의 매장주체부를 이루는 각각의 판재(板材)를 못이나 꺾쇠가 아닌 돌이나 흙으로 묘광(墓壙)에 고정하거나, 묘광 바닥이나 벽에 홈을 파 끼워 고정하거나, 아니면 판재끼리 짜 맞추

---

* 국립중앙박물관

어 고정한다. 대전 괴정동 유적(그림 1)이 대표적이다. 이 시기를 초기철기 시대라 이르는 글(한국고고학회 2015, 영남고고학회 2015 등)이 대다수였지만, 최근 청동기시대 연구자를 중심으로 철기가 없는 단계(즉 괴정동유형)는 청동 기시대 후기라 부르는 사례가 많아지고 있다. 이 글에서 자세히 살피지는 않겠지만, 필자 역시 송국리유형을 청동기시대 중기, 괴정동유형을 청동기 시대 후기로 설정한다. 뒤이어 군집 목관묘가 등장하여 무문토기와 주조철 기를 부장한 갈동유형부터는 원삼국시대에 포함시켜 본다(박진일 2022a).

　호서지역을 중심으로 등장한 목관묘는 군집하지 않으며 많아도 3기 정 도이다. 괴정동 유적처럼 상부에 적석이 있는 형태가 일찍부터 알려지면 서 적석목관묘(積石木棺墓)가 일반적인 묘형(墓型)인 것으로 생각되어 왔지 만, 실제로는 아산 매곡리 다2-1호묘(그림 2)처럼 상부에 적석이 없는 무적 석 사례가 더 많으며 두 묘형은 등장 시기가 다를 가능성도 있다. 이런 묘 에는 조립식 목관의 측판(側板)과 묘광 사이를 충전석(充填石)으로 'ㄷ'자 모 양으로 고정하는 사례가 다수 확인된다.[1] 한국식동검을 비롯한 여러 청동 기와 원형점토대토기·흑색마연장경호 등이 주요 부장품이다. 이후 전국식 철기가 전라북도를 중심으로 등장하면서 서남한의 목관묘는 군집하기 시 작하는데, 비군집 목관묘와 묘역이 겹치지 않는다. 이때부터 목관 상부의 적석과 목관 옆의 충전석의 비율은 현저히 낮아지게 된다. 서남한의 군집 목관묘는 분묘 조영 방식과 부장품으로 보아 동남한 군집 목관묘의 직접적 인 조형이다. 한편 김해는 동남한의 끝에 위치하고 있어 서남한에서 시작 된 목관묘 문화가 가장 늦은 시기에 당도했을 가능성이 높다.

　본고는 이런 이해를 바탕으로 김해지역 목관묘의 등장 과정과 시기를 살 피고 이해하는 것이 목표다.

---

1) 대전 괴정동, 아산 매곡리 다2-1호, 안성 반제리 유적 목관묘 대표적이다.

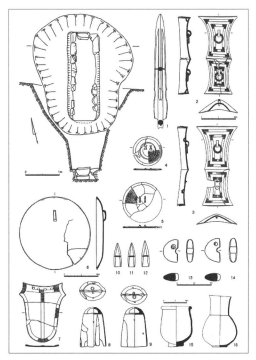

〈그림 1〉 대전 괴정동 분묘와 부장품

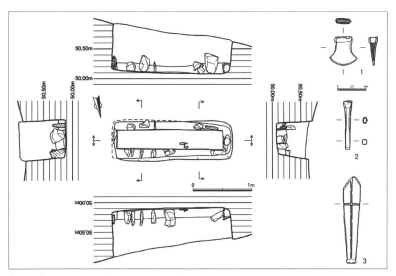

〈그림 2〉 아산 매곡리 다2-1호묘와 부장품

II. 주요 목관묘

　진례, 주촌, 장유 등의 서 김해와 대성동 유적을 중심으로 한 동 김해 지역으로 나누어 살피겠다.

1. 서 김해

가. 진례 시례리(군집 목관묘)

　강산문화재연구원 등(2020)에서 발굴한 유적으로 1-1지점에서 목관묘 14기와 옹관묘 3기가 조사되었다. 목관묘에는 주머니호, 조합우각형파수부호, 점토대옹, 봉상파수부호, 단경호, 장동파수부호 등 다양한 토기와 함께 철검, 철부, 철모 등 철기를 부장하였다. 토기 중에는 주머니호의 수량이 가장 많은데, 이 중 가장 이른 형식은 5호묘 부장품이다.(그림 3) 낮은 굽을 가지고 구연에 점토대가 남아있으며, 기고와 구경의 비율이 1에 가깝다. 다른 분묘에서 출토된 주머니호 중에서 굽이나 점토띠를 가진 것은 없다. 3호묘에서 출토된 주머니호(그림 4)는 평저에 가까운 저부에 구연단이 살짝 외반한 모양인데, 뒤이어 살펴볼 주촌 망덕리 1호묘 부장품과 비슷하다. 9호묘에도 같은 형식의 주머니호가 있다. 1,8,11호의 주머니호는 모두 3호묘 부장품보다 늦은 와질 주머니호다. 또 1호묘에서는 와질 조합우각형파수부호와 단경호가 함께 출토되었다.(그림 5)

　14기의 목관묘는 모두 상자모양으로 통나무는 없다. 더불어 충전석과 상부 적석 역시 확인되지 않는다.

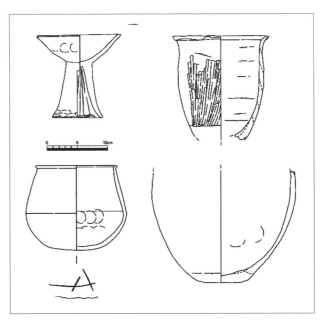

〈그림 3〉 진례 시례리 5호묘 부장품

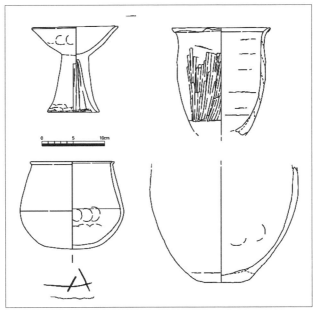

〈그림 4〉 진례 시례리 3호묘 부장품

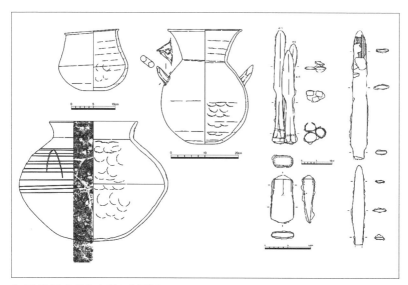

〈그림 5〉 진례 시례리 1호묘 부장품

나. 주촌 망덕리(군집 목관묘)

동서문물연구원(2015)이 조사한 유적으로 원삼국시대 전기의 목관묘 3기가 있다. 이 중 망덕리 1호(그림 6)와 2호에는 앞서 살핀 시례리 5호묘 부장품과 같은 형식의 주머니호를 부장했다. 더불어 1호에는 조합우각형파수부호, 2호에는 두형토기와 평저장경호를 부장했는데 모두 무문토기이다. 3호묘에서는 소형 단경호와 뚜껑이 공반되어, 위의 1호와 2호보다 늦은 시기인 것을 알 수 있다.

1호묘는 토층에서 목관의 흔적이 확인되지 않았고, 2호묘는 3호묘에 의해 파괴가 극심해서 단정할 수는 없지만, 3기의 모두 모두 상자모양으로 추정되며 통나무는 없다. 충전석과 상부 적석 역시 확인되지 않는다.

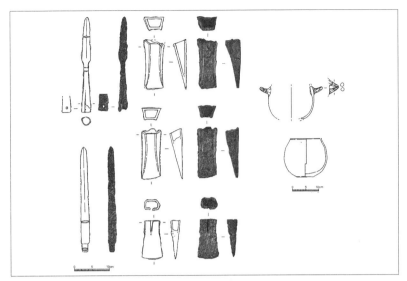

〈그림 6〉 주촌 망덕리 1호묘 부장품

다. 주촌 양동리(70호 비군집 목관묘와 군집 목관묘)

국립문화재연구소(1989)에서 1차례, 동의대학교박물관에서 5차례(2008), 그리고 국립김해박물관·대성동고분박물관(2012)과 함께 1차례 발굴조사를 실시하였다.

국립문화재연구소의 발굴에서는 목관묘 9기가 확인되었는데 상반부가 크게 되바라진 와질 주머니호와 함께 단경호·조합우각형파수부호가 보인다. 무문토기는 전혀 확인되지 않았는데, 토기로 보아 관곽 교체기에 즈음한 목관묘일 것이다. 모두 상자모양으로 보이며 통나무관은 없다. 더불어 충전석과 상부 적석 역시 확인되지 않는다.

동의대학교박물관의 5차례 발굴조사에서 모두 548기의 무덤이 확인되었다. 토기 부장을 기준으로 무문토기만 보이는 70호(그림 7), 무문토기와 와질토기가 공반하는 17,52호, 와질토기만 보이는 99(그림 8),151호가 있다. 토기가 아예 보이지 않은 무덤으로는 16,427호가 있는데, 후대의 파괴로 인한 결과일 가능성이 있다. 이 중 16호와 70호를 제외하고는 모두 목관묘로 보고하였다. 16호는 보고서에서 석관계 석곽묘로 보고하였는데, 부장품이 없어 정확한 시기를 가늠하기 힘들다. 소형이지만 네 측벽 모두에 돌을 정연하게 쌓아서 목관 판재와 묘광 사이에 듬성듬성 충전석을 두는 청동기시대 후기나 원삼국시대의 상자모양 목관묘의 축조방식과는 다르다. 70호묘는 장축을 등고선과 직교하여 설치하였는데 남쪽 단벽과 양쪽 장벽에서 충전석이 확인되었다. 70호묘는 부장한 삼각형점토대옹과 두형토기, 평저장경호로 보아 서기전 2세기의 무덤일 가능성이 충분하다. 부장 토기가 없는 무덤을 제외하면 다른 목관묘에는 모두 서기 1~2세기대의 와질토기를 부장했으므로, 양동리 70호는 다른 무덤과 무관하게 단독으로

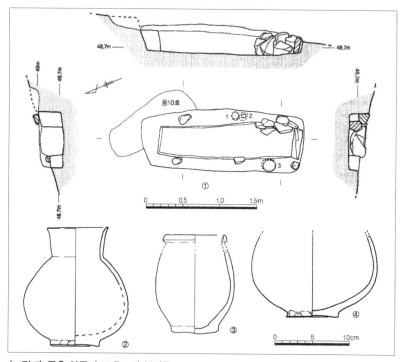

〈그림 7〉 주촌 양동리 70호묘와 부장품

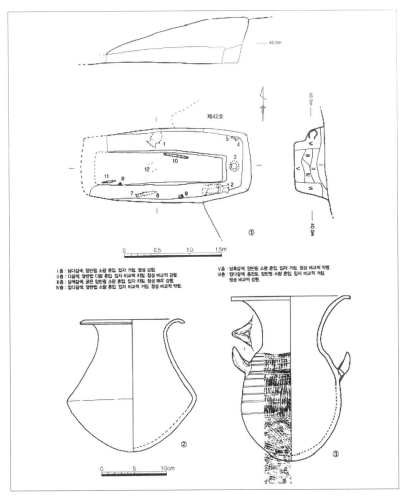

〈그림 8〉 주촌 양동리 99호묘와 부장품

조영되었던 것을 알 수 있다. 한편 목관묘는 모두 상자모양으로 통나무는 없다. 충전석은 70호 무덤에서만 확인되었다. 모든 무덤에서 상부 적석은 보이지 않는다.

뒤이어 국립김해박물관과 대성동고분박물관의 공동 발굴조사 결과 1지구에서 원삼국시대 분묘 39기가 조사되었다. 목관묘 25기, 직장묘 6기, 옹

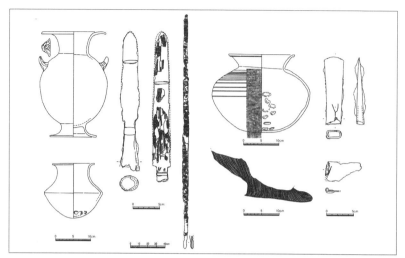

〈그림 9〉 주촌 양동리 김1-21호묘 부장품

관묘 8기이다. 그 중 목관묘는 모두 판재식인데 장축은 대부분이 등고선과 평행한 방향이어서 원삼국시대 전기 목관묘의 일반적인 장축방향과 다르다. 부장 토기는 대부분이 와질토기이다. 보고서에 근거하면 중심 연대는 서기 2세기 대이다. 대표적인 무덤으로는 1지구 21호묘가 있다.(그림 9)

확인할 수 있는 목관묘는 모두 상자모양으로 통나무는 없다. 더불어 충전석과 상부 적석 역시 확인되지 않는다.

라. 장유 신문동 공동주택부지(군집 목관묘의 일부로 추정)

두류문화재연구원(2021)에서 목관묘 1기를 조사하였다. 분묘는 언덕의 끝인 해발 23.5m 정도에 위치한다. 무덤은 기반층을 완만한 'U'자상으로 굴착하고 조성하였으며, 평면은 말각 장방형에 가까우며, 깊이는 20~30cm 정도 잔존한다. 일광경·유리소옥(그림 10)과 함께 삼각형점토대토기편과 철검 등을 부장했다. 필자는 일광경을 부장한 경주 조양동 38호묘와 단면 삼각형점토대토기를 부장한 동의대 조사 주촌 망덕리 52호묘와

〈그림 10〉 장유 신문리 1호묘 부장 한경과 유리옥

마찬가지로 이 무덤 역시 서기 1세기 전반이 적정한 연대일 것이라 생각한다. 1기만 조사되었지만 언덕 끝에 입지하는 점, 무덤의 조성방식과 부장품의 종류를 고려하면 군집 목관묘의 일부로 보는 편이 타당하다.

잔존 깊이가 얕아 묘형을 특정하기는 무리이지만 통나무의 흔적은 없으며, 충전석과 적석은 없었던 것으로 보인다.

2. 동 김해

가. 구지로(군집 목관묘)

경성대학교박물관(2000a)에서 조사한 유적으로 목관묘 14기가 확인되었다. 이 유적에는 무문토기만 부장한 무덤은 전무하고, 소성도가 높은 주머니호와 타날한 조합식우각형파수부호 등 와질토기를 부장한 무덤만 있다. 부장 토기로 미루어 보아 서기전에 해당하는 시기는 없고 2세기 전반이 중심 연대이다.

목관을 살펴보면 상자모양은 7,10,11,12,16,17,23,25,39,45,47호 11기이고 통나무는 31,40호 2기이다. 모든 목관묘에 충전석과 적석은 없다.

나. 대성동과 주변 지구(84호 비군집 목관묘와 군집 목관묘)

경성대학교박물관에서 조사한 유적이다. 크게 보아 구지로 유적과 같은 묘역으로서 모두 32기의 원삼국시대 목관묘가 확인되었다.

보고서(경성대학교박물관 2000b)의 조사유구명세표에서 원삼국시대로 표기된 목관묘는 다음과 같다. 언덕의 북쪽 선단부에서 27,53호 2기, 주변 1지구에서 12,13호(그림 11) 2기, 2지구에서 26,29호 2기, 3지구에서 3호 1기가 있다. 이 중 보고된 27,53호, 주변1지구 13호의 부장품인 와질제의 단경호·조합우각형파수부호·주머니호가 대성동 유적 목관묘의 대표적인

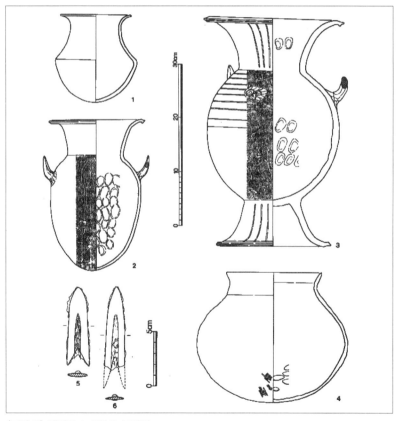

〈그림 11〉 대성동 1-13호묘 부장품

부장토기일 것이다. 이런 구성은 앞서 살핀 구지로 유적과 엇비슷하며 대부 조합우각형파수부호는 관곽 교체기로 보아도 좋다. 전체적인 연대를 보고서에서는 모두 2세기 전반이라 하였다.

분묘의 형식은 상자모양이 많을 것으로 추정되지만 확실하지 않다, 더불어 충전석과 상부 적석은 확인되지 않는다.

이후 대성동고분박물관부지(주변 5지구)에서 17기, 노출전시관부지에서 5

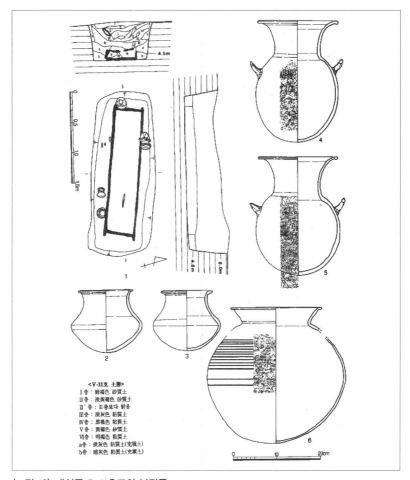

〈그림 12〉 대성동 5-11호묘와 부장품

기가 조사되었다. 보고서(경성대학교박물관 2003)에 의하면 부장 토기는 매우 빈약한데 무문토기의 부장 사례는 없고, 타날이 있는 와질제 단경호·조합 우각형파수부호·주머니호·장동호 등을 부장했다. 많은 토기를 부장한 5 지구 11호묘에는 횡침선이 조밀하게 돌아가며 타날문이 있는 대형 단경호 가 있다. 공반된 토기 역시 승석타날 조합우각형파수부호이고 동체의 상반 부가 급격하게 되바라진 와질 주머니호이다.(그림 12) 부장품이 풍부하지는

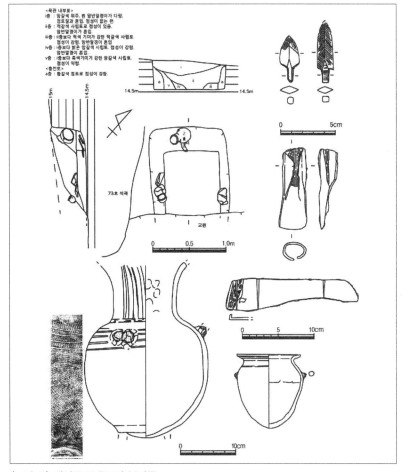

〈그림 13〉 대성동 80호묘와 부장품

않지만 5지구 3호나 5지구 18호 부장품 역시 비슷한 토기 구성을 보이므로 앞서 살핀 구지로 목관묘와 비슷한 연대인 것을 알 수 있다.

대성동고분박물관의 6차 조사(대성동고분박물관 2013)에서 79,80,84호 3기의 목관묘가 조사되었다. 79호와 목관묘에는 상반부가 크게 되바라진 주머니호와 함께 조합우각형파수부호를 부장했는데 모두 와질이다. 80호 목관묘에는 저부가 뾰족한 양뉴부옹과 함께 대각과 세 개의 조합우각형파수를 단 타날문호를 부장했는데, 보고서에 따르면 대부조합우각형파수부호는 도질 소성에 가깝다고 한다. 80호에 부장한 대부 조합우각형파수부호(그림 13)는 대성동1-13호묘에 부장한 토기와 흡사한데, 주촌 양동리 김1-21호묘 부장 사례(그림 9 참조)로 등으로 보면 관곽 교체기에 해당할 것이다.

이상에서 살핀 대성동과 주변지구의 목관묘는 모두 상자모양이다. 더불어 충전석과 상부 적석은 확인되지 않는다.

한편 보고서에서 84호로 보고한 2단 굴광의 석개목관묘(그림 14)는 위의 목관묘와 다르다. 바닥에 암회갈색의 환원토가 있고 판재를 끼워 넣기 위한 홈과 목관용 충전석이 확인되었다. 부장품은 목관 바닥에서 청동기시대의 전형적인 단도마연토기, 유경식석촉과 일단병식석검이 있었고, 개석 위에서는 원삼국시대의 유리소옥과 단조철부가 확인되었다. 직경 1.5~3mm 내외의 유리소옥은 목개 위와 적석 속에 다량 뿌려져 있었으며, 단조철부는 동쪽 개석의 최상단에 있었다. 매장주체부 내부에는 전형적인 청동기시대 중기 유물을 부장하였는데, 매장주체부 위에서는 원삼국시대의 유물이 출토된 것이다.

목관을 충전석으로 고정한 방식은 앞서 살핀 양동리 70호묘와 같다. 하지만 4차에 걸친 다중 적석은 청동기시대 중기 문화를 계승하는 것으로, 김해의 원삼국시대 목관묘에서는 유일하다.

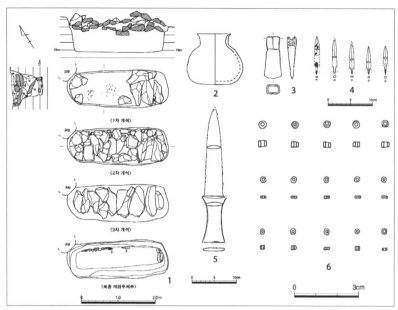

〈그림 14〉 대성동 84호묘와 부장품

다. 가야의 숲(군집 목관묘)

동아세아문화재연구원(2006)에서 조사한 유적으로 목관묘는 모두 3기이다. 보고서에서는 매장주체부를 모두 통나무관으로 추정하였다. 이 중 3호묘에는 요갱이 있지만 부장품은 없다. 1호와 2호에는 토기를 부장하지 않았으며, 소문경을 비롯한 칠기 여러 점을 부장한 3호묘에서만 와질의 주머니호 2점, 조합우각형파수부호 2점과 함께 양뉴부옹을 부장하였다. 부장토기로만 본다면 앞선 대성동과 주변지구의 목관묘보다 시기적으로 약간 이른 것 같다. 가야의 숲에서 원삼국시대 목관묘는 3기밖에 조사되지 않았지만, 발굴조사 당시에 이미 주변 묘역이 파괴된 후라는 것을 생각해 보면 원래는 이보다 훨씬 많은 목관묘가 있었을 것이라고 추정할 수 있다.

가야의 숲 목관은 모두 통나무이다. 더불어 충전석과 상부 적석은 확인되지 않는다.

라. 구산동 지석묘 하부 목관(비군집)

삼강문화재연구원(2021)이 조사한 유적으로 매장주체부 목관이 지석묘의 상석과 결합된 모습이다.(그림 15) 묘광은 길이 190cm, 너비 140cm, 깊이 95cm이고, 목관은 길이 140cm, 너비 60cm, 깊이 25cm이다. 우리나라 최대 규모의 상석에 비해 매장주체부는 크지 않다. 한편 목관의 서쪽 장벽 충전토 가운데에서 판석 1매와 그 아래에서 괴석 1개가 확인되었다. 이렇게 충전토 한 가운데에 있는 돌은 관재를 고정하기 위한 충전석일 것이다. 아산 매곡리 다2-1호묘처럼 원형점토대토기 등장기 목관묘에서부터 관찰할 수 있는 구조로 주촌 망덕리 70호묘에서도 확인된 사례이다. 매장주체부 내에 부장한 토기로는 홑구연 평저옹과 두형토기 각 1점이 있다. 홑구연옹은 삼각형점토대토기에서 삼각형점토대가 없어진 모습이지만 전형적인 형태는 아니다. 이처럼 넓게 되바라진 구연부와 중간 정도에서 급격하게 꺾이는 동체부의 모습은 야요이시대 중기 전반의 스구(須玖) 1식 토기의 영향이라고 한다.[2] 비슷한 형태의 토기가 같은 인근 구산동 취락에서

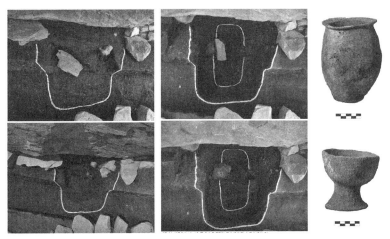

〈그림 15〉 구산동 지석묘 목관 시·발굴 광경과 부장 토기

---

2) 제28회 가야사국제학술회의 종합토론 당시 안재호선생님의 교시에 따른 것이다.

다수 출토되었다.

　약식보고서에 실린 토층 사진으로 보아 상자모양 목관인 것으로 보이며 충전석이 확인되었다. 무엇보다도 상부에 거대한 규모의 지석묘 상석이 있는 점이 두드러진다.

Ⅲ. 편년과 분기

　변한의 여러 군집 목관묘 출토 토기의 편년은 창원 다호리 유적 부장품으로 설정하는 것이 적정하다. 대구 팔달동 유적과 유적의 개시 시기가 같아 변한 최초의 군집 목관묘로 보아도 좋을뿐더러 목곽묘 개시기까지의 긴 시기 폭을 가지기 때문이다. 지금까지 조사된 151기의 무덤 중 대부분이 목관묘일 정도로 목관묘의 절대 수량 자체도 많고 부장 토기도 풍부하다. 다호리 유적의 목관묘는 크게 무문토기만 부장하는 단계, 무문토기와 와질토기를 부장하는 단계와 와질토기만 부장하는 단계로 나눌 수 있다. 필자는 이미 창원 다호리 유적 목관묘의 편년을 제안(박진일 2022b)한 바 있어 간단하게 이를 먼저 살핀 후 이를 근거로 김해 지역 목관묘를 살피겠다.

1. 창원 다호리 유적의 편년안

　창원 다호리 유적 군집 목관묘에 부장한 토기 중 편년이 가능한 기종으로는 주머니호, 조합우각형파수부호, (점토대)옹, 봉상파수부호, 단경호, 장동파수부호와 파수부발이 있으며 각 기종의 형식 설정은 아래 그림 16~22와 같다.

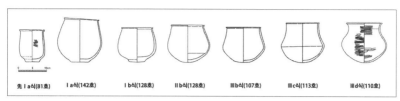

先 I a식(81호)　I a식(142호)　I b식(128호)　II b식(128호)　III b식(107호)　III c식(113호)　III d식(110호)

〈그림 16〉 다호리 유적 주머니호

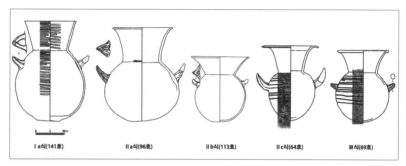

I a식(141호)　II a식(96호)　II b식(113호)　II c식(64호)　III식(69호)

〈그림 17〉 다호리 유적 조합우각형파수부호

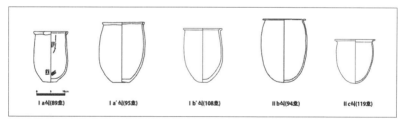

I a식(89호)　I a′식(95호)　I b′식(108호)　II b식(94호)　II c식(119호)

〈그림 18〉 다호리 유적 (점토대)옹

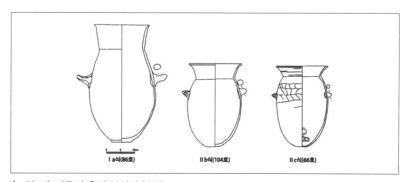

I a식(86호)　II b식(104호)　II c식(66호)

〈그림 19〉 다호리 유적 봉상파수부호

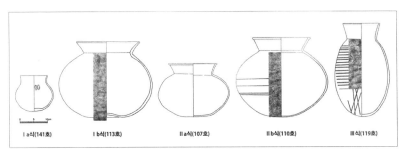

〈그림 20〉 다호리 유적 단경호

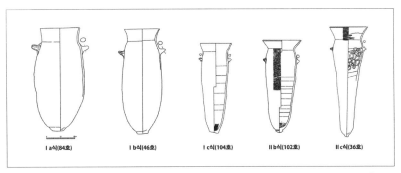

〈그림 21〉 다호리 유적 장동파수부호

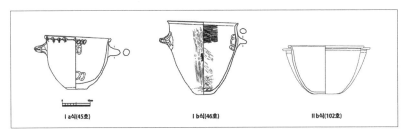

〈그림 22〉 다호리 유적 파수부발

　위에서 설정한 형식설정을 근거로 다호리 유적의 목관묘는 표 1과 그림 23처럼 8기로 나눌 수 있다.

분기	주머니호	단경호	조합 우각형 파수부호	(점토대)옹	봉상 파수부호	장동 파수부호	파수 부발
1기	先Ⅰa			Ⅰa			
2기	先Ⅰa, Ⅰa		Ⅰa	Ⅰa			
3기	Ⅰa, Ⅰb, Ⅱb	Ⅰa	Ⅰa	Ⅰa	Ⅰa	Ⅰb	Ⅰa
4기	Ⅲb	Ⅰa, Ⅰb	Ⅰa	Ⅰa	Ⅰa	Ⅰb	Ⅰb
5기	Ⅲb	Ⅱa, Ⅱb	Ⅰa, Ⅱa, Ⅱb	Ⅰa, Ⅰa', Ⅰb	Ⅰa		
6기	Ⅲb	Ⅱa, Ⅱb	Ⅰa, Ⅱa, Ⅱb	Ⅰa, Ⅱb	Ⅰa, Ⅱb	Ⅰc	
7기	Ⅲb, Ⅲc	Ⅰb, Ⅱb	Ⅱa, Ⅱb, Ⅱc	Ⅱb	Ⅱb	Ⅱb	Ⅱb
8기	Ⅲc, Ⅲd	Ⅱb, Ⅲ	Ⅱb, Ⅱc, Ⅲ	Ⅱb, Ⅱc	Ⅱc	Ⅱc	

〈표 1〉 창원 다호리 유적 시기별 토기 공반 관계

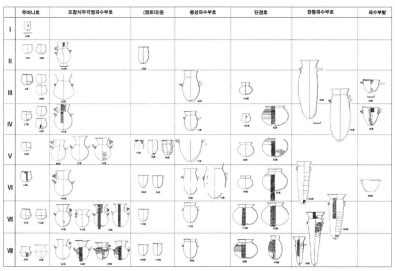

〈그림 23〉 창원 다호리 목관묘 부장토기 편년안

전고(박진일 2022b)에서 연대는 Ⅰ·Ⅱ기를 서기전 2세기 중·후엽으로, Ⅲ·Ⅳ기는 서기전 1세기대로, Ⅴ·Ⅵ기는 1세기대로, Ⅶ·Ⅷ기는 2세기 전·중엽으로 제안하였다.

2. 김해 지역 목관묘의 편년

위에서 설정한 다호리 유적의 토기 형식에 비추어 시례리, 양동리, 망덕리, 구지로, 대성동과 가야의 숲 유적 군집 목관묘 부장 토기의 형식과 조합을 살펴보면 다음의 표 2, 그림 24와 같다.

시기	주머니호	조합 우각형 파수부호	(점토대) 옹	봉상 파수부호	단경호	장동 파수부호
다호리 2기	Ⅰa					
다호리 3기	Ⅰb, Ⅱb					
다호리 4기	Ⅱc		Ⅰa	Ⅰa		
다호리 5기	Ⅱc, Ⅲb	Ⅱa			Ⅰb	Ⅰb
다호리 6기						
다호리 7기	Ⅲc	Ⅱb		Ⅱb	Ⅱb	Ⅱb
다호리 8기	Ⅲd	Ⅱb, Ⅱc	Ⅱb	Ⅱc	Ⅱb	Ⅱb
이후	Ⅲd	Ⅱc, Ⅲ	Ⅱb		Ⅰb, Ⅱb, Ⅲ	

〈표 2〉 김해 지역 목관묘 시기별 토기 공반 관계

다호리 유적 부장 토기 편년에 비추어 보면 김해 일대의 군집 목관묘 중 가장 이른 시기의 무덤은 주머니호 Ⅰa식을 부장한 진례 시례리 5호묘이다. 시례리 유적에서는 5호를 시작으로 하여 다호리 2기~5기에 해당하는 여러 목관묘가 조사되었다. 또 망덕리 유적 1·2호에는 다호리 3기로 볼 만한 주머니호를 부장하였다. 이 분묘들은 모두 서 김해에 위치하고 있다. 서 김해 일대에서는 이후 김해박물관에서 조사한 양동리 17호나 21호묘에서 알 수 있듯이 다호리 6기부터 목곽 등장기까지의 무덤이 골고루 확인되었다. 한편 동 김해에서는 다호리 6기부터의 무덤이 대성동과 주변지구,

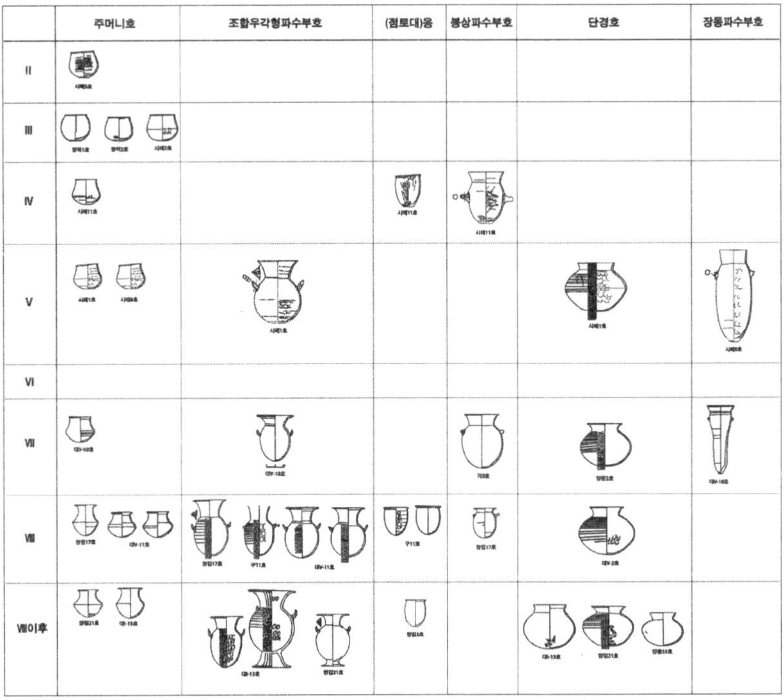

	주머니호	조합우각형파수부호	(첨토대)옹	봉상파수부호	단경호	장동파수부호
II						
III						
IV						
V						
VI						
VII						
VIII						
VIII이후						

〈그림 24〉 김해 지역 목관묘 부장토기 편년안

구지로, 가야의 숲에서 확인되었다.

한편 비군집 목관묘인 양동리 70호묘는 서기전 2세기, 대성동 84호는 부장품으로 미루어 보아 서기 1~2세기 정도일 것으로 추정한다. 더불어 구산동 지석묘 하부의 목관은 야요이시대 중기 전반을 서기전 2세기로 설정하는 필자의 입장에서는 아무리 올려보아도 서기전 2세기를 상회하지 않을 것이며 서기전 1세기에 해당할 가능성도 있으리라 생각한다.

Ⅳ. 김해지역 목관묘 문화의 이해

1. 비군집 목관묘

　김해의 비군집 목관묘 중 가장 시기가 이른 것은 동의대에서 조사한 주촌 양동리 70호(그림 7)이다. 충전토에 기고에 비해 구경이 작은 소형 점토대옹(그림7의③번)을 부장하였는데, 변한 일대 삼각형점토대옹의 변형이다. 창원 다호리 유적의 토기 편년안(그림 23)에서 보듯이 기고 10cm 내외의 소형옹을 부장한 다호리 81호묘의 상한을 필자는 다호리1기 즉, 서기전 2세기 중엽 정도로 본다. 양동리 70호묘는 돌을 'ㄷ'자 모양으로 충전하여 상자모양 목관의 측판들을 고정한 후 흙을 충전한 것을 알 수 있는데, 아산 매곡리 다2-1호(그림 2)나 안성 반제리 1~3호묘처럼 서기전 5세기 무렵 등장기의 서남한 비군집 목관묘와 같은 방식이다. 서남한의 비군집 목관묘에는 적석이 없는것도 있는것도 있는데, 아직 동남한에서 적석이 있는 비군집 목관묘는 확인된 바 없다. 서기전 5세기대에 중서부 해안지역에 등장한 비군집 무적석식 목관묘가 어떤 확산 과정을 통해 서기전 2세기 무렵에서 김해에 등장했는지는 더 구체적인 연구가 필요하다.

　또한 구산동 지석묘 아래에서 확인된 목관과 대성동 84호 목관묘 역시 비군집이면서 측판을 지지하기 위한 충전석이 확인되었기 때문에 양동리 70호묘 등장 맥락과의 관련성을 생각해 볼 수 있다. 특징적인 점은 지석묘와 다중 개석 석관묘라고 하는 청동기시대 무덤과 절충됐다는 점이다. 부장품을 살펴보면 구산동 지석묘 목관에는 야요이시대 중기 전반 토기의 영향을 받은 홑구연 평저옹과 두형토기를 부장하였다. 대성동 84호의 관 바닥에는 청동기시대 전통 그대로의 단도마연토기·일단병식석검·마제석촉을 부장하였다. 이와 함께 유리소옥이 출토되었는데 보고서에서는 목개 위에 뿌린 것이라 하였다. 또 단조철부가 동쪽 개석의 최상단에서 확인되었다. 필자는 위의 유물들이 한꺼번에 부장했을 가능성이 충분하다고 생각한다. 이런 양상은 청동기시대 중기의 전통을 따르는 분묘에 한국식동검을 부장한 김해 율하 B-9호 석관묘나 김해 내동 1호 지석묘와 맥락이 연결된다. 즉 앞 시기 형식의 분묘에 뒤 시기의 유물의 부장이다.

2. 군집 목관묘

장유 신문동에서 일광경을 부장한 목관묘는 1기만 조사되었지만, 충전석이 없고 한경과 진변한식 철검을 함께 부장한 점으로 미루어보아 군집 목관묘의 일부일 가능성이 높다.

진한과 변한 군집 목관묘의 조형(祖型)은 서남한의 만경강 일대의 갈동유형으로, 서기전 200년 무렵 이 전통이 영남으로 확산하였다. 지금까지의 발굴 결과로 비추어보면 대구 월성동 유적을 진·변한 군집 목관묘의 효시로 설정할 수 있다. 이때까지는 진한과 변한의 구분이 명확하지 않다. 이후 진한은 금호강을 상행하면서, 변한은 낙동강 본류를 하행하면서 각각의 세력을 확장해 나가는 것으로 보인다. 창원 다호리 유적이 월성동 유적에 뒤이어 조영이 시작되는 것은 목관묘의 부장품으로 증명된다.

다호리 유적은 앞선 표 1과 그림 23에서 편년안을 제시했는데, 가장 이른 다호리 1기는 월성동 유적의 마지막 단계와 시기가 비슷하다. 하한은 목곽묘 등장기 정도로 보면 적당하다. 이런 다호리 유적의 등장은 곧 진한과 구분되는 변한의 등장을 나타내는 것으로 군집 목관묘와 와질토기의 변한 확산의 시발점으로 보아도 좋다. 본고에서 살피지는 않았지만 교동유적으로 보아 밀양강 일대에서는 다호리3기부터 군집 목관묘와 와질토기가 등장하였다.

　김해 일대의 군집 목관묘 중에는 시례리 5호 목관묘가 가장 이르다. 이 무덤의 Ⅰa식 주머니호는 진변한 일대에서 처음으로 등장한 것으로 소형 삼각형점토대옹에서 유래한 굽과 구연단의 점토대가 남아있는 형식이다. 다호리 2~3기가 중심 연대인데, 시례리 5호묘는 공반 유물로 보아 다호리 2기로 추정된다. 지금까지의 발굴성과에 한정한다면 밀양 일대보다 조금 이른 다호리 2기 무렵부터 김해 서부에 군집 목관묘가 확산하였음을 추정할 수 있다. 하지만 대성동을 중심으로 한 동 김해에서는 다호리6기부터 축조한 분묘만 확인된다.

　이상의 흐름을 종합하면, 월성동 유적으로 대표되는 금호강 유역의 군집 목관묘 문화가 다호리 일대에서 변한의 전형을 형성한 후 다시 낙동강을 따라 하행하면서 순차적으로 군집 목관묘 축조를 개시하였다 할 수 있겠다. 전기와질토기 또한 이와 같은 확산 과정을 추정할 수 있다. 위 유적들은 토기 부장 양상에 따라 세 가지 유형으로 나눠볼 수 있는데, 첫 번째는 와질토기 없이 무문토기만 부장한 목관묘로 월성동유형이라 할 수 있다. 두 번째는 무문토기만 있는 목관묘와 와질토기가 공반하는 목관묘가 혼재하는 다호리유형이다. 세 번째는 무문토기만 출토되는 목관묘가 존재하지 않는 교동유형이라 할 수 있다. 군집 목관묘와 와질토기의 확산 양상에 비추어 살피면 '월성동유형 → 다호리유형 → 교동유형'으로의 변천은 당연하다. 요컨대, 변한의 군집 목관묘는 금호강 하류역에서 상대적으로

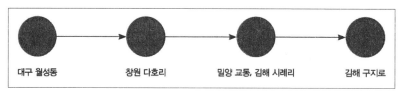

〈그림 25〉 선형 확산 모델 개념도

가까운 창원 다호리 유적에 처음으로 등장하였고, 여기에서 무문토기가 와질토기로 변하여 전형을 형성한 후 서 김해(밀양 포함)와 동 김해의 순서로 확산되었다. 변한 군집 목관묘의 이런 확산 과정은 낙동강 본류를 하행하는 '선형線型 확산 모델'이라 부를 만하다.(그림 25)

3. 구산동 지석묘 하부의 목관

거대한 상석 아래에서 확인된 구산동 목관은 비군집 목관묘 조영 전통의 연장선상에 있다. 청동기시대 중기의 지석묘와 후기의 비군집 목관묘의 속성이 결합된 것이다. 그런데 구산동 유적에서 청동기시대의 중기와 후기 요소가 함께 나타나는 것은 무덤뿐만이 아니다.

구산동 유적 주거지의 평면 형태는 타원형, 장방형, 방형으로 나눌 수 있는데, 이 중 청동기시대 중기 송국리문화에 속하는 것은 타원형이고 소수이다. 보고서의 고찰(최종규 2010a)에서 장방형과 방형은 타원형 이후인 괴정동문화로 설명하였다. 필자 역시 유적의 실제 연대와 무관하게 군집 목관묘가 등장하기 이전의 원형과 삼각형 점토대토기문화를 청동기시대 후기인 괴정동문화로 설정하는 것에 동의한다. 한발 더 나아가 최종규는 이 글에서 구산동유적을 괴정동문화에 야요이시대(弥生時代) 중기문화(城/越과 須玖)가 복합된 구산동양상으로 정의하였는데, 이것은 괴정동문화의 하위 개념이다. 이와 더불어 "송국리문화에서 괴정동문화에로의 전이가 폭력적이라기보다 융합 발전적이었을 가능성이 높다."(최종규 2010b)고 주장한 바 있는데 필자 역시 동의한다.

한편 "괴정동문화의 늑도식 단계와 평행하는 지석묘가 검출되지 않아 양 문화 간의 교체는 수석리식 단계 기간 중으로 한정할 수 있을 것으로 보인다."라고도 서술하였다. 하지만 위에서도 살폈듯이 구산동 지석묘 목관에 야요이시대 중기 전반 토기의 영향을 받은 홑구연 평저옹을 부장한 것이 확인되었는데 늑도 유적에서 삼각형점토대토기와 공반하는 형식이라 앞선 주장은 재검토가 필요하다. 한편 필자는 야요이시대 중기의 시작이 서기전 2세기를 상회하지 않을 것으로 생각한다. 따라서 야요이시대 중기 토기의 영향을 받은 구산동 목관 부장 토기를 근거한다면 이 무덤의 연대는 아무리 일러도 서기전 3세기에 해당하지 않을 것이며, 서기전 2세기나 1세기로 볼 가능성이 있다. 그렇다면 "구산농양상"의 하한 역시 하향 조정되어야 할 것이다.

이처럼 구산동 지석묘에서는 내동 지석묘에 한국식동검을 부장한 것과 마찬가지 맥락인 청동기시대 후기문화와 '우호적인 관계'가 확인되었다. 하지만 군집 목관묘에 종종 부장하는 철기나 와질토기가 보이지 않는 점은 구산동 지석묘는 빨라도 서기 1세기 후반 정도에 동 김해 일대에 등장한 군집 목관묘 문화와 시기적으로 겹치지 않거나, 겹치더라도 '비우호적인 관계'였음을 보여준다.

V. 맺음말

김해지역의 목관묘 문화를 살폈다.

비군집 목관묘는 청동기시대 후기 괴정동유형에서 비롯된 것으로 양동리 70호묘가 대표적이다. 조립식 상자모양의 목관의 측판을 지지하기 위한 'ㄷ'자 모양 충전석을 두는 것이 특징인데, 동 김해에서는 청동기시대 중기의 분묘와 결합하는 양상을 확인할 수 있었다.

군집 목관묘는 금호강 하류에서 유래한 후 낙동강 본류를 타고 하행하면서 군집 목관묘의 개시 시기가 점차 늦어지는 경향을 보인다. 지금까지의 발굴 결과로는 '대구 월성동 → 창원 다호리 → 밀양 교동·김해 시례리 → 김해 구지로' 순서가 된다. 가장 늦은 시기에 시작되는 동 김해에서 서기 전에 해당하는 군집 목관묘는 찾을 수 없으며, 빨라도 서기 1세기 후반이 되어야 시작된다. 필자는 동 김해에서 군집 목관묘의 개시 시기가 구산동 유적으로 대표되는 김해 일대의 청동기문화가 종말을 맞이하는 시기와 연동되었을 가능성이 충분하다고 생각한다.

서기 전후 몇 백 년 동안 청동기시대 중기문화(송국리유형), 후기문화(괴정동유형), 원삼국시대 군집 목관묘 문화, 야요이 중기 문화가 나타나 공존하고, 번성하고, 사라져갔던 김해의 여러 집단을 좀 더 세세하게 살핀다면 변진구야국의 등장 양상을 구체적으로 구명할 수 있을 것이다.

참고문헌

강산문화재연구원 등, 2020, 『김해 시례리 유적Ⅰ』.

경남고고학연구소, 2010, 『金海 龜山洞 遺蹟Ⅸ - 無文時代 集落 - 』.

_____, 2010, 『金海 龜山洞 遺蹟Ⅹ - 考察編 - 』.

慶尙北道文化財硏究院, 2008, 『大邱 月城洞 777-2番地 遺蹟(Ⅱ)』.

경성대학교박물관, 2000a, 『金海 龜旨路 墳墓群』.

_____, 2000b, 『金海 大成洞古墳群Ⅰ - 槪報 - 』.

_____, 2003, 『金海 大成洞古墳群Ⅲ』.

국립김해박물관, 2011, 『昌原 茶戶里 遺蹟 9차 발굴조사보고서』.

_____, 2013, 『昌原 茶戶里 遺蹟 10차 발굴조사보고서』.

_____, 2014, 『昌原 茶戶里 遺蹟 11차 발굴조사보고서』.

국립김해박물관 · 대성동고분박물관, 2012, 『金海 良洞里 遺蹟』.

국립문화재연구소, 1989, 『김해 양동리 고분군』.

국립중앙박물관, 2012, 『昌原 茶戶里』.

이은창, 1968, 「대전 괴정동 출토 일괄유물」 『考古學』 2, 한국고고학회.

대성동고분박물관, 2013, 『金海 大成洞古墳群 - 73호분〜84호분 - 』.

동서문물연구원, 2015, 『金海 望德里 遺蹟』.

동아세아문화재연구원, 2006, 『金海 伽耶의 숲 遺蹟 發掘調查報告書』.

동의대학교박물관, 2008, 『金海 良洞里古墳群Ⅰ』.

두류문화재연구원, 2021, 『김해 신문동 공동주택부지 내 유적 발굴조사』.

密陽大學校博物館, 2004, 『密陽校洞遺蹟』.

박진일, 2022a, 「원삼국시대 재설정과 초기철기시대 폐기 필요성 검토」 『한국고고
학 시대 구분 이대로 좋은가?』, 국립문화재연구원.

_____, 2022b, 『삼한의 고고학적 시 · 공간』, 진인진.

삼강문화재연구원, 2021, 『김해 구산동 지석묘 정비사업부지 내 매장문화재 시·발굴조사 약식보고서』.

영남고고학회, 2015, 『영남의 고고학』, 사회평론.

嶺南文化財硏究院, 2000, 『大邱八達洞遺蹟Ⅰ』.

중앙문화재연구원, 2018, 『아산 매곡리유적』.

中原文化財硏究院, 2007, 『安城 盤諸里遺蹟』.

최종규, 2010a, 「12.龜山洞集落의 構造」, 『金海 龜山洞 遺蹟Ⅹ-考察編-』.

＿＿＿＿, 2010b, 「14.龜山洞遺蹟 A2-1호 支石墓에서의 聯想」, 『金海 龜山洞 遺蹟Ⅹ-考察編-』.

박진일, 「김해지역 목관묘 문화의 이원적(二元的) 이해」에 대한 토론문

조 진 선 (전남대학교)

1. 박진일 선생님은 월성동 유적으로 대표되는 금호강유역의 군집 목관묘 문화가 다호리 일대에서 변한의 전형을 형성한 후 다시 낙동강을 따라 하행하면서 순차적으로 군집 목관묘 축조를 개시하였다고 하고, 이를 선형 확산모델로 정의하였습니다. 그렇다면 영남지역 목관묘는 동일한 요인에 의해 시간적 차이만 두고 지역적으로 확산되면서 조영되었다고 이해해도 되는지 알고 싶습니다. 즉, 영남지역 목관묘는 지역에 따라 등장 시기는 조금씩 다르지만, 문화적 양상은 크게 차이나지 않은 것으로 파악해도 되는지 여쭙고 싶습니다.

박진일, 「김해지역 목관묘 문화의 이원적(二元的) 이해」에 대한 토론문

김 권 구 (계명대학교)

- 초기철기시대 무문토기만 출토되는 단계- 와질토기와 무문토기가 공반하는 단계-와질토기만 출토되는 단계로 단계를 구분하여 현재의 알려진 자료를 토대로 할 때 대구 월성동유적의 사례를 토대로 대구지역의 와질토기 출현이 빠르고 경주지역이나 김해지역은 특히 김해지역은 그보다 늦게 와질토기가 출현한다는 박진일 선생님의 견해에 대해 이성주 선생님의 견해가 있으시면 알려주시고 박진일 선생님의 견해에 대해 평가해주시기 바란다. 그리고 영남지방 목관묘 출토 전기와질토기의 편년을 종합적으로 검토한 연구(이원태 2020:5-37)에서 대구, 경주, 울산, 부산, 김해, 창원, 함안 모두에서 I-1기의 서기전 1세기 전엽에 와질토기가 출현하는 모습은 박진일 선생님의 와질토기발생지 대구지역 가설과 약간 차이가 나는데 박진일 선생님의 답변을 부탁드린다.

- 서기전 1세기대가 한(韓)이 서로 문화적으로 분화가 시작되는 시점이며 이는 다호리, 늑도, 신창동, 팔달동, 경주일대의 물질문화가 거의 유사한 점에서도 암시되며 흑도장경호, 삼각형점토대토기, 무문토기 주머니호, 칸막이형(구절판)토기, 옹관묘, 칠초동검과 철검의 물질문화이며 아직 와질토기로 넘어가기 전의 전반적 양상이다. 그런데 승문타날토기가 나오기 시작하고 환원염토기인 와질토기가 나오는 단계가 삼한의 물질문화가 분립되기 시작하는 단계로 보면서 다호리 시기는 바로 한(韓)에서 삼한으로 분

화되기 시작하는 시기라고 보는 견해가 있는데(이건무 선생과의 개인적 대화 2023) 이에 대해서도 권오영 선생님과 이성주 선생님 그리고 박진일 선생님의 의견 부탁드린다.

 - '서남한의 군집목관묘는 분묘조영방식과 부장품으로 보아 동남한 군집 목관묘의 직접적 조형이라고' 발표하였는데 이것은 완주 갈동유적, 대구 월성동유적, 대구 팔달동유적, 경주 조양동유적 등을 토대로 제시한 견해로 이해된다. 혹시 이것이 서남한 군집목관묘 축조집단의 동남한지역으로 이주를 암시하는지 박진일 선생님의 답변 부탁드린다. 대성동 84호 다단토광 석개목관묘가 부장품으로 보아 서기 1-2세기 정도일 것으로 추정하였는데 그 하한을 너무 내린 것은 아닌지요? 진한과 구분되는 변화의 등장을 나타내는 것으로 군집목관묘와 와질토기의 변한지역 확산을 시발점으로 잡고 있는데 차라리 외래계 위세품의 부장이 지속되는 김해지역의 목곽묘단계와 철기중심의 위세품의 부장으로 변화되는 경주지역의 목곽묘단계를 서기전 1세기 다호리단계부터 시작되어 목곽묘 단계까지 이어진 진한과 변한의 문화적으로 동태적인 차별화과정을 보여주는 양상으로 보면 어떨까 하는데 이에 대한 권오영 선생님의 의견 부탁드린다. 즉 경주를 중심으로 한 진한지역에서의 목곽묘단계 철기 중심의 위세품체계와 김해를 중심으로 한 변한지역에서의 장거리교역품을 위세품으로 하는 전통의 지속화 양상이 진한과 변한의 물질문화와 위세품체계에서의 변화양상으로 보는 것이 어떨까 하는데 답변 부탁드린다.

박진일, 「김해지역 목관묘 문화의 이원적(二元的) 이해」에 대한 토론문

오 강 원 (한국학중앙연구원)

－ 구산동 A2-1호 묘역식지석묘, 매장주체부, 와질토기문화기의 목관묘에 대한 이해

발표자는 구산동 A2-1호 묘역식지석묘와 매장주체부가 동시에 조성된 것으로 보고, 김해지역 묘역식지석묘의 마지막 시기이자 비군집 목관묘와 병존하던 시기에 조성된 것으로 보고 있다.

이와 관련하여 오늘 학술회의에서 함께 발표하고 있는 이동희 선생님은 구산동 A2-1호 묘역식지석묘가 김해지역 최후의 지석묘라는 점에서는 발표자와 같은 견해를 취하고 있으나, 초기 조성 시점의 원래 기능, 묘역과 매장주체부의 동시성 여부 등에서 발표자와 다른 의견을 취하고 있고, 윤태영 선생님은 김해지역의 지석묘가 구산동 A2-1호기에 초대형화(묘역)되었다가 다시 묘역 규모가 축소되는 선지리 단계가 이어지는 것으로 보고 있어, 역시 발표자와 다른 의견을 갖고 있다. 이에 대한 발표자의 의견을 듣고 싶다.

박진일,「김해지역 목관묘 문화의 이원적(二元的) 이해」에 대한 토론문

송 원 영 (김해시청)

구산동지석묘는 첫 발굴과 재발굴, 정비 등의 과정을 거치면서 많은 우여곡절을 거쳤다. 압도적인 규모의 상석과 묘역의 크기만큼 중요하고 관심을 받는 유적임은 분명한데, 유명세 못지않게 아직 많은 점에서 학계의 논의가 필요해 보인다.

먼저 가장 기초적인 문제인 유구의 성격이 무엇인가부터 정리가 안 돼 있는 상황이다. 일반적인 지석묘인지 아니면 소위 '제단식지석묘'인지부터가 논의대상이 되었다.

이에 대해 박진일은 대성동고분군 84호분과 구산동지석묘를 해반천 권역의 가장 이른 시기 목관묘로 보는 입장인데, 과연 양자를 목관묘로 구분할 수 있을지 의문이다. 지석묘의 경우 매장주체부가 석곽, 석관, 목관, 토광, 옹관 등으로 다양하지만 통칭 지석묘라고 구분하고 있으며, 매장주체부가 목관이라고 해서 조선시대 민묘를 목관묘라 부르지 않는 점을 고려하면 분류상 새롭게 정리할 필요가 있어 보인다. 참고로 보고서에도 기재되어 있듯이 84호분 출토 철부는 유구 내부가 아닌 표토 제거시 출토된 것으로 사용에 주의가 필요하다.

진변한의 분립과 구야국의 성장

권 오 영*

Ⅰ. 머리말

　한반도에 분포하는 수많은 고인돌 중 규모 면에서 최대이면서 동시에 고고학적, 역사학적으로도 중요한 의미를 담고 있는 김해 구산동 지석묘는 변한 구야국이 등장하는 전야의 상황을 상징하고 있다. 이런 이유로 이 유적의 성격을 규명하여 구야국이 출현하는 과정을 복원하고 그 의미를 정리하려는 시도가 최근 활발히 진행되고 있다.

　다른 한편으로는 그동안 오랜 시간 공을 들여온 "가야고분군"의 유네스

---

* 서울대학교

코 세계유산 등재가 바로 코앞에 다가왔다. 대상이 되는 7개의 유산 중 김해 대성동고분군을 축조한 금관가야를 가야의 일원에 포함시키는 데에는 아무런 이론이 없으나 창녕과 양산, 부산 등의 정치체를 가야에 귀속시킬지 신라에 귀속시킬지에 대해서는 학계의 합의를 이루지 못한 상태이다. 신라와 가야의 차이, 구분과 경계에 대한 논쟁은 아직도 해결되지 못하고 여전히 평행선을 달리고 있는 셈인데, 이 문제는 진한과 변한, 나아가 마한과 진변한의 구분과도 연관된다.

이런 문제점을 인지하여 이 글에서는 韓이라는 단위가 시작된 시점, 삼한의 분립, 변한에서 가야로의 전환, 신라와 가야의 구분 등 산적한 문제점들을 거론해보고자 한다. 다만 하나하나가 모두 무거운 주제이므로 주제마다 결론을 내리기보다는 이러한 과제를 해결하는 데에 고려해야 할 사항들을 적시하는 정도에서 머물고자 한다.

Ⅱ. 韓의 시작과 三韓의 분립

1. 韓의 시작

한국고대사에서 삼한을 전삼한과 후삼한으로 나누어 보는 신채호의 견해, 先秦시대 문헌에 의거하여 한족이 서쪽에서 장거리를 이동해 왔다는 견해(金庠基, 1948)는 이제 많이 극복되었다. 20세기 전반의 극단적인 이동론을 대신하여, 지금은 한반도 중부 이남에서 성장한 청동기시대 이후 지역 집단의 발전 과정에서 韓 사회의 변천을 추적하고, 그 변화를 기초로 백제, 가야, 신라라는 고대 정치체가 성장하였다고 보는 견해가 대세를 이루고 있다. 여기에 이견을 다는 전문 연구자는 찾아보기 어렵게 되었다.

그런데 구체적인 사안에서는 연구자들에 따라 다양한 주장이 제기되고 있다. 문헌자료에 따를 경우, 『삼국지』『후한서』 모두 기원전 2세기 초 위만이 준왕을 몰아낼 때 이미 남쪽에는 韓地, 韓王이 존재하였다고 한다. 따라서 지역명이건, 종족명이건 한반도 중부 이남에 대하여 "韓"이란 명칭이 늦어도 이때에는 이미 사용되고 있었다고 보아야 할 것이다. 그렇다면 상한은 언제인가?

이 문제에 대해서는 고고학적 물질문화의 단계를 어떻게 대응시킬 것인가에 따라 다양한 입장을 보인다. 세형동검과 점토대토기의 출현 중 어느 시점에 대응시킬 것인지에 따라 다른 시점을 택하게 되는 것이다. 게다가 한국사에서 청동기시대와 초기철기시대의 개시 시점을 바라보는 연구자별 연대관의 차이로 인해 한의 출현을 기원전 6세기로 소급시키는 입장, 기원전 3세기 무렵으로 보는 입장 등 천차만별이다.

2. 삼한의 분립

사정이 이러니 韓이 삼한으로 나뉘거나 구분되기 시작한 시점에 대해서도 통일된 의견은 없다. 다만 처음부터 마한과 진한, 변한의 구분이 있었던 것으로 보는 연구자는 이제 소수파가 되었다. 韓으로 통칭되던 한반도 중부 이남(혹은 정치체)이 언제부턴가 마한, 진한, 변한으로 구분되었다고 보는 데에 의견이 모아진 것이다. 그 시점을 아무리 늦게 잡더라도 『삼국지』의 편찬 시점, 즉 3세기 후반보다 늦을 수는 없다.

삼한의 분립 시점에 대한 고고학적 견해로서는 토기의 변화가 포착되는 기원전 1세기 무렵을 주목하여 마한과 진변한이 분립된 시점으로 보는 견해(김낙중, 2016)가 주목된다. 그런데 기원전 1세기부터 기원후 3세기까지 물질문화의 양상이 상대적으로 일목요연하게 정리되는 영남지역에서도[1] 일률적이고 정연한 모습을 보이지 않기 때문에 마한 대 진변한의 구분, 진한과 변한의 구분이 일시에 이루어진 것은 아닌 것 같다.

기원전 3-2세기 무렵, 한반도 서남부에서는 적석목관묘에 세형동검 등의 청동기류, 燕式 철기, 납-바륨 유리가 부장되는 현상이 현저해졌다 (그림 1). 반면 이 시점에 영남지역에서는 아직 이러한 무덤이 나타나지 않았다. 한편 기원전 2세기에 접어들면 한반도 서남부의 청동기-철기 부장무덤은 급감하게 되는데 이에 대한 원인으로는 주민의 이동과 함께 원료

〈그림 1〉 한반도 서남부의 초기철기시대 분묘 출토품

---

1) 엄밀히 말하면 낙동강 하류역과 대구, 경주 지역 정도로 부르는 것이 정확할 것이다. 영남지역 서부나 북부에서는 기원후 4세기 이전의 고고학적 물질문화의 양상이 불분명한 지역이 더 많은 것이 현실이다.

공급의 어려움에서 발생한 생산 활동의 위축을 추정한 견해가 최근 제기된 바 있다(이현혜, 2022, pp.98-99).

기원전 2세기 이후 청동기-철기 부장 무덤은 경북의 일부 지역에서 나타나기 시작한다. 대구 팔달동, 성주 백전·예산리, 경산 임당유적처럼 금호강유역을 무대로 복수의 목관묘가 여러 세대에 걸쳐 군집하는 현상이 나타나는 것이다. 이 무렵 낙동강 하구, 김해 일원에서도 간헐적으로 목관묘가 보이기는 하지만, 군집을 이루어 대규모 분묘군을 형성하는 모습은 보이지 않고 훨씬 옅은 농도를 보인다.

청동기와 철기가 부장된 목관묘 군집의 현상이 한반도 서남부 − 경북 − 경남의 순서로 이동하는 것은 韓이라 통칭되던 한반도 중부 이남에서 선진적인 지역, 혹은 중국과의 교류에서 주도권을 잡던 세력의 공간적 이동을 의미한다.[2] 한의 분립과 삼한의 정립은 이러한 현상과 연동될 것이다.

경북에서 나타난 목관묘 축조 세력은 진한이라 불리운 여러 세력들과 유관한데, 대구지역의 무덤이 경주보다 선행하는 현상이 관찰된다. 변한과 관련된 경남의 경우는 창원 다호리→김해 양동→김해 대성동의 순서를 보인다. 이러한 현상은 경북과 경남을 포함하여 진변한 지역에서 선진적인 외래 문물의 확산이 일률적으로 동시에 이루어진 것이 아니라 시간적 낙차를 가지고 있음을 의미한다.

---

2) 이것이 주민의 직접적인 이동인지, 헤게모니의 이동인지는 분명치 않다. 다양한 가능성을 고려할 필요가 있다.

Ⅲ. 변한에서 가야로

1. 구야국의 대두

한반도 남부를 공간적 대상으로 삼을 때 김해지역은 청동기와 철기를 부장한 초기철기시대 무덤의 보급이 지체된 편이다. 이는 김해를 비롯한 한반도 동남부가 내륙의 육로를 통한 교류에서는 변방 내지 종착점에 해당하기 때문일 것이다. 반대로 연안항로를 통한 교류에서는 사천 늑도의 사례에서[3] 보듯이 영남 내륙에서는 아직 등장하지 않은 선진적 요소가 매우 이른 시기부터 나타나기도 한다.

김해와 그 주변에서는 다른 지역보다 늦게까지 지석묘의 사회적 역할이 지속되었다는 점에 많은 연구자들이 공감하고 있다. 창원 덕천리와 김해 구산동의 초대형 묘역식 지석묘는 당시 창원과 김해 일원에서 일반인의 지위를 훨씬 넘어서는 소수 엘리트의 존재를 보여준다(윤호필, 2021 // 이수홍, 2021). 이를 정치적인 지배자보다는 종교 의례 주재자로 보거나(이동희, 2021), 영남지역의 특수성이 발현된 것으로 보는 견해(송호인, 2020)도 제기된 바 있다.

그 다음 문제는 초대형의 묘역식 지석묘와 목관묘 축조 집단의 관련성이다. 구산동 지석묘처럼 거대한 상석과 묘역으로 외관을 강조한 경우는 남에게 보이기 위한 기능을 중시한 것으로서, 무덤으로서의 고유한 기능보다 공동체 성원의 동질감 고양, 제의의 실행 등과 관련될 것이다(이재현, 2003). 반면 지하에 시신을 안치하고 낮고 작은 봉토를 씌우는 목관묘는 외

---

3) 주거지에 설치된 구들시설, 토제 아궁이 테(U자형 토제품), 토제 연통 등이 대표적인 사례이다.

관보다는 '매장'을 중시한 묘제이다. 김해지역에서 지석묘와 목관묘의 구조적 속성이 결합된 사례가 보이기는 하지만 두 묘제는 구조와 내세관 등에서 완전히 상이한 것으로 보아야 할 것이다.

또다른 문제는 김해에서 지석묘의 하한 시점이다. 한반도 서남부나 경북 일대에 비해 목관묘의 보급이 늦었던 김해 일원에서는 지석묘와 목관묘가 일정 기간 공존하였을 가능성이 있다. 김해지역에서 이른 시기 와질토기 문화가 미발달한 원인으로서 지석묘 문화의 상대적인 장기 지속성을 강조하는 견해(이동희, 2019)가 있다. 반면 실제 초기철기시대에 해당하는 지석묘의 사례는 매우 적기 때문에 지석묘의 하한을 내려 잡은 연대관에 대한 반론(이창희, 2022B)도 제기된 상태이다.

뒤에서 다시 언급하겠지만, 구야국의 성립을 지석묘와 연결지을 것인가, 아니면 목관묘와 연결지을 것인가 하는 문제는 구야국 주체를 청동기시대 이래의 재지인에 강조점을 둘 것인지, 초기철기문화(점토대토기)를 갖고 내려왔다고 추정되는 외래인에 강조점을 둘 것인지 하는 문제로 확산된다. 이에 대해서는 지석묘 피장자를 九干세력, 목관묘 피장자를 수로세력이라고 정리한 견해(이재현, 2021, pp.118–119)가 이미 제기된 상황이다.

목관묘라 하더라도 초기철기시대에 간헐적으로 등장한 부류와 기원후 1세기 이후 군집을 이루는 부류는 구분할 필요가 있다. 김해의 중심에 해당되는 해반천유역에서 현재까지 알려진 가장 오래된 목관묘는 구지로 23호묘인데, 그 시기는 기원후 1세기 이전으로 올라가지 못한다. 반면 창원 진영의 다호리에서는 기원전 1세기에 이미 고도로 발달한 목관묘 문화가 성행하였다. 김해에서는 주촌면일대의 양동리 70호묘나 망덕리 Ⅰ지구 2호묘가 이에 비견되지만, 다호리에 비해서는 숫적으로 열세이며 단발적으로 끝난다. 기원전에 축조된 목관묘가 존재하기는 하지만 크게 발전하지 못하는 모습은, 같은 시기에 금호강유역에서 목관묘가 군집하는 양상과 대비된다(이동희, 2019, p.174).

이러한 모습은 '초기 와질토기 문화의 미발달 현상'이라고도 정의할 수 있다. 김해일대가 금호강유역은 물론이고 창원 진영 세력에 비해서도 열세를 보이는 현상을 어떻게 설명할 것인가? 우선 시간적인 낙차를 인정하고 동일 집단 이동의 결과로 해석할 수 있을 것이다. 다호리 일대에서 목관묘를 축조하던 집단이 김해로 이주하여, 김해 구지로−가야의 숲 일대에서 목관묘를 축조하였다는 견해이다(안재호, 2015 // 이창희, 2022B). 반면 창원 진영과 김해를 별개의 세력으로 보고 이동을 부정하는 반론(이동희, 2019 // 최병현, 2022)도 제기된 상태이다.

창원 진영 일대의 물질문화 양상이 김해와 상통하는 것은 사실이다. 이를 근거로 양지를 함께 구야국의 공간적 범주에 포함시키려는 견해가 많다. 이러한 견해의 기저에는 진한과 변한지역, 즉 현재의 영남지역에는 『삼국지』에 표현된 24개국만이 존재한다는 선입견이 자리잡고 있다. 그러나 24개국만이 영남에 존재하였다고 보기는 어렵다. 『삼국지』에 기재된 진변한 24개 국은 3세기 중엽 무렵의 상황을 반영하는 것일 뿐, 결코 그 전 시기의 모습을 온전히 보여주는 것은 아니다. 실제로는 존재하였으나 이미 멸망하였거나, 혹은 누락되어 『삼국지』에 이름을 남기지 못한 정치체가 얼마든지 있을 수 있다(이성주, 2021, p.32).

따라서 기원전 2−기원후 3세기에 창원 진영 일대에서 발전하였던 정치체가 반드시 『삼국지』에 기재되어야 하는 것은 아니다. 『삼국지』는 이미 멸망, 통합되었거나 세력이 쇠잔해진 정치체를 모두 거론하지도 않았을 것이다. 이런 점만 인정한다면 창원 진영지역을 구야국에 포함시켜야 한다는 강박증도 사라질 수 있을 것이다. 다호리 목관묘 축조 세력이 아무리 우월하였더라도 『삼국지』가 편찬될 당시에는 이미 쇠락하여 국명을 남기지 못하였을 가능성이 얼마든지 있다.

진영 일대를 제외하면 구야국의 공간적 범위가 지나치게 협소하지 않은가 하는 반론도 예상된다. 그러나 구야국의 경제 기반이 농경이 아니라 낙동강을 통한 내륙 교통, 그리고 남해안의 연안 항로의 장악, 일본열도나 중국, 한반도 여러 곳으로 이어지는 항구의 운영이란 점을 생각하면 공간적 범위의 협소함은 문제가 되지 않는다.

김해에서 청동기시대 이후 묘제의 변화는 그 원인을 외부의 영향 내지 주민의 이주에서 찾고 있다. 지석묘 단계에 북방에서 세형동검문화와[4] 점토대토기 문화가 내려오고, 초기철기문화 단계에 다시 목관묘 문화가 내려오고, 원삼국 이른 단계에 새로운 목관묘 문화, 원삼국 늦은 단계에 Ⅰ류 목곽묘, 다시 Ⅱ류 목곽묘가 차례로 내려온다는 주장이다.

수로집단도 북방에서 남하한 집단으로 간주하지만 그 대척점에는 해양성을 강조하는 입장도 있다. 다호리 1호묘에서 보이는 강렬한 한문화의 요소(김일규, 2022)는 무엇을 의미하는가? 이들의 원향을 의미하는가? 원거리 교역의 실체를 의미하는가? 나아가 묘제의 변화 속에서 김해지역 주민과 문화의 단절을 강조할 것인가? 연속성을 강조할 것인가? 이상의 문제도 간단치 않다.

2. 구야국의 발전

초대형 지석묘, 목관묘의 등장과 발전을 구야국과 연결지으려는 견해는 구야국의 등장 시점을 기원전, 혹은 기원 전후로 보려고 한다. 하지만 문헌자료에 의하는 한 구야국은 3세기 중엽 경에 존재하였음이 분명하지만, 엄

---

4) 필자는 한국식 동검, 한국식 동검문화란 용어에 부정적이고 세형 동검, 세형 동검문화라는 용어를 사용한다. 한국이란 실체는 이 시기에 존재하지 않았기 때문이다. 한국식 동검문화라는 용어를 사용하면 비파형 동검문화는 요령식 동검문화로 표현할 수 밖에 없는데, 이럴 경우 비파형 동검문화는 한국사와 무관하다는 인식을 심어줄 수 있기 때문이다.

격히 말하면 그 상한은 알 수 없다. 김해지역에서 목관묘가 등장하는 기원전 1세기 무렵, 혹은『삼국유사』가락국기의 수로왕의 등장과 연결지을 필연적 이유가 없는 것이다.

현재 학계의 통설적인 견해는 김해에서 목관묘와 철기문화의 등장 = 구야국의 성립 = 수로왕의 등장으로 연결하고 있다. 이 과정에서 목관묘에 선행하였던 지석묘를 구간사회와 연결짓게 된 것이다. 일목요연해 보이지만 완전히 풀리지 않은 문제도 적지 않다.

김해지역 지석묘가 한반도 다른 지역에 비해 늦게까지 존속하였음은 모두 인정하지만, 지석묘와 목관묘의 공존 여부는 분명치 않다. 김해 중심인 해반천유역에서 목관묘가 성행하는 시점은 주촌면 일대보다 빠르지 않지만, 김해 및 창원 다호리를 함께 고려하면 기원전 2세기, 늦게 보아도 기원전 1세기 무렵에는 목관묘가 등장하였음이 분명하다. 이 시점까지 지석묘는 잔존하였는가? 구산동 지석묘가 이 문제를 해명해 줄 것으로 기대되지만 아직 명확한 결론은 나오지 않은 상태이다.

그 다음은 목관묘의 발달 및 목곽묘로의 전환과정 문제이다. 김해 중심부와 진영 일대를 포함하여 보면 흥미로운 현상이 관찰된다. 가장 이른 시점부터 목관묘가 출현한 다호리 일대의 경우는 기원후 2세기 이후 목곽묘로의 발전이 관찰되지 않고 무덤의 축조가 중지되는 모습이다. 주촌면의 양동리(그림 2)에서는 기원전 1세기부터 지속적으로 목관묘와 목곽묘가 발전하지만, 기원후 2세기 이후 전성기를 맞이하여, 3세기에 접어들면 162호묘부터 대형 목곽묘가 연속적으로 축조되어 해반천유역을 압도한다. 해반천유역에서는 기원전의 목관묘가 간헐적으로 존재하기는 하지만 쭉 계승되지 못하고, 3세기 후반 29호묘의 축조 이후 대형 목곽묘의 대 전성기를 맞게 된다.

구야국을 구성한 양대 세력으로 인정받는 양동리와 대성동의 관계에 대

〈그림 2〉 김해 양동리고분군

해서는 양유적 출토 부장품의 차이를 근거로 전자가 종교·의례의 중심지,
후자가 정치의 중심지로 보는 견해(이영식, 2016)도 있다. 그러나 2~3세기
대로 시점을 고정해 보면 양동리세력이 보다 우세하였다고 보는 것(이창희,
2022B)이 순리일 것이다.[5]

  그렇다면 『삼국지』가 반영하는 시대인 3세기 중엽에는 구야국의 중심,
즉 국읍적 존재는 양동리로 보아야 한다(김영민, 2008, p.83). 이러한 양상
은 구야국 내지 금관가야를 구성한 내부 단위들의 흥망성쇠가 매우 복잡한
양상을 띠었음을 의미한다. 사로국의 경우도 국읍적 존재가 하나가 아니

---

5) 반면 도시화가 많이 진행된 해반천유역에서 대형 목관묘와 목곽묘가 이미 파괴되었거나,
   아직 조사되지 않았을 가능성에 무게를 두고 대성동 일대의 세력이 시종일관 구야국의
   헤게모니를 쥐고 있었다는 견해도 있다.

라 복수였음을 대부분 연구자들이 인정하고 있다(이청규, 2022, p. 21). 진변한 전체를 대상으로 보더라도 중간에 공백기가 있다가 돌연 등장, 돌연 소멸하는 경우도 잦다(이창희, 2022A). 진한지역에서 이른 단계에 비교적 돋보이던(정현진, 2022) 성주 백전·예산리유적이 2세기 이후 목곽묘로 발전하지 못한 경우(이원태, 2022 // 박형렬, 2022)는 다호리와 유사하다.

한편 양동리 세력의 우세가 끝나고 해반천유역으로 무게가 기우는 시점을 대성동 29호분이 축조되는 3세기 후반으로 보는 견해(신경철, 1995 // 김영민, 2008)에 대한 이론은 없어 보인다. 해반천유역의 대성동—봉황토성과 양동리—유하리유적의[6] 관계는 금관가야 단계에 접어들어서도 두 집단의

〈그림 3〉 김해 대성동고분군

---

6) 종전 유하리패총이라고 불리었으나 남해안의 많은 유적에서 유사한 사례를 이미 보였듯이 패총은 유적의 일부에 불과하고 취락이 본질이라고 생각한다. 이에 대해서는 이미 지적된 바 있다(이동희, 2022, p.28).

우월함이 이어짐을 보여준다.

목관묘 단계에서는 양동리와 다호리는 물론이고 함안 도항리보다도 존재감이 희미하던 대성동 세력(그림 3)이 구야국 단계를 벗어나서 금관가야로 불릴 만한 정치체로 성장하게 된 배경으로는 철 자원의 생산, 확보와 교섭이 주목받고 있다.

이와 함께 금관가야가 지닌 항시적 속성을 주목할 필요가 있다. 인천 영종도, 해남 군곡리, 사천 늑도와 같은 단순한 항시, 교역항을 넘어서는 항시국가로 성장한 대표적인 사례가 금관가야이다(권오영, 2017). 창원 석동유적(동아세아문화재연구원, 2020)에서 보듯이 남해안을 따라 해상활동을 전개하던 정치체(항시) 중 일부는 항시국가로 성장하였고 그 과정에서의 갈등이 "포상팔국의 난"으로 표현된 것이다. 항시에서 항시국가로의 성장이란 관점에서 구야국에서 금관가야로의 전환을 추적할 필요가 있다.

Ⅳ. 신라와 가야의 구분

신라는 진한을 계승하고 가야는 변한을 계승하였다는 전제 위에서 신라와 가야의 물질문화의 차이를 구분할 수 있다는 생각이 학계의 현재 통설이다(이희준, 2007 // 김용성, 2014 // 권용대, 2015 // 한국고고학회, 2016).

4세기에 접어들면 진한지역에서는 경주형 목곽묘에서 드러나듯이 경주, 즉 사로국이 돌출하는 현상이 확인된다. 변한지역에서는 대형 목곽묘의 누세대적 축조, 도질토기의 발전, 외절구연고배의 확산, 통형동기의 분여 등의 현상에서 보듯이 김해의 돌출이 확인된다. 외절구연고배로 상징되는 금관가야 양식 토기의 확산은 4세기 이후 본격화되어 진영분지, 창원분지,

진해 마산만까지 이어진다고 한다(홍보식, 2000). 그 결과 금관가야의 중심과 주변이 구분된다고 보고 있다(박미정, 2022). 문제는 외절구연고배의 분포를 근거로 금관가야의 영역을 논할 수 있다는 주장과 반론이 팽팽하게 맞서고 있다는 점이다.

이 문제는 김해 대성동고분군 축조 세력과 부산 복천동고분군(그림 4) 축조 세력의 관계에 대한 이견으로 연결된다. 부산 복천동고분군 축조 세력이 『삼국지』瀆盧國의 후신임은 대개 인정하고 있다. 다만 4세기 이후 이 세력의 정치적 위상이 대성동고분군 축조 세력의 아래에 편제된 금관가야의 일원으로 볼 것인지[7](홍보식, 2000 // 김영민, 2008), 신라의 프론티어 내지 지방세력화한 것으로 볼 것인지(주보돈, 1997 // 김대환, 2003), 하는 문제

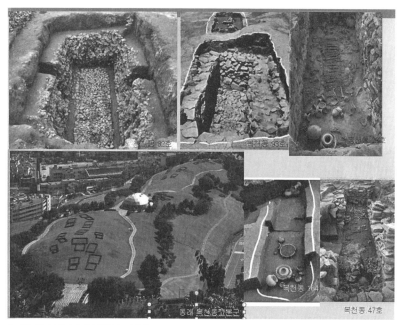

〈그림 4〉 부산 동래 복천동고분군

---

7) 물론 우위를 잡고 있는 세력은 대성동세력이다.

이다.

　대성동과 복천동 양자의 묘제와 부장품에서 보이는 공통성과 차이점 어디에 무게를 두는가에 따라 복천동세력을 금관가야의 일원으로 볼 것인지 여부가 결정되는 것 같다. 그리고 부산 동래지역에서 복천동고분군의 인상이 매우 강렬한 것이 사실이지만 선행하는 유적과의 계기성에 대한 주목도 필요하다. 노포동, 온천동, 구서동, 방곡리 등지에서 전기 와질토기가 부장된 목관묘가 발견되고 있는데(복천박물관, 2020), 다호리 1호묘처럼 위계가 아주 높은 무덤은 아니지만, 목관묘의 분포만 보면 김해보다 광범위하게 발견되고 있음을 알 수 있다. 공간적 범위를 보더라도 부산 동래 일대가 김해 중심지보다 인구 부양력에서 우위일 것으로 보인다. 따라서 금관가야의 일원이냐, 신라의 지방이냐 규정짓기 이전에 독로국 자체의 발전 양상을 추적하는 것이 우선되어야 할 것이다.

〈그림 5〉 창녕 교동고분군

발표자는 영남의 고대 정치체를 신라와 가야로 양분하는 현재의 방법론 자체에 대하여 회의적이다. 동래는 독로국일 뿐, 애초부터 신라로, 혹은 가야로 될 운명이었던 것은 아니다. 영남의 모든 고대 정치체를 신라 아니면 가야에 포함시켜야 할 이유도 없다. ㅁㅁ가야라는 명칭은 신라 말에 호족의 등장과 함께 나타난 것에 불과하고, 명칭만으로 실제 가야의 일국이었음을 보장하는 것은 아니라는 설명(김태식, 1993)이 나온 지 이미 30년이 지났으나, 성주를 성산가야, 함창을 고녕가야로 인지하여 가야에 포함해야 한다는 주장은 여전히 남아 있다.

창녕(그림 5)의 경우도 비화가야라는 명칭이 주는 이미지는 매우 강력하여서 이를 가야의 일원으로 보아야 한다는 주장이 만만치 않다. 최근에는 가야 북부, 가야 동부 등의 개념이 사용되기에 이르렀다. 가야 북부는 고령을 중심으로 하는 대가야와 거창, 함양, 합천 일대와 진안, 장수, 남원, 임실을 대상으로 삼고 있다(이춘선, 2022, p.35). 물론 고령 지산동 일대가 중심, 나머지 지역이 주변으로 자리매김된다. 문제는 이 과정에서 창녕의 정치체가 '가야 동부지역'으로 정의된다는 점(정인태, 2022)이다. "가야고분군"이란 명칭으로 유네스코 세계문화유산 등재를 추진하는 과정에서 창녕의 고분군이 가야고분군에 포함된 상태이기 때문에 이에 대한 이의 제기는 또 다른 복잡한 문제를 낳을 것이다. 발표자는 창녕 고분군을 가야고분군으로 단정하는 견해에 반대하지만, 그렇다고 신라고분군에 포함시켜야 하는 주장에도 반대한다. 왜냐하면 창녕은 비사벌(비자발)일 뿐, 진한 소국 단계부터 신라의 일원이 될 운명은 아니었기 때문이다.

문제는 신라와 가야의 관계에 대한 학계의 통설적 인식이 진변한에 대한 이해와 어긋난다는 점이다. 3세기 중엽 또는 후반까지 사로국은 진변한 수십 국 중 하나에 불과한 존재였다고 전제하면서, 3세기 후반 이후 경주의 목곽묘 확산을 논의할 때에는 진한 여러 정치체의 운동력은 모두 무시되고 사로국의 확산 과정에서 객체로 전락하고 마는 것이다.

진한의 후예, 혹은 『삼국지』에 등장하지는 않으나 영남 각지에서 성장하던 정치체들은 경주세력에게 편입되어 결국은 신라의 지방으로 편제된다. 이 과정은 철저하게 경주를 중심으로 놓고 설명되고 있다. 3세기 후반 이후 경주와 그 주변에서는 긴 묘광 내부를 칸막이로 구분하여 주부곽을 표현한 이른바 경주식, 혹은 신라식 목곽묘가 등장하여 주변으로 확산한다. 그 범위는 포항 옥성리, 울산 중산동과 다운동, 경산 조영동, 대구 비산동과 서변동, 칠곡 심천리, 양산 소토리 등지로서 이 내부를 신라의 영역으로 간주하는 것이다.

그런데 경주에는 신라식 목곽묘 이외에 구어리와 쪽샘에서도 나타났듯이 주곽과 부곽이 분리된 이른바 김해식 목곽묘가 분포하며 규모 면에서 신라식 목곽묘를 월등히 능가한다. 그렇다면 이 목곽묘는 비 신라식이 되는 셈인가? 주부곽이 분리된 이른바 김해식 목곽묘와 세장방형의 묘광 내에 칸막이 처리된 경주식(신라식) 목곽묘의 구분이 금관가야와 신라의 영역을 구분하는 데에 결정적인 근거가 되는지 의문이 발생한다. 최근에는 이른바 신라식 목곽묘가 고령 등 영남 곳곳에 분포함이 확인되면서 기존의 단순 명쾌한 주장에 균열이 생기고 있다.

현재의 통설을 따른다면 신라식 목곽묘가 아직 등장하지 않은 지역은 신라의 영역(내지 영향권)에 편입되지 않았던 셈인데, 그렇다면 이 지역의 정치체는 무어라고 불러야 하는가? 진한 정치체의 후신, 혹은 잔여 세력일 텐데 나름의 독자성을 지닌 이들을 신라라고 부를 수는 없지 않은가? 소백산맥 이남의 정치체들 역시 결국은 신라의 지방으로 편제되지만 3~4세기 단계에 이들을 신라라고 통칭할 수는 없다.

최근에는 호남 동부를 가야로 간주하는 견해(전라북도·군산대학교박물관, 2004)가 힘을 얻고 있다(하승철, 2022). 전북과 전남 동부지역에 가야문화가 존재하였다는 사실은 인정되지만 이를 "잊혀진 가야 왕국"으로 자리매김하는 것(가야문화권 지역발전 시장·군수협의회, 2014)은 문제가 있다. 호남 동부지역의 정치체들이 자체적인 발전을 꾀하는 과정에서 5세기 후반 이후 가야 문화의 영향을 강하게 받아서 대가야나 소가야의 물질문화와 공통된 부분이 많아졌다는 점은 누구나 인정할 수 있다. 하지만 이곳이 원래부터 가야의 땅이었다거나, 주민들이 가야인이었다는 주장은 몰역사적이다. 영남의 가야인들이 대규모 집단 이주를 하였다는 근거도 없다. 이런 점에서 가야 관련 특별전의 대상을 금관가야, 아라가야, 소가야, 대가야로 국한시킨 일본에서의 가야특별전(國立歷史民俗博物館, 2022)이 의미하는 바가 무엇인지 궁금해진다.

V. 맺음말

구야국의 출현과 금관가야로의 전환을 보여줄 수 있는 자료는 과거에는 무덤과 그 부장품이 주된 자료로 이용되었다. 하지만 최근 토성이나 석성 조사가 활발히 진행되면서(그림 6), 방법론에 대한 재고가 필요하게 되었다. 백제의 성장과장에 대한 연구에서 고분 못지 않게 왕성이나 산성 등 축성 사업을 중시하는 경향에 주목할 필요가 있다.

이런 점에서 김해 봉황대의 환호에서 봉황토성으로의 전환에 대한 설명이 중요하다. 우선 봉황대 환호의 시기를 삼각형점토대토기 단계의 것으로 볼 것인지, 아니면 3세기 이후에 형성된 것으로 볼 것(배덕환, 2022, p.79)인지부터 해결되어야 할 것이다. 왕성의 출현은 왕릉의 출현과 함께 고대 국가 발전의 수준을 판단하는 시금석이 되기 때문이다.

〈그림 6〉 발굴조사 중인 함안의 가야리토성 단면

　최근 열정적으로 진행되고 있는 가야 궁성 조사와 연구가 구야국에서 금관가야로, 변한 소국에서 가야 여러 나라로 전환되는 과정을 이해하는 데에 적극적으로 활용되어야 할 것이다.

참고문헌

金庠基, 1948, 「韓·濊·貊 移動考」, 『史海』 1, 朝鮮史研究會.

김태식, 1993, 『가야연맹사』, 일조각.

신경철, 1995, 「김해 대성동·보건동고분군 점묘 - 금관가야 이해의 일단 - 」, 『釜大史學』 19, 부산대학교 사학회.

주보돈, 1997, 「4-5세기 부산지역의 정치적 향방」, 『복천동고분군의 재조명』, 부산광역시립박물관.

홍보식, 2000, 「고고학으로 본 금관가야」, 『고고학을 통해 본 가야』, 한국고고학회 학술총서1.

김대환, 2003, 「부산지역 금관가야설의 검토」, 『영남고고학』 33, 영남고고학회.

이재현, 2003, 「변·진한 사회의 고고학적 연구」, 부산대학교 박사학위논문.

전라북도·군산대학교박물관, 2004, 『전북 동부지역 가야문화유산』.

이희준, 2007, 『신라고고학연구』, 사회평론.

김영민, 2008, 「금관가야의 고고학적 연구」, 부산대학교 박사학위논문.

가야문화권 지역발전 시장·군수협의회, 2014, 『가야문화권 실체 규명을 위한 학술연구』.

김용성, 2014, 「신라고고학 서설」, 『신라고고학개론』 상, 중앙문화재연구원학술총서 16, 진인진.

안재호, 2015, 「金海地域 瓦質土器 社會의 一面」, 『友情의 考古學』, 故孫明助先生追慕論文集.

권용대, 2015, 「신라·가야의 묘제 분화와 상호관계 검토」, 『신라와 가야의 분화와 비교』 제14회 정기학술발표회, 영남고고학회.

한국고고학회, 2016, 『한국고고학강의』, 개정신판.

이영식, 2016, 『가야제국사연구』, 생각과 종이.

김낙중, 2016, 「분묘 출토 토기로 살펴본 마한의 성장과 지역성」, 『문화재』 49-4, 국립문화재연구소.

권오영, 2017, 「고대 동아시아의 항시국가와 김해」, 『가야인의 불교와 사상』, 인제대
　　　학교가야문화연구소·김해시.

복천박물관, 2020, 『弁韓, 그 시대 부산을 담다』, 특별기획전.

동아세아문화재연구원, 2020, 「창원 국도대체우회도로(제2안민터널) 건설부지 내
　　　유적」, 정밀발굴조사 현장설명회 자료집.

송호인, 2020, 「墓域附加支石墓－청동기시대의 의례·상징 매체」, 서울대학교 석
　　　사학위논문.

윤호필, 2021, 「영남지역 지석묘의 기원과 출현」, 『영남의 지석묘 사회－가야 선주민
　　　의 무덤－』, 국립김해박물관.

이수홍, 2021, 「영남지역 지석묘 문화의 변화와 사회상」, 『영남의 지석묘 사회－가야
　　　선주민의 무덤－』, 국립김해박물관.

이재현, 2021, 「김해지역 지석묘 축조의 지속과 사회적 의미」, 『영남의 지석묘 사
　　　회－가야 선주민의 무덤－』, 국립김해박물관.

이동희, 2021, 「고 대산만 지석묘 사회와 다호리 집단」, 『영남의 지석묘 사회－가야
　　　선주민의 무덤－』, 국립김해박물관.

이현혜, 2022, 『마한·진한의 정치와 사회』, 일조각.

이성주, 2022, 「사천 사물국과 관계망」, 『史勿』, 사천과 사물국 역사 규명을 위한 학
　　　술대회.

이창희, 2022A, 「삼한시기 사천의 고고학적 양상」, 『史勿』, 사천과 사물국 역사 규명
　　　을 위한 학술대회.

이청규, 2022, 「사로국의 고고학적 기원: 무덤을 중심으로」, 『경주 탑동 유적을 통해
　　　본 사로국과 신라』, 한국문화재재단·문화재청.

김일규, 2022, 「다호리 1호묘 출토 漢 文物을 통해 본 다호리 사회의 성격」, 『창원 다
　　　호리』.

박미정, 2022, 「낙동강 하류역 가야의 중심과 주변」 『가야 정치체의 중심과 주변』, 가야사 기획 학술심포지엄.

이동희, 2022, 「'낙동강 하류역 가야의 중심과 주변'에 대한 토론문」 『가야 정치체의 중심과 주변』, 가야사 기획 학술심포지엄.

이춘선, 2022, 「가야 북부 지역의 중심과 주변」 『가야 정치체의 중심과 주변』, 가야사 기획 학술심포지엄.

하승철, 2022, 「호남 동부지역 가야의 중심과 주변」 『가야 정치체의 중심과 주변』, 가야사 기획 학술심포지엄.

정인태, 2022, 「가야 동부지역의 중심과 주변」 『가야 정치체의 중심과 주변』, 가야사 기획 학술심포지엄.

이창희B, 2022, 「삼한시기 고김해만 國의 형성과정」 『해남 군곡리유적으로 본 고대 항시와 신미국』, 해남 군곡리패총 국제학술대회, 해남군·목포대학교박물관.

배덕환, 2022, 「변진한 환호의 방어적 성격」 『환호의 성격과 의미』, 국립김해박물관 가야학술제전.

이원태, 2022, 「영남지역에서 성주 백전·예산리 유적 와질토기의 등장과 의미」 『소국 형성기의 성주 – 백전·예산리 유적』, 제2회 성산동 고분군 전시관 학술대회.

정현진, 2022, 「진한지역 목관묘의 매장의례와 성주 백전·예산리 목관묘」 『소국 형성기의 성주 – 백전·예산리 유적』, 제2회 성산동 고분군 전시관 학술대회.

박형렬, 2022, 「진·변한의 목관묘군으로 본 성주 백전·예산리 목관묘군의 성격」 『소국 형성기의 성주 – 백전·예산리 유적』, 제2회 성산동 고분군 전시관 학술대회.

최병현, 2022, 「원삼국시기 김해지역의 목관묘·목곽묘 전개와 구야국」 『중앙고고연구』 39, 중앙문화재연구원.

國立歷史民俗博物館, 2022, 『加耶 – 古代東アジアを生きた,ある王國の歷史 – 』, 國際企劃展示.

권오영, 「진변한의 분립과 구야국의 성장」에 대한 토론문

조 진 선 (전남대학교)

   1. 권오영 선생님께서는 진변한 지역에서 선진적인 외래 문물의 확산이 일률적으로 동시에 이루어진 것이 아니라 시간적 낙차를 가지고 있다고 하였습니다. 그리고 경북지역에서는 대구지역이 경주지역보다 선행하고, 경남지역에서는 창원지역이 김해지역보다 선행한다고 하였습니다. 그렇다면 이 시기에 진변한지역에서 선진적인 외래 문물의 확산은 해로보다는 육로를 통해 이루어진 것이라고 보아도 되는지 여쭙고 싶습니다. 또한, 이러한 시간적 낙차가 진한과 변한이 분립되는데 어떠한 역할을 하고 있는지도 궁금합니다.

권오영, 「진변한의 분립과 구야국의 성장」에 대한 토론문

김 권 구 (계명대학교)

― 청동기시대 중심취락과 하위취락의 권력 관계와 초기철기시대 중심취락과 하위취락의 권력 관계를 어떻게 볼 것인가에 따라 읍락과 국읍의 개념과 출현시기가 정리될 것으로 생각한다. 이수홍 선생은 청동기시대 전기에는 촌락과 촌장이 있고 청동기시대 후기의 묘역식지석묘와 지석묘의 군집분포양상이 나타나는 단계의 읍락과 족장, 초기철기시대의 국읍과 별읍 그리고 국(國)의 군장이 있고 단독목관묘에서 군집목관묘군으로 시대별 취락과 우두머리의 무덤변화양상을 모식화한 적이 있다(이수홍 2020:51). 또 시기별로 청동기시대 지석묘축조단계와 초기철기시대 적석목관묘나 목관묘 축조단계에는 위세품의 부장양상(청동검의 단수부장에서 복수부장, 마제석검의 미부장, 청동의기의 부장, 방울류의 부장, 거울류의 부장 등)에서의 차이가 난다. 이러한 양상은 수장의 성격 변화와 권력의 성격 변화양상을 보여주는 모습일 수도 있다고 생각한다.[8] 이런 것을 종합하여 촌장─족장─군장, 사제왕(shaman king)으로서의 군장 등과 같이 유력자들의 성격에 대한 모식화를

---

8) 사로국의 형성에 대한 고고학적 논의에서 목관묘단계와 목곽묘단계를 구분하고 군집묘의 계층성의 분명과 불분명여부, 후장묘(厚葬墓)의 연속축조여부, 축조단위가 지구단위인지 지역단위인지 여부, 성장동력이 지구별 다수 엘리트 경쟁인지 지역별 지배집단의 경쟁인지 여부, 권력 기반이 경제인지 무력인지 여부, 사회성격이 읍락연합체의 성격이 강한 관계망인지 지역단위의 정치적 통합인지를 비교한 연구(김대환 2016:43-55)와 그에 대한 비판을 하면서 목곽묘의 출현은 중요한 획기일뿐이며 철검이 사라지고 환두대도가 위세품으로 등장하는 3세기 초를 사로국의 형성과 발전에서 큰 획기라고 말하는 견해(윤온식 2016:56-60)가 있어서 주목된다.

한 것에 대해 삼한 소국의 취락구조와 체계 그리고 성장 과정에 대한 논문을 일찍이 쓰신 권오영 선생님께서 평가해주기 바란다.

– 서기전 1세기대가 한(韓)이 서로 문화적으로 분화가 시작되는 시점이며 이는 다호리, 늑도, 신창동, 팔달동, 경주일대의 물질문화가 거의 유사한 점에서도 암시되며 흑도장경호, 삼각형점토대토기, 무문토기 주머니호, 칸막이형(구절판)토기, 옹관묘, 칠초동검과 철검의 물질문화이며 아직 와질토기로 넘어가기 전의 전반적 양상이다. 그런데 승문타날토기가 나오기 시작하고 환원염토기인 와질토기가 나오는 단계가 삼한의 물질문화가 분립되기 시작하는 단계로 보면서 다호리 시기는 바로 한(韓)에서 삼한으로 분화되기 시작하는 시기라고 보는 견해가 있는데(이건무 선생과의 개인적 대화 2023) 이에 대해서도 권오영 선생님과 이성주 선생님 그리고 박진일 선생님의 의견 부탁드린다.

– '서남한의 군집목관묘는 분묘조영방식과 부장품으로 보아 동남한 군집 목관묘의 직접적 조형이라고' 발표하였는데 이것은 완주 갈동유적, 대구 월성동유적, 대구 팔달동유적, 경주 조양동유적 등을 토대로 제시한 견해로 이해된다. 혹시 이것이 서남한 군집목관묘 축조집단의 동남한지역으로 이주를 암시하는지 박진일 선생님의 답변 부탁드린다. 대성동 84호 다단토광 석개목관묘가 부장품으로 보아 서기 1–2세기 정도일 것으로 추정하였는데 그 하한을 너무 내린 것은 아닌지요? 진한과 구분되는 변화의 등장을 나타내는 것으로 군집목관묘와 와질토기의 변한지역 확산을 시발점으로 잡고 있는데 차라리 외래계 위세품의 부장이 지속되는 김해지역의 목곽묘단계와 철기중심의 위세품의 부장으로 변화되는 경주지역의 목곽묘단계를 서기전 1세기 다호리단계부터 시작되어 목곽묘 단계까지 이어진 진

한과 변한의 문화적으로 동태적인 차별화과정을 보여주는 양상으로 보면 어떨까 하는데 이에 대한 권오영 선생님의 의견 부탁드린다. 즉 경주를 중심으로 한 진한지역에서의 목곽묘단계 철기 중심의 위세품체계와 김해를 중심으로 한 변한지역에서의 장거리교역품을 위세품으로 하는 전통의 지속화 양상이 진한과 변한의 물질문화와 위세품체계에서의 변화양상으로 보는 것이 어떨까 하는데 답변 부탁드린다.

권오영, 「진변한의 분립과 구야국의 성장」에 대한 토론문

오 강 원 (한국학중앙연구원)

  - 다호리, 양동리, 대성동 고분군과 구야국, 금관가야
  다호리, 양동리, 대성동 고분군의 중심 연대와 유물 부장 수준 등을 통해 각각이 시차가 있음을 상기시키며 구야국, 금관가야 등 정치체의 문제에 대해 다시 숙고할 필요가 있음을 제기하였다. 발표자가 정리하였듯이, 세 고분군은 김해의 원사─고대 정치체의 형성 과정 및 중심지와 관련하여 많은 사고를 하게 한다. 이 학술회의에 이 문제와 관련한 여러 해석을 제시한 연구자들이 참여하고 있는 만큼, 이 자리를 빌어 발표자를 비롯한 여러 연구자들의 해석적 의견을 듣고 싶다.

종합토론

■ 일시 : 2023. 4. 29. 13:30 ~ 16:00

■ 장소 : 국립김해박물관 대강당

안재호 : 지금부터 제28회 가야사학술회의 종합토론을 시작하겠습니다. 저는 토론 좌장을 맡은 안재호입니다. 제가 최근에 청동기 연구를 하면서 청동기시대의 마지막 부분인 소멸과정에 관심을 가지게 되어서, 학술회의에 참가해 공부해 보는 기회를 삼겠다는 마음으로 좌장을 맡았습니다. 오늘은 주제 토론을 두 개로 한정하겠습니다. 구산동 지석묘에 대한 문제와 구간과 가락국의 성립에 대한 문제를 먼저 다루겠습니다. 시간이 나면 토론자와 발표자가 논의할 제3의 과제에 대한 질의응답을 진행하겠습니다. 그 전에 토론자를 소개하겠습니다. 전남대학교 조진선 선생님입니다. 계명대학교 김권구 선생님입니다. 한국학중앙연구원 오강원 선생님입니다. 대성동고분박물관 송원영 선생님입니다.

토론은 전반적인 질문으로 시작하겠습니다. 구산동 지석묘에 대한 질의와 구간과 가락국의 성립에 대한 질의를 먼저 하겠습니다.

먼저 조진선 선생님 질의해 주십시오.

조진선 : 저는 우선 소배경 선생님께 질문드리겠습니다. 구산동 지석묘의 상석이 이동해 왔는지 아니면 그 자리에 있었던 것을 이용한 것인지가 어제부터 계속 이야기되고 있습니다. 제가 광주 전남지역에서 지석묘를 발굴했던 경험에 비추어 보면 이렇게 생각이 됩니다. 지석묘는 기본적으로 등고선과 나란한 방향으로 상석을 놓고 매장주체부도 그렇게 조성합니다. 대부분 현재 관념과 달리 지형상 아래쪽에서 위쪽으로 지석묘를 축조하였다고 생각합니다. 그런데 구산동 지석묘의 상석은 등고선과 직교하고 구획석과 매장주체부는 등고선과 나란하게 되어 있습니다. 아마도 구획석과 매장주체부는 지석묘적 관념 아래에서 만들어진 것으로 생

각합니다. 그러나 상석은 반대인 상태로 놓여 있는데 대략 계산해 보면 적어도 250~400톤 정도인 것 같습니다. 제 생각에는 상석이 움직일 수 없을 것 같은데, 왜 등고선과 직교했는지 살펴보면 큰 돌들은 홍적세를 거치면서 경사면과 다른 방향으로 놓여 있다 보면 물이 밑에서 계속 움직이기 때문에 무게중심이 경사면과 나란하게 바뀌게 됩니다. 솔리플럭션 현상이라고 하는데요 구산동 지석묘의 상석이 솔리플럭션 현상을 잘 보여주고 있습니다. 제 생각에는 구산동 지석묘의 상석이 자연석에 가까운 상태이며 자연석의 한쪽을 파서 매장주체부를 만든 것이 아닌가 생각해봅니다. 소배경 선생님은 어떻게 생각하시는지 답변 부탁드립니다.

안재호 : 소배경 선생님 답변해 주십시오.

소배경 : 네, 이 부분은 저희 발굴조사단 외에도 김해 구산동유적에 관심 있는 연구자들이 공통적으로 고민하는 문제입니다. 저희가 2007년도 발굴조사 당시에 상석이 과연 움직였는지에 대한 고민이 많았습니다. 상석이 땅에 접지되는 부분에 2단 또는 3단의 돌이 겹쳐 물려서 놓여 있습니다. 그 돌들이 상석의 압력에 의해 눌려 있었기 때문에 자연 암괴인 상석의 아래를 파고 끼우듯이 넣었다고 2007년 당시 생각했습니다.

그런데 이번에 매장주체부를 찾는 조사를 통해서 두께를 가진 정지층이 존재한다는 것을 인지하게 되었습니다. 이 정지층이 인공적으로 다진 정지층이 맞는지 자연적으로 형성된 퇴적층인지의 문제가 있습니다. 목관묘를 조사하면서 1트랜치와 3트랜치를 관통하는 트랜치를 설치해서 조사를 진행하였습니다. 그 결과 인공적으로 다진 정지층이 맞다는 결론을 얻었습니다. 정지층이 맞다면 상석이 움직인 것이 맞다고 인식하게 되었습니다.

조진선 선생님 말씀대로 상석이 본래 거기에 굴러떨어져 있던 돌이라면 이런 큰 돌이 하나만 있으면 안 될 것 같습니다. 택지개발 당시 원지형이 남아 있을 때 경운산에서 내려오는 자연 경사도가 정상부에서 급격히 경사를 가지다가 첫 번째 경사 전환 지점에 취락이 형성되어 있고, 그다음 경사 말단부에서 경사가 전환되는 지점 위에 상석이 놓여 있습니다. 위쪽으로도 북쪽으로도 논으로 경작되고 있었기 때문에 큰 바위들을 보기 어려웠습니다. 만약 자연적인 현상으로 이 상석이 왔다면 다른 바위들도 같이 동반되어 있어야 하지 않나 생각됩니다.

조사단에서 정지층이라고 결론 내린 또 다른 이유는 매장주체부 부분을 마운드처럼 볼록하게 연출을 한 것입니다. 이러한 형태는 덕천리 유적에서도 나옵니다. 덕천리 상석 아래에 봉토같은 느낌을 주는 적갈색 점토를 덮어서 조성한 예가 있습니다. 매장주체부를 마운드처럼 연출한 것은 인위적인 행위라고 보았습니다. 정지를 먼저하고 상석을 놓았기 때문에 그런 모양이 만들어졌다고 말씀드린 겁니다. 등고선과 나란하게 기단이 형성되어 있고 매장주체부도 등고선과 나란하게 형성되어 있습니다. 이 나란한 방향성이 동서남북을 인지하고 놓여져 있습니다. 동서남북을 인지하지 않고는 이렇게 배치할 수 없기 때문에, 조사단에서는 상석이 이동된 것이 아닌가 생각하고 있습니다. 향후 자연과학 분석인 입도분석과 미세토양분석 등을 병행하여 상석의 이동성 여부를 점검하겠습니다.

안재호 : 구산동 지석묘 상석이 사람들이 인위적으로 가져와 조성한 것인지 자연적으로 된 것인가가 문제입니다. 이후의 프로세스는 모두가 다 인정하는 부분입니다. 구산동 집단 또는 고 김해만 연안에 있는 집단들이 어디선가 상석을 가져왔는가, 그렇다면 당시 이 집단에 팀워크가 있었는가, 아니면 자연적으로 상석이 올라왔는가, 이런 문제입니다. 이 부분에서는 자연

과학적 분석, 유구 토층의 문제나 이런 것을 통해서 할 수 있을지는 모르겠습니다만, 그것은 한계가 있습니다.

다음으로, 김권구 교수님 질문해주시지요.

 **김권구** : 구산동 지석묘 상석이 지석이 됐건 자연석이 됐건 상관없이 그 성격을 저는 묘역식 지석묘라고 생각합니다. 다만, 묘역식 지석묘가 그냥 지석묘로서 만들어졌지만, 그곳에서 지속적으로 의례를 하면서 의례센터 역할도 할 수 있는가에 대해서는, 우리가 의례와 무덤, 지석묘와 묘역식 지석묘, 의례센터를 너무 구분할 필요는 없다고 생각합니다.

이 부분에 대해서 이수홍 선생님과 이동희 선생님께 질문이 있습니다. 이수홍 선생님은 피장자를, 지석묘 전통의 마지막 단계의 유력 수장의 무덤으로 보시고, 이동희 선생님은 의례관계자로 보고 계십니다. 실제로 사회 발전 단계에서 샤먼 킹, 사제 왕은 세속적인 권력을 가진 지도자와 의례 제사장을 충분히 공유할 수 있는데, 우리가 너무 나눠서 보는 것 같습니다. 지석묘 집단 사회 유력자의 권력 기반이 경제적 기반도 있지만 오히려 이념적·종교적 기반 속에서 통치하던 사회일 가능성이 있습니다. 그다음 단계에서 경제력에 기반한 세속적인 권력이 좀 더 강해지는 것이 아닌가 생각됩니다.

두 분 선생님은 그것에 대해 어떻게 생각하시는지 알고 싶습니다.

안재호 : 이수홍 선생님은 묘역식 지석묘라 하시고, 이동희 선생님은 그게 아니라 자연석이면서 제단 역할을 한 것이라고 말씀하십니다. 두 분에게 어떻게 생각하시느냐 물으면 어제 발표한 것 똑같은 내용이 될 것 같습니다.

때문에, 여기에서는 이수홍 선생님이 이동희 선생님에 대한 반론을 말씀해 주시고, 이동희 선생님은 이수홍 선생님에 대한 반론을 말씀해 주십시오.

이수홍 : 구산동 지석묘가 무덤이냐 제단이냐는 문제에서, 저는 무덤이라고 생각합니다. 하부에 매장주체부가 있기 때문입니다. 동시성과 관련해서 이동희 선생님이 매장주체부와 상석이 약간 어긋나 있다고 말씀하셨는데, 사천 이금동과 덕천리 1호, 창읍 봉선리도 매장주체부 바로 위에 상석이 있는 게 아닙니다. 매장주체부와 상석이 일치하지 않는 것은 일반적인 현상이 아닌가 싶습니다. 그 외에 유물도 빈약한데 어떻게 우두머리 무덤이냐는 질문에 대해서는, 청동기시대 이금동 유적이나 모든 지석묘의 유물이 빈약한 것으로 미루어 보아 오히려 이것이 지석묘의 전통이 아닌가 생각합니다. 이상입니다.

이동희 : 이수홍 선생님께서 무덤이라 보는 이유를 매장주체부의 존재라고 말씀하셨습니다. 제 생각은 매장주체부가 있지만 그것은 상석과 함께 만들어진 것이 아니라 상석이 만들어진 이후에 만들었다고 봅니다. 상석과 같은 시기에 만들어졌다면 그렇게 작은 무덤을 옆에서 파고 들어가 만들지 않았을 것으로 생각합니다. 가장 큰 문제는 묘역을 80m 이상 크게 만들고, 매장주체부의 목관이 140cm밖에 안됩니다. 너무 밸런스가 맞지 않습니다.

다음으로 저는 구산동 지석묘를 철기문화가 들어오는 무렵에 토착 지석묘 축조집단이 조성한 마지막 단계의 공동체 의례의 상징물이라고 생각합니다. 그 무렵의 대표 무덤은 어제 발표했다시피 대성동고분군 구릉 정상부의 지석묘인데 구산동 지석묘와 시기적으로 큰 차이가 없습니다. 그것은 상징적인 의미로서 높은데 한 기가 딱 있는, 어제 이성주 선생님께서 이곳에도 묘역이 있었을 것으로 추정하셨지만, 구릉 정상부가 그렇게 넓지 않습니다. 묘역을 만들려면 어느 정도 평탄한 공간이 있어야 하는데, 구산동 지석묘처럼 넓은 묘역을 조성할 공간은 부족합니다. 여러 유물이나 매장주체부를 보더라도 구산동보다 대성동고분군 구릉 정상부의 지석묘가 수장의 묘라고 생각합니다.

구산동 지석묘에 큰 기단 묘역을 만들고 조그마한 매장주체부를 조성한 것에서, 저는 큰 시기 차이는 없지만 철기문화로 넘어가는 과도기 단계에서 쇠락해진 제사와 관련되는 세력의 무덤으로 생각됩니다.

김권구 : 유력자의 성격을 비교할 때 지석묘 부장품에는 일종의 법칙이 있습니다. 대부분의 경우 마제석검 한 자루, 석촉 여러 자루가 묻히고, 홍도나 채문토기가 묻히는 게 원칙입니다. 지석묘가 군집성을 띠는 경우도 다수 나오고 있습니다. 이에 비해 세형동검 단계 초기철기시대로 가면 세형동검을 복수로 부장하는 것으로 바뀌지 않습니까? 괴정동이라던가, 예산리, 남송리 유적등에서 세형동검을 복수 부장하고 청동의기를 부장하는데, 거기서 리더의 성격이 보입니다. 구산동 지석묘의 경우, 마제석검이 출토되지 않고 목관에서 삼각형점토대토기와 옹형토기, 두형토기 비슷한 유물이 나옵니다. 이러한 양상은 전통적 개념의 부장품은 아닙니다. 여기서 바로 결론을 내 논의 할 수는 없겠지만, 저는 지석묘에 삼각형점토대토기 양식이 들어간 모습인 것 같다는 생각이 듭니다.

안재호 : 질문과 답변 감사합니다. 이수홍 선생님은 구산동 지석묘의 상석이 무덤을 만들 때 같이 만들었다고 보시는 겁니까?

이수홍 : 예, 무덤 매장주체부와 상석이 동시에 만들어졌다고 생각합니다. 워낙 상석이 무거워서 옮겨온 게 아니고 그 자리에 있는 것으로 만들지 않았을까라는 생각도 했는데, 어제 조사단 발표를 듣고 그런 부분은 조사단 의견을 존중해야 할 것으로 생각합니다.

안재호 : 네 알겠습니다. 다음으로 오강원 선생님 질문 부탁드립니다.

오강원 : 소배경 선생님께 질문드리겠습니다. 최근 개인적으로 춘천 중도에서 나온 청동기시대 주거지 1,200기를 분석해서 편년관계, 토기군이나 석기조성이 어떻게 바뀌고 주거유형이 어떻게 바뀌는지 이런 것을 다뤄봤습니다. 그걸 다루면서 중도에도 집중분포하는 묘역식 지석묘를 제외하였습니다. 취락 유형을 논할 때 지석묘 이야기를 안 할 수 없지만, 주거지가 주로 나오는 토층보다 위층에서 대부분의 묘역식 지석묘가 나왔기 때문입니다.

이 시기의 묘역식 지석묘의 특징이 두 가지 있습니다. 하나는 적석부 내에 작은 방형이나 타원형의 수혈식 공간을 마련하고, 거기에 동물뼈나 식물을 불태운 소성유구들이 확인되었습니다. 사실 예전 춘천권이나 북한강 유역 조사에서 비슷한 유구들이 계속 있었습니다만 그냥 넘어갔습니다. 불명 유구라 했었는데, 지금은 자연과학적 분석도 병행하기 때문에 유구의 성격을 좀 더 알 수 있게 되었습니다.

다른 하나는 적석에 잇대어서나 조금 이격 되어서 작은 방형이나 타원형의 수혈을 마련해 거기에 불태운 것들이 확인됩니다.

선생님께서는 구산동 지석묘 조사자로서 중도 묘역식 지석묘에서 나타난 이런 현상이 구산동 지석묘에도 확인되는지 알고 싶습니다.

더불어 이동희 선생님께도 질문드리겠습니다. 선생님께서는 구산동 A2-1호 묘역식 지석묘를 경운산에서 자연 낙반된 거대 바위를 조금 이동한 뒤 묘역을 조성하여 제단식 지석묘로 활용하다가 고 김해만 최후의 지석묘 제사장이 무덤을 조성하게 됨으로써 현재 같은 상태로 되는 것으로 해석하였습니다.

상석은 지석묘를 상징하는 핵심적 표상물입니다. 이런 점을 고려할 때 자연 낙반되었다는 것은 이미 사멸된 겁니다. 바위이지만 생명이 종식된 겁니다. 그런 암석을 고 김해만 여러 집단을 대표하는 제단의 표상으로 사용하는 것이 무언가 부자연스럽다는 생각이 듭니다. 막대한 노동력과 경비가 소요되더라도 살아있는 암반을 떼어내서 복수 집단의 표상물로 삼았을 가능성은 없는지 질문드립니다.

또한 구산동 지석묘가 제단으로 사용되다가 어느 시점 지석묘 집단 최후의 제사장이 자신의 무덤을 상석 아래에 조성한 것으로 보셨습니다. 구산동 A2-1호가 지석묘 사회 종말기의 지석묘라고 할지라도, 제사장의 역할을 수행할 정도의 정치·사회적 입지를 가진 인물이 자신의 존재 기반이자 집단의 상징물이며 신성물이기도 한 지석묘 상석 아래를 재굴착해서 자신의 무덤을 조성하였는지는 생각해 볼 필요가 있을 것 같습니다. 더구나 무덤의 주인공이 제사장이라 확정할 수 있는 유물이나 특정 현상이 보이지 않습니다. 개인적으로는 매장주체부에 조성한 시설도 목관묘가 아닐 수 있다고 생각합니다. 이에 대한 답변 부탁드리겠습니다.

소배경 : 네, 짧게 답변드릴 수 있을 것 같습니다. 기단 시설이 거의 30% 정도만 남아있습니다. 구 하도에 의해 파괴된 부분이 더 많습니다. 그래서 춘천 중도의 적석된 기단묘에서 보이는 소성유구 등은 확인되지 않았습니다. 아울러 매장주체부 목관에 대한 근거는 토층에서 대부분의 목관묘에서 보

이는 U자 함몰양상이 명확하게 보이고, 목개의 흔적도 확인되며 보강토의 충전토와 목관 내부토의 차이가 뚜렷했습니다. 때문에 쉽게 목관의 구조라는 것을 이해할 수가 있었습니다.

이동희 : 예, 오강원 선생님이 저한테 질문하신 게 두 개입니다. 첫 번째가 구산동 지석묘 상석의 이동 여부, 그리고 살아있는 암반을 떼어내서 복수 집단의 표상물로 삼아야 하지 않으냐라는 질문입니다. 상석 이동 여부는 조진선 선생님과 소배경 선생님께서 이미 논의하셔서 생략하겠습니다.

　살아있는 암반을 떼어내 복수 집단의 표상물로 삼아야 하지 않으냐는 질문에 답변드리겠습니다. 살아있는 암반을 떼어내 옮기는 것은 일반적인 단계의 축조입니다. 구산동 지석묘의 축조단계는 유물에서도 보이지만 삼각구연점토대토기단계로서 늦은 단계입니다. 시기적으로 기원전 1세기, 저는 1세기 중에서도 더 늦은 1세기 후반이라고 생각합니다. 당시의 시대 상황이 그렇게 녹록한 상황이 아닙니다. 철기문화와 목관묘의 초입 단계인 과도기 단계로서 지석묘 축조를 하던 공동체 사회가 흐트러지게 되는 무렵입니다. 그 무렵에 우리나라 최대, 세계에도 유례가 없을 정도인 350톤에서 400톤 정도의 상석을 옮기는 것은 불가능하다고 생각합니다. 때문에, 다른 먼 곳에서 옮겨온 게 아니고 거기 있던 것을 활용하고 그 대신 묘역을 장대하게 조영한 것으로 생각됩니다.

　두 번째로 제사장이 지석묘 상석 아래를 재굴착해 자신의 무덤을 조성하였는지, 제사장을 입증할 물질이 있는지에 대한 질문입니다. 어제 발표에서 유럽 중세 성당에서 사제들이 성당 아래 묻히는 것을 언급한 바 있습니다. 구산동 지석묘의 보완자료로 덕천리 유적 얘기를 했는데, 덕천리 1·2·5호는 일직선을 이루면서, 2단 굴광으로 기본적인 구조가 비슷합니다. 다만 유물이 차이가 납니다. 이른 단계의 1·2호 단계는 원형점토대토기단계로 보는데 그 단계에는 의례용 유물인 벽옥제 관옥이 많이 나왔습니다. 그런데 마지막 단계인 5호는 규모가 굉장히 축소됩니다. 매장주체부의 길이가 120cm 밖에 안됩니다. 구산동하고 비슷합니다. 그리고 유물은 딱 토기 1점뿐입니다. 이 5호가 주목됩니다. 제가 주장한 제사장의 마지막 단계, 시기는 기원전 1세기 무렵으로 봅니다. 이 단계의 출토품은 빈약한 것이 특징입니다. 앞 단계의 의례용 관옥들과 양상이 다릅니다.

이러한 사례를 구산동 지석묘와 비교해 보면, 당시 철기문화를 가지고 내려온 목관묘 축조 세력에게 주도권을 내어준 지석묘를 축조하던 토착민들에게 여전히 신성시되던 묘역의 중심부에 무덤을 쓸 수 있었다는 자체가 더 의미 있었을 것으로 생각됩니다. 이주민계로 보이는 목관묘 축조 세력이 대성동 인근에 있더라도 일반 주민들이 여전히 구산동 지석묘에 어떤 신앙심을 가지고 있던 의례의 공간이라는 점에서 일반적인 주민이 이곳에 무덤을 사용하는 것은 불가능하다는 그런 입장입니다.

안재호 : 답변 잘 들었습니다. 다음으로 송원영 선생님 질문해 주십시오.

송원영 : 저는 구산동 지석묘의 시기에 대해 여쭤보고 싶습니다. 조사자와 저는 구산동 지석묘를 축조한 집단에 주목해 죠노꼬식 시기로 봐야 한다고 생각합니다. 다른 하나는 축조집단은 알 수 없지만 김해 해반천 권역에 지석묘 문화가 아주 늦게까지 잔존 하므로 시기를 늦게 봐야 한다는 생각입니다. 이동희 선생님은 구산동 뿐 아니라 경주 전촌리나 밀양 신안유적까지 공통적인 것으로 보셨고, 아울러 덕천리에서 제일 늦은 단계인 덕천리 5호분도 동시기로 보시는 것 같습니다. 여기에 대해 박진일 선생님도 시기가 비슷한 것 같습니다.

조금 의문이 드는 것이 박진일 선생님 논리로 하자면 다호리 집단이 밀양 또는 서김해를 거쳐서 동김해 해반천으로 오는 루트가 상정되는데, 덕천리 5호에도 구산동과 같은 시기의 지석묘가 있다는 이야기인가요?

그렇다면 박진일 선생님 논지와 이동희 선생님 논지가 다르다고 생각합니다. 동일시기로 거의 비슷한 시기로 보시지만, 논지 전개에서 이런 차이가 나기 때문에 이에 대한 두 분 생각의 생각을 듣고 싶습니다.

안재호 : 박진일 선생님 답변해 주십시오.

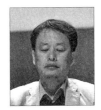 **박진일** : 저는 이동이라고 표현한 적은 없고, 각지의 목관 개시시기가 순차적으로 늦어진다고 얘기한 적은 있습니다. 다호리에 살다가 시례리에 갔다가 양동리에 갔다가 김해에 왔다는 개념은 아니고 다호리에 있었던 목관묘 집단이 세력을 확장하는 과정에서 좀 더 많은 지역을 점유해 가는 모습이라고 생각합니다.

다호리 집단도 대성동 집단도 목관묘 집단이 등장한다고 해서 일거에 기존 세력이 없어졌다고 단정할 수는 없을 것 같습니다. 두 세력이 공존하던 시기를 설정할 필요가 있다고 생각합니다. 때문에, 양 지역에서 같은 시기에 지석묘 집단이 존재하는 것은 문제없다고 봅니다.

안재호 : 이 구산동 지석묘는 과연 어떻게 이동했을까. 인위적으로 옮겼다고 한다면 어떻게 옮겼을까. 피장자는 과연 누구인가. 이 구산동 지석묘 주변에 형성되어 있었던 취락은 왜인 취락입니다. 거기는 무문토기인도 살고는 있었겠지만 대부분은 왜인들입니다. 대부분이 왜인인데, 하나의 무덤이 있다고 한다면 왜인일 가능성이 높습니다. 왜인으로 봐야 합니다.

목관묘에서 나온 홑구연옹의 경우 구연부가 깁니다. 그리고 구연에서부터 동체부로 이루어지는 부분이 각져 있습니다. 그러한 요소는 무문토기의 요소가 아닙니다. 수구 I 식의 토기의 경우 충분히 구연이 길고, 구연부에서 동체부가 각져 있습니다. 야요이 토기 중기의 특징인데, 저는 홑구연옹이 이러한 특징을 가진 절충식 토기라 생각됩니다.

절충식 토기 대부분은 구연부는 야요이토기를 닮았고, 동체부는 무문토기 형태를 가집니다. 최소한 죠노꼬식보다는 수구 I 식에 가깝다고 봅니다. 죠노꼬식은 구연부가 짧습니다. 시기는, 일본에서 죠노꼬식은 기원전 3세기 중엽이고, 수구 I 식은 기원전 2세기 전반입니다. 기원전 2세기라고 한다면 영남지역에서는 가장 이른 시기인 대구 팔달동의 철기와 청동기가 나오는 가장 이른 시기 목관묘를 주로 기원전 2세기로 보고 있습니다.

더불어 지석묘를 옮길 때를 생각해 보면, 일반적으로 사람이 하루 8시간 물건을 옮길 때, 옮겨야 하는 물건의 무게가 자기 체중의 절반 정도가 되어야만 하루 종일 일을 할 수 있다고 합니다. 그보다 넘어서면 안 됩니다.

그럴 경우 구산동 지석묘는 350톤이라 하더라도, 제가 계산했을 때 12,000명이 필요합니다. 12,000명이 달려들어야만 하루 종일 일정한 거리를 옮길 수 있습니다. 사실 그건 무리입니다.

자연적으로 굴러 내려온 것을 지석묘 상석으로 이용한 것으로 보는 것이 좋을 것 같습니다. 구산동 지석묘의 매장주체부에 야요이 토기를 닮은 절충식 토기가 있고 무덤도 석관이 아닌 목관이고, 구산동 취락 바로 밑에 자리하며 해반천에서 대성동고분군 반대편에 위치한 측면으로 미루어 볼 때, 지석묘의 피장자는 야요이 계통의 사람이라 생각합니다. 그러할 경우 이 사람이 12,000명이라는 많은 사람을 대동하면서 큰 지석묘를 옮길 수 있는 사회적 지위가 있었을 것이라고는 생각되지 않습니다.

더구나 일반적인 지석묘 상석은 절리가 없는 단단한 돌입니다. 구산동

지석묘는 절리가 굉장히 많습니다. 이러한 경우 옮길 때 파손의 위험이 상당히 큽니다. 그런데도 굳이 그런 암질을 택해 운반하여 지석묘 상석으로 썼다고는 생각되지 않습니다.

김권구 : 기본적으로 안재호 선생님에 의견에 동의합니다. 다만 구산동 지석묘 묘역식 지석묘를 바라볼 때 축조 집단을 단순히 구산동 취락 집단에만 한정하지 말고 고 김해만 지석묘 집단 전체의 위계에서 봤으면 좋겠다고 생각합니다.

송원영 : 저도 의견을 하나 말씀드리겠습니다. 구산동 지석묘 상석은 절대로 자연석이 될 수 없습니다. 구산동 지석묘 남쪽에 조그마한 바위가 있습니다. 자연 붕적된 돌입니다. 이성주 선생님 발표에서 명법동과 칠산동 지석묘를 말씀하셨는데, 그건 다 자연석입니다. 시굴조사에 전부 자연석으로 밝혀졌습니다. 동의대학교 박물관에서 조사해 야요이식 토기가 나오기도 한 흥동에서도 집채만 한 바위들이 쫙 나와서 지석묘 군집인 줄 알고 발굴했었지만, 지석묘가 아니었습니다. 모두 자연석이었습니다. 경운산에서 돌이 굴러떨어져 붕적되었다면 이 큰 돌들 주변에 작은 돌들이 꽤 많이 있어야 합니다. 그런데 유독 한 암괴만 있다면 이것은 제 위치가 아니라, 사람이 인위적으로 옮긴 것으로 보는 게 김해의 지형을 봤을 때는 보편적인 것 같습니다.

이동희 : 아까 사회자님께서 구산동 지석묘와 그 뒤의 취락을 직결시키셨죠? 저는 거기에 대해 반대합니다. 기단을 쌓는 것도 엄청난 노동력이 소요되기 때문입니다.

안재호 : 무덤과 취락은 관계가 있고, 부속시설과 상석은 직접적인 관계가 없다는 얘기입니다. 동시기가 아니라는 의미입니다. 동시기는 아니지만 원래 있던 큰 바위를 이용해서 이 수구 I 단계의 구산동 취락의 사람들이 바위 밑에 자기들의 어떤 대표자, 촌장의 무덤을 만든 것이 아닌가 생각합니다.

이동희 : 묘역을 만든 주체를 저는 하나의 촌락이 아닌 읍락 단위라 생각합니다. 그렇게 거대한 걸 만들 수 있다는 것은, 그것이 수장의 무덤이든 의례 공간이든 한 촌락만의 숭배 대상이 아니라고 생각합니다.

안재호 : 위치가 중요합니다. 왜 하필 구산동의 가장 안쪽에 지석묘가 위치하는가? 봉황동이나 대성동처럼 여러 지석묘 집단들이 근접할 수 있는 중심지역에 있는 것이 좋은데, 가장 안쪽에 있습니다. 그곳을 가장 안쪽에 공동의 의례 장소라 한다면 그 의례 장소는 성역 아닙니까? 그런 성스러운 위치에 바로 코앞에 왜인들의 취락이 있다는 것은 용납이 되겠습니까? 그건 아닌 것 같습니다. 의례의 위치로서도 이건 대단히 합당하지 않고, 또 곡간 저지대이기 때문에 조금만 비가 와도 물이 흐르는 사람들이 많이 운집할 수 없는 굉장히 불편한 지역입니다. 그런 의미에서 바닥에다가 돌을 깔았는지는 모르겠습니다만, 돌을 까는 것은 집단 규모가 크지 않더라도 돌은 잘 깔 수 있습니다. 소수의 인원이라도 시간을 많이 투자하면 돌을 깔 수 있습니다. 상석은 아무리 시간이 많아도 동원 인원이 부족하면 불가능합니다. 그래서 바닥에 돌을 까는 행위와 상석을 옮기는 행위, 또 무덤을 만드는 행위는 별도로 봐야 한다고 생각합니다.

이동희 : 저는 지석묘 위에 있는 취락과 지석묘에는 시기 차이가 난다고 봅니다. 취락이 거의 끝날 무렵에 지석묘가 만들어졌다고 생각합니다.

시기적으로도 조사단에서는 기원전 3세기까지 올려보는데 박진일 선생님과 저는 기원전 1세기로 조금 늦게 봅니다.

소배경 : 제가 조사한 입장에서 구산동 지석묘의 조성 시기에 대한 정리가 필요할 것 같습니다. 상석은 송국리 소규모 집락 위에 만들어진 것은 명확합니다. 송국리 집락 종말기에 이루어진 정지층에 상석이 놓여 있기 때문입니다. 그렇게 본다면 이 기단묘는 송국리 때 만들어진 게 아니라고 볼 수 있습니다. 그렇다면 조성 시기를 규명하기 위해서는 지석묘와 가까이 있는 취락을 먼저 검토할 필요가 있습니다. 취락의 하한은 기원전 2세기를 보는 것이 영남권에서는 가장 일반적인 연대적인 안정권에 있다고 생각합니다. 이동희 선생님과 박진일 선생님께서는 기원전 1세기까지 늦춰보시는데, 주거지의 집락에서 출토되는 야요이토기를 계속 이야기하고 있습니다만 굳이 또 야요이토기로만 한정을 짓는다면, 수구Ⅰ식 이하로는 안 나온다는 뜻입니다. 삼각형점토대토기도 없고, 수구Ⅱ식도 없습니다. 그렇게 본다면 죠노꼬식과 수구Ⅰ식의 안정된 시기가 이 무덤을 축조한 시기입니다. 고고학적으로 유물과 함께 검토한다면, 하한은 기원전 2세기까지로 봐도 무방할 것 같습니다. 이렇게 볼 수 있는데 과연 이것을 기원전 1세기나 기원 전후까지 내려갈 수 있느냐에 대한 문제는 더 논의가 있어야 한다는 것이 조사단의 입장입니다.

안재호 : 부석 사이에서는 토기 자료가 안 나왔습니까?

소배경 : 무문토기 저부들이 출토되었지만, 기형을 특정할 수 있는 편이 없습니다. 거기에 많은 토기가 나오지 않았고 더욱이 매장주체부가 확인됨으로써 무덤적인 요소가 강한 것으로 본 것입니다. 그리고 해반천이 가까이

있다는 점을 인지할 필요가 있습니다. 구산동 유적은 해반천이 100m 정도 떨어져 있습니다. 해반천을 기준으로 딱 두 가지 화강암이 김해에서 생산됩니다. 해반천 서쪽의 경운산에 흑운모계 화강암이 있는데, 유적에서 나오는 상석과 부석들은 모두 흑운모계 화강암이라는 것이 이미 다 밝혀져 있습니다.

해반천의 동쪽으로는 안산암계 화강암이 생산됩니다. 때문에, 이 상석은 경운산에서 온 것이 맞다. 이렇게 보실 수 있을 것 같습니다.

안재호 : 네, 상석을 사람이 옮겨오면 그렇게 되는데, 위에서 굴린다면 사람 수는 줄어들 수 있겠습니다. 저도 제 의견을 고집하지 않고, 그런 생각을 했다 정도로 정리하겠습니다.

다음으로 무덤의 조영시기에 대해 이야기 해보겠습니다. 조진선 선생님 말씀하십시오.

조진선 : 구산동 지석묘의 조영시기를 기원전 3세기 내지 2세기냐, 기원전 2세기 내지 1세기냐를 갖고 여러 말씀을 하셨습니다. 고고학적인 방법으로 이야기하면 야요이시대 중기 전반부터 후반 초도라고 하는 말로 대신할 수 있을 것 같습니다.

야요이시대 중기 전반의 연대를 사회자는 기원전 3세기 정도, 그리고 후반은 기원전 2세기라고 말씀하시는 것 같습니다. 또 다른 일본의 많은 연구자는 그 시기를 기원전 2세기부터 기원전 1세기라고 합니다. 야요이시대 중기에 대한 편년의 문제에서 연구자들이 어떻게 수용했느냐의 문제인 것 같습니다.

구산동 지석묘의 탄소연대를 제가 이렇게 환산해보면, 기원전 4세기 내지 3세기가 됩니다. 야요이시대의 연대를 올려서 말을 한 사람들은 탄소연대를 가지고 연대를 정해 놓은 것이고, 야요이시대의 연대를 기원전 2세기 내지 1세기 중기를 본 사람들은 탄소연대적인 사고보다는 기년자료적인 사고로 이 연대를 본 겁니다. 때문에 기원전 3세기 내지 2세기라고 하시는 분이나 기원전 2세기 내지 1세기라고 하시는 분이나 시대적인 상대적인 서열은 똑같습니다. 다만 고고학자가 그것을 숫자로 환산했을 때의 차이라고 생각합니다.

우리가 기본적으로 연대를 정할 때 신석기, 청동기시대는 탄소연대를 가지고 정하는데, 초기철기 원삼국시대가 되면 기년자료와 탄소연대자료가 서로 중첩됩니다. 탄소연대를 측정하면 200~300년이 높게 나오고 기년자료적인 사고로 하면 항상 200~300년이 늦게 나오는데, 조금 더 기년적인 사고를 가진 연구자는 200~300년, 100년 200년을 낮춰 보는거고, 탄소연대 쪽에 무게를 두는 연구자는 좀 더 올려보는 데서 오는 차이기 때문에 상대적인 서열은 똑같은 문제를 어떻게 환산할 것이냐를 두고 이야기하고 계신 것 같습니다.

안재호 : 송원영 선생님 말씀해 주십시오.

송원영 : 절대 연대가 아닌 상대연대의 문제가 더 큰 것 같습니다. 조사자는 원형점토대토기단계로 보고, 시기를 늦게 보시는 분들은 삼각구연점토대토기 단계로 보기 때문에 절대 연대뿐만 아니라 상대연대에 큰 차이가 있습니다.

안재호 : 그거는 차이가 아니고 바른 겁니다. 늑도시기라고 하는 것이 삼각구연점토대토기가 기본입니다. 늑도에도 원형점토대토기가 있습니다. 초기에는 있는데 원형점토대토기 마지막 단계입니다. 그래서 늑도의 기본적

인 연대가 수구Ⅰ식과 수구Ⅱ식인데 수구Ⅱ식 시기 역시 많습니다. 일본 자료를 함께 본다면, 구산동 지석묘에서는 원형점토대토기만 있어서 죠노 꼬식과 수구Ⅰ식이 되는 것은 서로 다른 양상이 아닌, 국내에도 상당히 부합되는 자료라고 제 개인적으로는 생각합니다.

조진선 : 원형점토대토기와 삼각형점토대토기를 형식 분류적 사고로 보면, 형식 분류는 중복을 인정하지 않기 때문에 모든 원형점토대토기는 삼각형보다 빨라야 합니다. 그런데 순서배열적인 사고로 보면 방금 사회자가 말씀하신 것처럼 원형점토대토기와 삼각형점토대토기가 상당 기간 공존되고 중복하기 때문에, 원형점토대토기가 나왔다고 해서 삼각형점토대토기 시기가 아니라고 할 수 없다고 생각합니다. 고고학 자료가 많지 않았을 때는 형식학적 방법이 주축을 이뤘지만 자료가 많아지고 통계적인 분석이 가능해지면서 요즘은 순서배열적인 사고로 그 부분을 더 많이 본다고 생각됩니다. 조영 시기를 원형점토대토기가 나왔다고 삼각형점토대토기시기가 아니라고 하기에는 저는 개인적으로 어렵다고 생각합니다.

김권구 : 우리가 구산동 묘역식 지석묘의 조영 연대를 어떻게 볼 것인가에 대해 출토된 유물도 물론 중요합니다. 예를 들어 김해지역에서 마지막 단계 지석묘로 생각되는 율하리 B-9호에서 세형동검 편이 나왔습니다. 그러면 그 연대를 기원전 2세기로 볼 수 있습니다. 지내동인가요? 거기서 야요이 토기가 나온 적이 있습니다. 그런데 대성동 84호분에서는 유리구슬이 같이 나왔습니다. 유리구슬이 기원전 2세기, 철기문화가 들어올 때 들어온 것이 가능한가 고민되는부분이 있습니다. 여기에 대해 이동희 선생님과 박진일 선생님 두 분의 견해를 말씀해 주시면 감사하겠습니다.

이동희 : 구산동 지석묘의 조영 연대를 보완 할 수 있는 사례로 먼저 아까 말씀하신 율하유적에서 세형동검이 나온 사례가 있습니다. 또, 대성동고분군 구릉 정상부의 지석묘가 있습니다. 그 무렵에 조영된 대성동 84호 석개 목관묘가 있습니다.

율하 유적은 조진선 선생님이 논문에서 언급하신 것 같은데, 그곳에서 나온 세형동검을 왜계로 추정하고, 시기가 좀 늦은 기원전 2세기말로 편년하신 것으로 알고 있습니다.

다음으로 대성동고분군 구릉 정상부의 지석묘는 이수홍 선생님이 말씀하신대로 와질토기의 영향을 받은 완의 존재에서 기원전 1세기 정도로 볼 수 있습니다. 대성동 84호 석개 목관묘는 출토 석검 등에 근거하여 청동기 시대로 보기도 하지만, 공반한 유리구슬의 상한이 기원전 1세기입니다. 기원전 1세기부터 기원후 1~2세기까지 지속되는데, 그런 점에서 구산동 지석묘의 조영 연대를 기원전 1세기로 보는 데는 문제가 없다고 생각합니다.

안재호 : 이 자체에 대한 검증이 필요할 것으로 생각됩니다. 주변 입지를 보면 대체로 세형동검, 형태적으로 봤을 때 예전에 세형동검 고시기의 입지와 비슷합니다. 이 유적이 충청도 지역에서 나왔으면 좀 더 연대가 올라갔을 것으로 보입니다. 영남지역에서 확인되니까 연대를 기원전 2세기 기원전 1세기로 내리는 것 같습니다.

구산동 지석묘 매장 주체부의 연대에 대해서는 부장품으로 이야기할 수밖에 없습니다.

그리고 목관묘라고 하는 묘제가 뒤에 이야기할 가락국과 다호리 목관묘와 가까운가, 같은 묘제가 아닌가의 측면에서 시기를 더 내려보기도 합니다. 실질적으로 토기를 확인해 유사한 것을 찾는 작업이 필요합니다.

구산동 지석묘의 피장자나 축조 집단도 상당히 중요하다고 생각합니다.

여기에 대해 질문하실분 말씀해 주시기 바랍니다.

김권구 : 사실을 확인할 것이 있습니다. 지석묘 축조 집단이 이 목관묘 전통을 알았는가입니다. 삼각형점토대토기문화를 가진 이주민이 들어와서 만든 목관묘인가, 아니면 지석묘 단계에 수용했던 전통 속에서의 결과물인지 특이한 것이 아니었던 것인지에 대해 소배경 선생님의 입장을 말씀해주시면 고맙겠습니다.

소배경 : 매장주체부의 목관묘는 이주민이 만든 것으로 보는 것이 일반적인 통설입니다. 그런데 반대로 생각해 보면, 송국리 문화 단계에는 목관묘가 없냐는 것입니다. 송국리 문화 단계에 목관묘도 있고 석관묘도 있고 주구묘도 있고 구획묘도 있습니다. 다양한 묘제가 그때부터 출현하고 있습니다. 그래서 중심 묘제가 석관에 갖춘 송국리 문화라는 것이지 무덤 구조 가운데 목관을 인지하지 않았다는 것은 아닙니다. 송국리 문화 사람들이 목관에 대한 인지도 아마 했을 것이고 점토대토기 문화에 들어와 목관묘가 유행하는 것을 본다면, 초기에 출현하는 목관의 출처를 어디에 둘 거냐에 따라 논쟁이 있을 것 같습니다.

　원래 송국리 문화에서 이어지는 목관의 구조로 봐야 하는지, 아니면 정말 점토대토기 단계의 이주민들이 만든 무덤인지는 저도 혼란스럽습니다. 저는 폭력적으로 전환된다고 말씀드리지 않았습니다. 송국리 문화에서 점토대토기 문화로 너무 자연스럽게 바뀌고 있어서 뭔가 우호적 관계에서 변화가 있었다면 쉽게 목관을 수용하였을 것이고, 송국리 문화 사람들도 거부감이 없었을 것 같습니다. 때문에, 목관을 기단묘에도 만들 수 있었다고 보는 것이 맞지 않은가 생각했습니다.

안재호 : 이주민 이야기 나왔습니다. 오늘 권오영 선생님께서 이주민에 대한 추측을 우리가 버려야 하지 않는가, 내재적인 발전 요인을 찾는 것이 좋겠다고 하셨습니다.

사실 이주민, 정리하기 상당히 어렵습니다. 이주민 이전에 국가라든지 큰 정치체가 발달하게 되면 결국 대외 교섭력이 상당히 중요합니다. 교섭·교류의 차원에서 접근하는 것이 좋습니다. 그것이 충분히 되고 난 이후에 이주민을 다룬다면 괜찮은데, 고고학에서 이주민을 다루기는 대단히 어려운 문제가 아닌가 생각합니다.

저도 권오영 선생님처럼 이주민보다 교류와 교역의 측면에서 좀 더 연구해보자는 입장입니다. 이제 구산동 지석묘 주변의 취락 유적을 살펴보겠습니다. 구산동 취락 유적에 왜계 유물이 많습니다. 유물의 70% 이상이 왜계 유물이다 보니, 왜인의 취락으로 보아야 하는데, 왜인 취락에 대해 여러 연구자가 대외교섭, 특히 왜와 가야의 교섭을 담당했던 집단으로 생각하고 있습니다.

이 취락 유적에서 어떤 도구들이 나오는지 보고서를 찾아봤습니다. 유일한 도구가 석도입니다. 원래 이 시기에는 석도가 안 나옵니다. 한반도 전체를 봐도 원형점토대토기나 삼각형점토대토기 시기에 삼각형 석도가 나온 사례가 거의 없습니다.

그런데 구산동 취락 유적에서는 제법 나옵니다. 다른 유물보다 수확용 석도가 더 많이 나옵니다. 일본은 물론 이 시기에 석도를 사용합니다. 야요이시대 중기에 석도를 사용합니다. 그래서 저는 왜 이 구산동 취락 유적의 사람들은 이 석도로 농경을 했던 것으로 생각합니다. 대외교섭을 했다면 고 김해만에서 좀 돌출된 부분, 선박을 댈 수 있는 부분에 살았어야 한다고 봅니다. 어제 발표가 있었습니다만, 구산동 취락 유적이 대형이 아닙니다. 일반적인 소형의 취락이고 밀집이 되어 있었던 것으로 생각합니다.

권오영 선생님 여기에 대해 한 말씀 부탁드립니다.

 **권오영** : 사회자님 말씀에 조금 보충 설명을 하겠습니다. 해상교역을 얘기할 때 당연히 관동리나 대성동 인근의 선착장, 창고 같은 시설이 중요합니다. 그러나 그것만 가지고서는 안 됩니다. 해상교역에서는 단순히 바다를 통해 들어오는 물자만 있는 것이 아니라 다양한 교역행위가 이루어지기 때문입니다. 김해와 더불어 비슷한 시기의 동남아시아 항시들은 반드시 배후에 농경지대나 철기 생산처나 산림지대가 있어야 합니다. 그래야 새로운 물자를 공급받을 수 있기 때문입니다. 동남아시아의 경우 항구가 발전하지만, 반드시 그 사람들은 산간지대의 사람들로부터 바다에서 구할 수 없는 특산물을 사서 교역에 활용합니다. 때문에, 바닷가도 중요하지만 배후에 있는 지역도 물자 수집과 숙박시설 제공 같은 목적으로 중요합니다.

구산동의 경우 농경지대라 하더라도 농경이 왜 필요했을까를 살펴보면 위와 같은 이유로 해상교류와 연관되어 있지 않았을까 생각됩니다.

안재호 : 말씀 감사합니다. 오강원 선생님 질문해 주십시오.

오강원 : 이성주 선생님과 박진일 선생님께 질문드리겠습니다.

어느 순간에 점토대토기 단계가 되면, 청동기시대 지석묘, 무문토기 등으로 상징되던 시점과 전혀 다른 네트워크와 생업 경제가 가동되었을 것으로 생각됩니다. 그래서 두 분께 똑같은 의견을 묻고 싶습니다. 구산동 취락 유적이 일반적인 일상적 취락 유적인지 알고 싶습니다. 일반적인 취락 유적이라면 토기 기종 구성에서 그러한 양상이 드러나는지 묻고 싶습니다.

다음으로 현재 김해시 중심가에서 구산동 외에는 명확한 유구들이 확인되고 있지 않지만, 이 시기 점토대토기 시기에 혁신적인 취락 유형의 변화가 네트워크를 겸해서 변화가 발생했을 추론이 가능합니다. 이에 대한 두 분의 의견을 듣고 싶습니다.

이성주 : 지석묘 축조 사회의 취락 입지 패턴과 점토대토기 시기의 취락 입지 패턴이 굉장히 다릅니다. 유적이 발견되는 사례를 보면 과거 농경 집단이 집중적으로 거주했던 대형 취락 근처에는 점토대토기가 점유하거나 하는 사례가 별로 없습니다.

물론 송국리 단계부터 지속적으로 이렇게 거주해 온 지역도 물론 있지만 그런 패턴을 보이는 대형 취락은 없습니다. 그래서 사람이 집중되어 형성된 거점이라 할 수 있는 것들이 잘 보이지 않습니다. 그 대신 산정의 의례 유구들이 여러 지역에서 발견이 됩니다.

그런데 취락의 어떤 입지 패턴의 변화 가운데 가장 주목할 만한 것이, 점토대토기 단계에 남해안 지역에 많은 취락이 형성된다는 겁니다. 그 가운데 늑도나 고 김해만 일대의 취락처럼 다른 지역에서 와서 체류하는 현상이 잘 보입니다. 그런 것들은 토기 제작에서 특별히 잘 나타납니다.

장기적으로 체류하게 되면, 예를 들어 구산동 유적에 야요이 토기가 나온다던가 늑도지역에서 야요이 토기나 점토대토기와 야요이 토기의 중간적인 토기, 외부에서 들어온 토기를 모방한 토기 등이 집중적으로 나타납니다.

점토대토기 단계에 이르러 해안에 인구가 집중하게 되는데, 그것에는 농경과 다른 인구 집중 요인이 분명히 있었다고 생각합니다. 그것이 아마도 교역과 관련되지 않았을까 생각합니다.

단순한 교역이 진행된 것이 아니라 교역에 물품 생산이 연결되어 있었을 겁니다. 철기 생산의 경우 기술자가 이주해서 그 지역에 정착하면, 쉽게 철을 생산할 수 있었습니다. 기술의 전달도, 오히려 청동기나 토기 제작보다 더 빠르게 이루어질 수가 있었습니다.

그러나 청동기 제작은 기술적으로나 기술의 전승, 전이들이 굉장히 한정됩니다. 그래서 청동기의 제작과 분배에는 어떤 다른 네트워크가 필요했을 것입니다.

그런 의미에서 당시 남해안 지역에서 과연 어떤 물품들의 생산 거점이 이루어지고, 교역이 진행되었는가를 깊이 있게 생각해 볼 필요가 있습니다. 저는 청동기의 생산과 분배보다는 철기의 생산과 분배, 주변 배후지로부터의 식량의 공급과 같은 네트워크가 형성되어 있었을 것으로 생각합니다.

박진일 : 저는 초기철기문화가 두 개의 다른 분야를 하나로 지칭하기 때문에 연구자들에게 혼란을 준다고 생각합니다. 발표 중에서 말씀드렸습니다만 괴정동 유형과 갈동 유형으로 나누어 봤을 때 저는 앞 시기와 분기점에 있는 유형이 괴정동 유형부터가 아닌 갈동 유형부터라고 생각합니다. 괴정동 유형 단계에 들어오게 되는 원형점토대토기, 한국식 동검 등이 한반도 동남부 지역 영향을 미치는 상황과 이후 갈동 유형이 영향을 미치는 상황을 분리해서 인식해야 한다고 생각됩니다.

한반도 남부의 늑도 유적에서 나타나듯이 서북한을 비롯해 한반도를 아우르는 교역 네트워크의 형성은 확실히 삼각형점토대토기 단계부터입니다. 그 이전 원형점토대토기 단계의 문화가 김해에 영향을 미친 증거는 많이 있습니다. 김해지역 1세기의 상황을 보면 여러 세력이 평화롭게 공존했을 가능성을 생각해 볼 수 있습니다.

구산동 집단을 어떻게 볼 것인가 문제는 주된 관문항 근처에 있는 보조 항구로서의 해반천 유역 집단을 상정해 보고 관문항에서 1차로 분배된 물자들이 2차로 재분배하거나 재교역 되는 관점에서 구산동을 포함한 김해 해반천 일대의 여러 다양한 집단들이 평화롭게 공존했던 것으로 인지하는 게 적절할 것으로 생각합니다. 이러한 평화적 공존이 깨진 결정적인 원인 은 역시 군집목관묘의 세력 확산이라고 생각합니다.

안재호 : 답변 감사합니다. 송원영 선생님 질문해 주십시오.

송원영 : 권오영 선생님께 질문을 드립니다. 대성동 84호 출토 유리구슬에 근거하여, 구산동 지석묘의 시기를 늦게 보는 시각이 있습니다. 포타쉬 유리가 나왔는데 그거 때문에 기원후 빨라야 1세기 이후로 보고 있는 것 같습니다. 일본의 경우 야요이시대부터 이미 유리가 나오고 있지 않습니까? 그렇게 본다면 84호 목관묘 출토 유리의 시기를 꼭 늦출 필요가 있는지 의문입니다. 답변 부탁드립니다.

권오영 : 제가 궁금한 것은 김해, 창원, 부산에서 혹시 무덤 내부에 돌이나 흙을 채울 때 유리구슬이 섞여 들어가는 경우가 있는지 알고 싶습니다. 그런 경우가 없다면 주변 다른 유구에 있던 것을 퍼서 들어간 구슬치고는 많은 것 같습니다.

그리고 한반도 서남부에서는 포타쉬 유리 이전에 납바륨 유리가 먼저 사용됩니다. 시기는 기원전 3세기에서 기원전 2세기입니다. 일본 구주 북부와 사가 지역도 그런 유리입니다. 일본의 야요이시대 유리도 결국은 중국 남부, 한반도 서남부에서 온 납바륨 유리입니다. 이후에 포타쉬 유리가 한반도와 일본열도에 퍼집니다. 이동희 선생님께서 기원전 1세기로 보신 것은 보수적으로 보신 것 같습니다. 개인적으로는 기원전 2세기까지도 올라갈 수 있을 것 같습니다. 유리 자체로만 봐서는 기원전 1세기로 한정할 필요는 없다고 생각합니다.

안재호 : 답변 감사합니다. 김권구 선생님 말씀해 주십시오.

김권구 : 김해지역이 기원전 2세기에서부터 기원후 3·4세기까지는 외래계 유물들의 집산지인 항시였기 때문에 여러 문화요소가 들어온 것으로 보입니다.

야요이 토기가 주거지에서 몇 점 나왔다고 외래인, 왜인으로 단정할 문제는 아닌 것 같습니다. 일본 연구자가 구산동 취락 유적을 야요이 취락이라고 했습니다만, 유적 내에 재래적 요소도 있으니까 신중하게 재검토하면서 연구해야 할 것으로 생각합니다.

안재호 : 일반적으로 토기는 배에 실어 오지 않는다고 합니다. 토기는 현지에서 만드는 것이 맞습니다. 그런데 외래의 야요이 토기를 재지의 점토대토기인이 만든다는 것은 불합리합니다. 만드는 방법도 기형도 다릅니다.

구산동 유적에서는 야요이 토기를 많이 닮은 것도 있고, 또 절충식도 있고, 그런 여러 가지 유형들이 섞여 있는데, 그런 것을 무문토기인이 만들 필요는 없었을 겁니다.

무문토기인은 대대로 내려오는 점토대토기를 당연히 만들었을 겁니다.

일본에서 온 야요이인이라면 야요이 토기와 흡사한 토기도 만들었을 것이고 무문토기와 절충된 토기도 만들었을 겁니다.

다음 주제로 넘어가겠습니다. 구간이라는 정체성과 가락국의 성립을 이야기하도록 하겠습니다. 먼저 조진선 선생님 질의해 주십시오.

조진선 : 김해지역에 구간이 언제 성립했나, 구산동 지석묘의 조영자는 누

구인가의 문제를 이야기해야 할 것 같습니다. 고고학적인 유물자료를 사회, 정치체제의 유형과 연관시켜 여러 연구자가 다양한 방법으로 시도하셨던 것 같습니다.

저는 여러 물질 자료 가운데 무기류가 사회 및 정치체제의 유형을 반영하는 것 같습니다. 무기류의 조합체제를 살펴보고자 민족적 고고학과 전쟁인류학 자료를 살펴보니, 트라이브(tribe) 단계까지는 기본적으로 투사 무기인 활과 화살, 투창 정도의 무기만 있는데, 치프덤(chiefdom) 단계로 가면서 그 중간단계에 검이 등장하고 치프덤 단계로 가면 창과 과(戈)가 등장합니다. 군장이 강제력을 확보한 치프덤 단계에 근접전을 하기 위한 무기가 만들어진 것을 알 수 있습니다.

구산동 지석묘를 비롯한 세형동검문화기에 조영된 지석묘에서는 과나 모(矛)를 부장한 사례는 거의 없습니다. 받아오면 세형동검만 받아 온 것으로 보입니다. 제 생각으로는 구산동 지석묘 활과 화살, 검으로 구성된 무기 조합을 갖춘 사회였기 때문에 주변의 세형동검 사회와 공존하면서도 과나 모가 필요하지 않은 사회, 치프덤 단계에 다다르지 않는 사회라고 생각하고 있습니다. 여러 선생님의 발표에서 그런 쪽으로 가시는 듯 하다가 좀 달라진 사회처럼 규정하고 계셔서 이 부분들을 어떻게 생각하시는지 여쭤보고 싶습니다.

이수홍 : 칼, 창 관련해서 제가 뭐 따로 반대하는 의견은 없습니다. 좋은 말씀 잘 들었습니다. '국' 고고자료 관련해서 말씀드린다면, 토론 주제 2번에 대한 답을 제가 하면서 대신하고자 합니다. 저는 예전에 이게 '국'성립 자료 이야기를 할 때, 지석묘와 전혀 무관하다고 생각했습니다. 오히려 가락국 성립의 주체는 목관묘 집단이라고 생각했는데, 점점 바뀌어 가고 있습니다. '국'의 고고자료는 군집 목관묘라는게 가장 일반적인 생각인 것 같습

니다. 저도 거기에 동의합니다. 그런데 지석묘를 축조하는 구간 집단이 철기를 사용하는 목관묘 집단을 추대하지 않았나라는 생각이 듭니다. 더 나아가 '국' 성립 과정에서 취락은 청동기시대와 차이가 없으므로 국읍에서 지내는 천신 제사나 별읍 소도가 국의 성립에 중요한 요소 중 하나라 생각합니다. 그렇다면 상한 연대를 기원전 2세기, 기원전 1세기보다 더 올려볼 수도 있지 않을까 생각하고 있습니다.

소배경 : 저는 구산동 지석묘 축조집단이 단순 수장 사회였다고 생각합니다. 수직적 합장과 수평적 합장을 보였던 같은 시기의 지석묘인 창원 덕천리를 봤을 때, 이 정도 되면 단순한 수장이 그래도 나타나지 않겠나 이렇게 봤습니다.

'국'의 고고학적 자료는 저도 군집목관묘라고 생각합니다. 가야의 숲(수릉원)이나 대성동고분군 일대에 목관묘 집단이 나타나고, 봉황대 유적이 핵심 권역이라는 것은 모두 공감하시는 부분일 것 같습니다. 성립 시기 문제에 약간씩 차이가 있을 수 있겠지만 '국' 출현과 형성 시기는 다 올려보시는 게 아닌가 생각하고, 저 또한 거기에 크게 반감이 없습니다.

이성주 : 짧게 말씀드리겠습니다. '국'의 성립은 역사 기록상에서 특히 한의 '국'에 대한 기록이 있습니다. 그와 같은 국이 언제 성립했냐는 문제입니다. 어떤 사회가 치프덤 사회냐, 스테이트(state) 사회냐 하는 것은 또 별개의 문제라고 생각합니다.

역사 기록상에 한의 국이 과연 언제 성립했느냐 하는 것에 대해서, 사회 통합수준이 어느 정도였는지 판정할 수 있는 고고학 자료는 상당히 빈약합니다. 그렇지만, 뒤에 국읍으로 성장해 나아갈 지역이 언제 점유되었냐 하는 점은 상당히 의미있는 답변이 될 수 있을 것 같습니다. 그런 점에서 현재까지 여러 국읍의 중심지 가운데 최초의 점유가 언제인지 밝혀진 곳도 있고 밝혀지지 않은 곳도 있지만, 대체로 점토대토기 단계부터 점유가 된 것 같습니다. 점유가 이루어진 시점에서 목관묘가 군집화되는 현상이 나타납니다. 이것을 국의 시작으로 봐야 할 것으로 생각합니다. 그래서 '국'은 대체로 원삼국시대의 개시기, 기원전 100년을 전후하는 시점으로 보는 게 현재로서는 적절하다고 생각합니다.

안재호 : 말씀 감사합니다. '국'에 관련해서 권오영 선생님 말씀 부탁드립니다.

권오영 : '국'이라는 표현 자체가 중국 기록에 나와 있습니다. 그 기록이 나온 시점보다 이전에부터 '국'이 성립되었을 겁니다. 기원전 2세기부터 '국'의 기록이 나오니까 그 이전부터 특히 서남부나 중서부 지역에서는 '국'의 성립이 가능하다는 것에 대부분 동의 하십니다.

제가 서역 지역의 세력을 조사해보니 우리가 생각하는 '국'이라 불리려면 정도의 규모, 어느 정도의 인구, 어느 정도의 상비군을 갖춘 그 정도의 세력에게만 붙여지면 좋겠지만, 중국에서 '국'이라 불리었던 세력들은 그렇게 정연한 기준을 가지고 정한 것이 아니었습니다. 그래서 저는 중국 기록에 나오는 '국'과 우리가 생각하는 삼한의 '국'이 반드시 일치하지는 않을 수 있겠다고 생각합니다. 3세기 중국 기록에서 보이는 '국'의 모습이 그 이전 시기에도 그대로 존재했을 것으로 기대하지는 말아야 할 것으로 생각합니다.

더불어, 저는 교류를 중시하지만, 이주를 부정하지는 않습니다. 이주에 대한 고민이 많습니다.

대개 지석묘 사회를 구간사회로 보고 단독목관묘, 군집목관묘로 진행된다고 봅니다. 그렇다면 수로왕의 등장은 단독목관묘로 보는 것인지 군집 목관묘로 보는 것인지 알고 싶습니다. 만약 구야국의 성립을 군집목관묘 단계로 보고 수로왕을 거기에 관련시키면, 군집목관묘는 한반도 서남부·경북 내륙지역·밀양·창원으로 해서 김해로 오는데 그 루트를 수로왕이 내려온 루트와 연결하는 것인지 궁금합니다.

목관묘 사회와 거대한 상석을 가진 고인돌 사회는 사회적 발전 수준도 다르고 집단의 위세를 보여주고 싶은 생각도 다르고 계통도 다르다고 생각합니다.

묘역식 고인돌도 몇십 미터되는 묘역을 만들다 보면 세부적으로 구획을 하고, 등간격으로 석렬이 있습니다. 이러한 것들이 축조를 위한 공정이었는지, 아니면 여기에 참여한 동김해 지역 지석묘 사회의 각 집단이 분할 해서 함께 작업에 참여한 것인지 의문이 있습니다. 조사자인 소배경 선생님께 그 부분을 묻고 싶습니다.

소배경 : 저희가 2007년도에 하지 못했던 작업이 있어서 2021년도에 평면적 보완조사를 진행했습니다. 부석을 어떻게 깔았을까에 대한 조사였습니다. 이번 조사에서 격자식의 틀을 갖추고 있다는 것을 확인했고, 그것을 2007년도 도면에 재도면화하는 작업을 진행했습니다. 올해 하반기에 나오는 보고서를 참고하면, 부석의 축조구간이 다른 것을 알 수 있고, 상석 주변으로 연출된 부석의 방향성이 있는 것까지 도면화하는 중이므로 기대하셔도 좋습니다. 복원정비사업 때문이라도 심혈을 기울이고 있다는 점 말씀드리겠습니다.

권오영 : 토론에 참여하시는 다른 분들께 군집목관묘와 단독목관묘와 수로왕의 연관성을 묻고 싶습니다.

안재호 : 송원영 선생님 말씀해 주십시오.

송원영 : 부산시 강서구 지역이 원래는 김해이기 때문에 지석묘 분포나 이런 부분에서 녹산이나 가락 쪽에 연구성과도 포함을 시켜주셨으면 합니다.

　지석묘의 경우 김해 시내 해반천 부분에 굉장히 산발적으로 분포하고 있습니다. 남북으로는 삼계동부터 시작해서 회현리 패총까지 분포합니다. 동서로 보자면 동상동에서 내외동 임호산 자락 중턱까지 분포합니다. 굉장히 산발적으로 넓게 분포하고 주거지역도 마찬가지입니다.

　그런데 군집목관묘 단계에서는 대성동과 봉황동으로 지역이 한정되고 무덤 영역과 주거영역이 완전히 분리됩니다. 그때가 국의 출현 시점이 아닌가 생각됩니다. 이 시기에 확고한 변화가 일어나기 때문에, 저는 그걸 강조하고 싶습니다.

김권구 : 김해에 군집목관묘가 나오는 과정에서 지석묘 이데올로기가 목관묘 이데올로기로 급격히 바뀌면서 국읍, 즉 가락국이 출범하였고 그것이 차별화 하여 완성되는 단계는 목곽묘 단계로 보입니다.

　예를 들어 진한 지역 목관묘 단계에서는 금호강유역에서 외래계 유물, 한계 유물들이 나오다가 목곽묘 단계에 가면 철기 위세품으로 바뀝니다. 김해지역은 기원전 1세기부터 지속되던 외래계 유물을 3세기, 4세기에도 계속 묻는 모습이 양동리, 대성동에서 나옵니다.

　프레스티지(prestige) 구조 시스템에서 어떤 전통이 유지되는 곳, 철기로 바뀌는 모습이 아마 변·진한의 물질문화가 변화하는 과정이 아닌가 생각됩니다.

　이와 더불어, 권오영 선생님에게 질문하겠습니다. 주보돈 선생님에 따르면 진한 지역은 유이민의 역할이 소국 형성에서 컸고, 마한 지역은 상대적으로 토착민의 역할이 컸다고 합니다. 가락국의 경우는 진한에 비해 유이민의 역할이 상대적으로 약했다는 의견이 있는데, 여기에 대한 견해를 알고 싶습니다.

권오영 : 제가 질문드린 바와 같이 지석묘 사회에서 단독목관묘와 군집목관묘 단계로 진행되는 과정을 어떻게 설명할 것인지가 중요할 것 같습니다. 더불어 교류도 교류지만 새로운 주민들이 어디서 왔는지, 전라도인지 충청도인지 경북인지를 제가 질문드린 것이었습니다. 아직 답이 안 나왔습니다.

안재호 : 저는 가락국의 성립 기점을 다호리 1단계부터라고 생각합니다. 다호리는 지금 행정적으로는 창원이지만, 다호리에서 창원 쪽으로는 산이 막혀 있습니다. 가시권으로 연기가 피어오르고, 사람들이 다니는 모습을 볼 수 있는 곳은 김해 쪽입니다. 진영과 퇴래리, 삼계동을 지나 시내로 들어올 수 있습니다. 아마도 이 루트와 낙동강을 활용하여 다호리 집단이 대외 교역을 했을 것으로 생각합니다. 낙동강을 지나기 위해서는 이 김해를 무시할 수 없었을 것이기 때문에 저는 김해와 다호리를 하나의 정치체적 권역이라 생각합니다.

다호리를 계속해서 김해에서 빼기 때문에 제가 말씀드리는 겁니다. 1단계에서 5단계까지는 다호리에서 청동기가 부장됩니다. 그런데 다호리 6단계에서는 청동기가 1점뿐이고, 김해 내덕리와 가야의 숲에서 나오기 시작합니다. 김해에서 7단계가 되면은 이제 양동리 427호와 구지로 12호에서 청동기 부장이 많아집니다. 다호리에서는 1점도 나오지 않습니다.

그래서 저는 다호리의 정치체가 이 시점에 김해로 전이된 것으로 생각합니다. 김해시만 가지고 이야기한다면 청동기가 부장된 양동리를 생각한다면 시기가 상당히 늦습니다. 그 연대는 대체로 아마 2세기가 될 겁니다. 그런데 다호리로 본다면 기원전 1세기 전엽이고, 더 일찍 본다면 기원전 2세기 후엽도 가능합니다.

그래서 저는 다호리와 함께 생각해서 기원전 1세기 초에는 이미 '국'이 김해지역에 형성된 것으로 생각됩니다. 그 이후에도 압도적으로 많은 청동기와 마구류가 부장되는 무덤들이 지속적으로 조영되기 때문에, 그것을 국의 성립으로 보아야 한다고 생각합니다.

조진선 선생님께 묻겠습니다. 활·검·창 등의 무기가 부장되는 시기는 아마도 상당히 늦은 시기로 생각됩니다. 김해지역에서 본다면 화살촉과 칼, 창이 부장되는 시기는 상당히 늦은 시기인데 시기가 대략 언제쯤 될까요?

조진선 : 제가 이쪽 자료를 잘 몰라 뭐라고 말씀드리기는 어렵지만, 창원 다호리 1호가 그걸 갖추고 있으니까 그 정도 시기로 볼 수 있다고 생각됩니다. 그 이전 시기인 김해 내동이나 다른 유적에서는 모나 과가 없어서 약간 다른 것 같습니다.

안재호 : 네 알겠습니다. 오강원 선생님 말씀해 주십시오.

오강원 : 구간과 '국'에 관련한 역사 전승 가운데 하나는 설화적 전승이고, 다른 하나는 외국인이 남긴 사료입니다.

'국'이라고 했을 때 물질적으로 발현되는 양상은 일반적으로 비교적 균등하게 할 수 있는 요소들이 통제되는 사회라 보입니다. 더불어 '국'이라 한다면 정치 중심이 확인되어야 합니다. 이전에 촌락별 지역 단위로 자유롭게 할 여력이 있었다면, 정치 중심이 구축된 이후로는 일정 집단 중심으로 일정 범위 내에 집중 조성할 수 있는 고분 등이 통제될 수밖에 없습니다.

이것을 이론과 고고학적 자료를 바탕으로 함께 생각해 본다면, 『삼국지』

에서 얘기하는 여러 정황으로 미루어, 김해 가락국은 해반천을 중심으로 군집목관묘가 조성되어 있었습니다. 유적 조사에서 확인되는 목관묘들은 대성동고분군과 같이 한정된 지점에서 중첩되어서 계속 축조됩니다. 이후 그렇게 해서 두 개가 크게 보이는데, 결국에 가서는 우리가 가락국 금관가야 대성동고분군 주변의 해반천 유역 집단이 계속 정치 중심을 형성하고, 고분군의 조성을 제어하는 권력을 가진 것으로 생각됩니다.

그리고 우리가 수로왕에 대해서만 계속 이야기하는데, 허왕후 설화도 있습니다. 설화입니다만 허왕후가 가락국에 왔을 때 배를 타고 왔는데, 상인인 중국 사람 두 사람을 데리고 왔다고 합니다. 그렇다면 수로왕 대에 해상으로 중국으로 상징되는 외국 사람과 물질적인 교역을 하던 시점의 전야가 '국'이라고 생각해 볼 수 있습니다. 물론 사료의 연구와 해석이 더 필요할 것으로 생각됩니다.

안재호 : 구간에 대해 저는 청동기가 나온 지석묘 유적을 구간이라고 했습니다. 이것의 영역과 관련해 어제 윤태영 선생님이 발표하신 지형학적, 고고학적 분포를 통해서 매치시킨 내용과 거의 일치합니다. 윤태영 선생님께 구간에 대한 보충 설명과 오늘 토론에 대해 느낀 점을 말씀해주시면 감사하겠습니다.

**윤태영** : 여러 발표, 토론자 선생님들의 말씀 잘 들었습니다. 저는 지금까지 말씀하신 내용과 다른 방향으로 바라보고 있습니다. 저는 가야국 성립이라길래 이게 완성된 단계인 줄 알고 있었었습니다. 여러 말씀들을 쭉 들어보니 '국'으로서의 시작은 언제일까 하는 것으로 이제 이해했습니다.

저도 '국'의 시작 자체는 목관묘 단계라고 생각합니다. 우리가 사회를 바라보고 물질 자료를 해석할 때 국가라고 하는 어떤 조건 목록들을 작성하고 적용하게 되면 상당히 찾기 힘들 것으로 생각됩니다.

저는 '국'의 성립 자체는 목곽 단계, 그러니까 기원후 2세기 단계로 이렇게 보고 있었고, 목관묘 단계 자체는 국이 되기 위한 하나의 과정이라고 봅니다. 지석묘 사회 자체가 구산동 지석묘를 정점으로 와해 되고, 새로이 목관묘 사회가 물질문화로 등장하게 됩니다. 여기에 대해 당시 이 지역의 주민들이 재지민인지 이주민인지에 대한 논의도 있어야 하지만, 그 흐름 자체는 그렇게 흐른 것으로 보이고, 목관묘 단계는 '국'의 성립 앞 단계로 생각합니다.

그러니까 전 단계라고 이렇게 생각을 하고 있었던 것이지요. 거기서 국가라고, 국이라고 부를 수 있는 요소들을 하나씩 하나씩 찾아가지고, 이게 10가지가 모이면 이 단계는 국이겠구나, 하고 이야기를 할 수 있지 않을까. 그렇게 생각을 하고 있고요. 지리적으로는 안재호 선생님 말씀하신대로, 고 김해만은 거의 고립된 지형입니다. 다른데 통할 수 있는 길은 바닷길 하나, 그리고 유일하게 육로길이 있습니다. 주촌 양동리 고분군에서 진례로 넘어가는 냉정고개입니다. 이번에 소개는 안 했지만, 냉정고갯길에도 지석묘군이 있습니다.

양동리 고분군에서 이른 시기부터 목관묘와 목곽묘가 나타나는데, 아마도 바다와 육로의 교통이 만나던 곳이어서 그렇다는 생각이 듭니다. 이곳에서 해반천 유역으로 옮기는 이 시점이 가락국 신화에 나오는 수로왕의 등장 시점이 아닐까 생각합니다.

안재호 : 일반적으로 지석묘 사회를 지나 점토대토기, 초기철기시대 사회에 '국'이 되고, 이후에 좀 더 완비된 국가가 나타납니다. 김해에서도 지석

묘 사회가 좀 더 오래 있었지만 그러한 과정이 똑같은 패턴으로 나타나는 것으로 이해하면 좋을 것 같습니다.

이상으로 토론을 마치겠습니다. 감사합니다.